KB236144

뉴욕이 사랑하는 천재들

앤디 워홀에서 빌리 조엘까지

뉴욕이 사랑한 천재들

초판 1쇄 발행 2012년 6월 20일
초판 3쇄 발행 2014년 3월 10일

지은이 조성관
펴낸이 정차임
디자인 신성기획
펴낸곳 도서출판 열대림
출판등록 2003년 6월 4일 제313-2003-202호
주소 서울시 영등포구 양평동3가 66 삼호 1-2104
전화 332-1212
팩스 332-2111
이메일 yoldaerim@korea.com

ISBN 978-89-90989-50-5 03900

뉴욕이 사랑한 천재들

조성관 지음

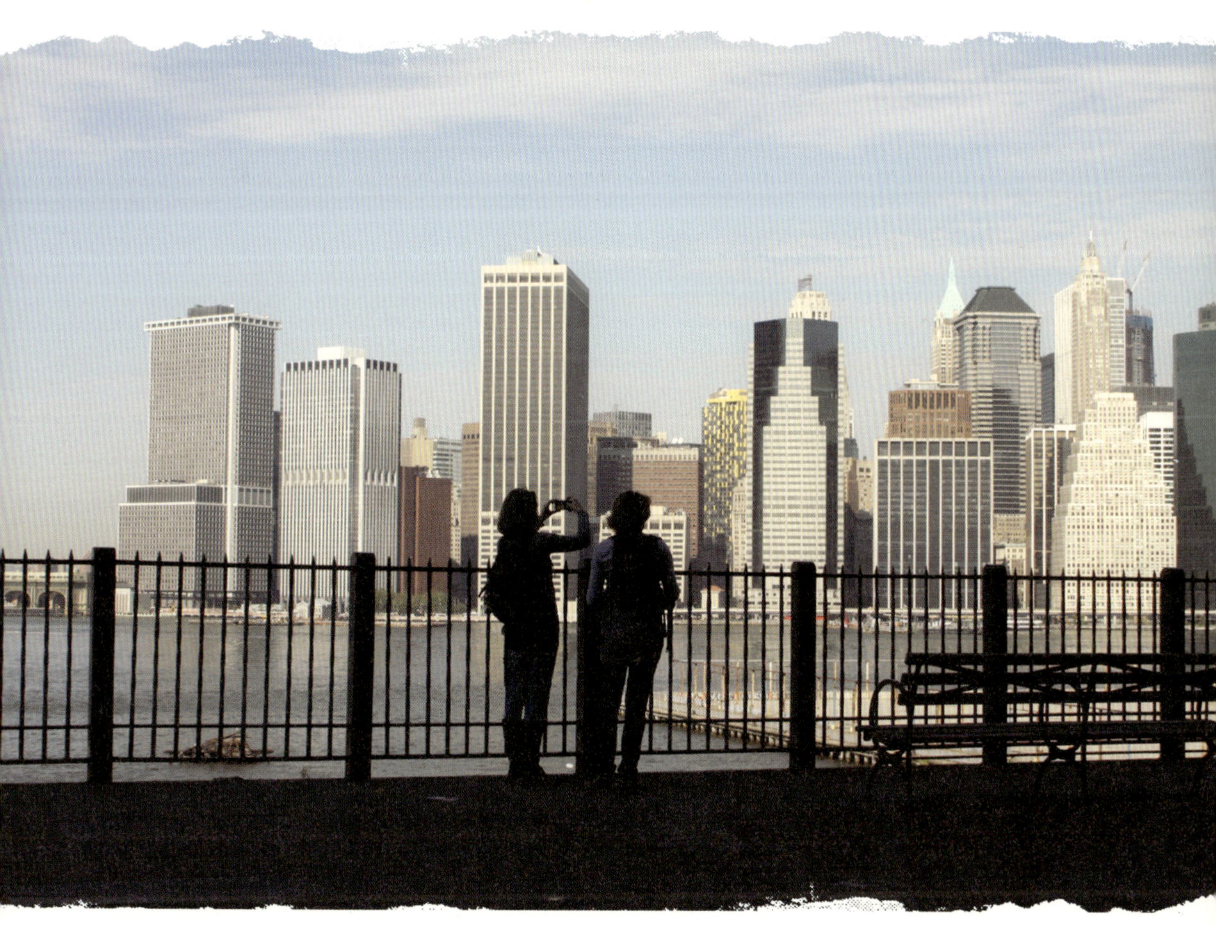

열대림

차례

AMSTEL 47
NAM JUNE PAIK
PIANO FOR
ALL SENSES
TOMAS SCHMITT
MANFRED MONTWÉ
PETER BRÖTZMANN
WILLEM DE RIDDER

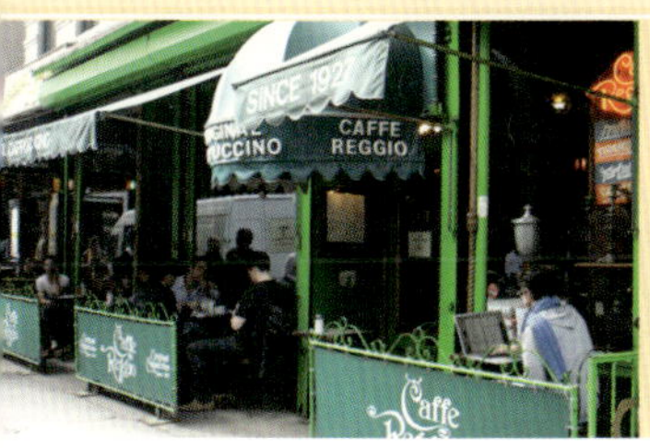

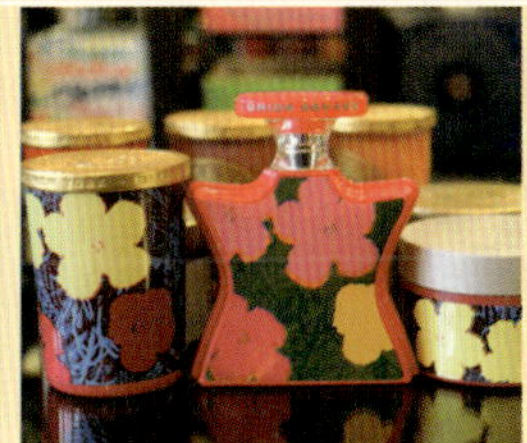

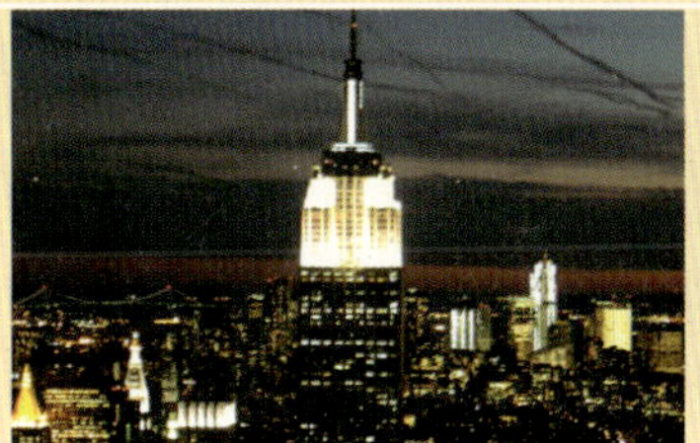

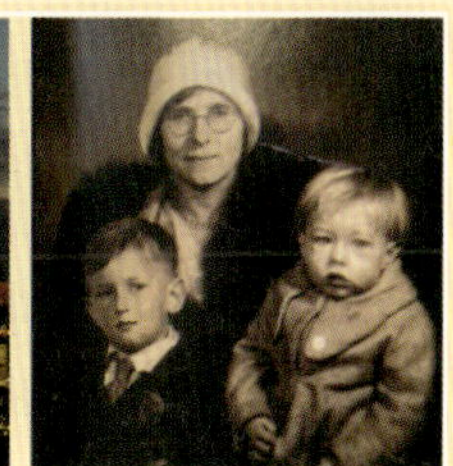

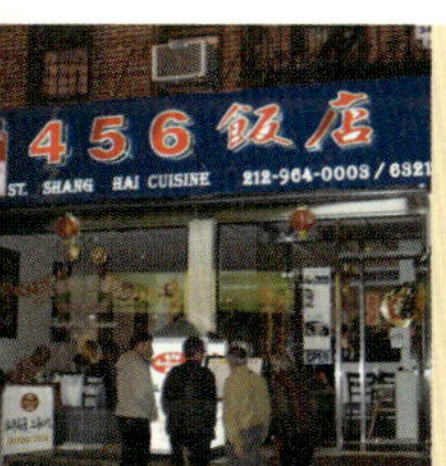

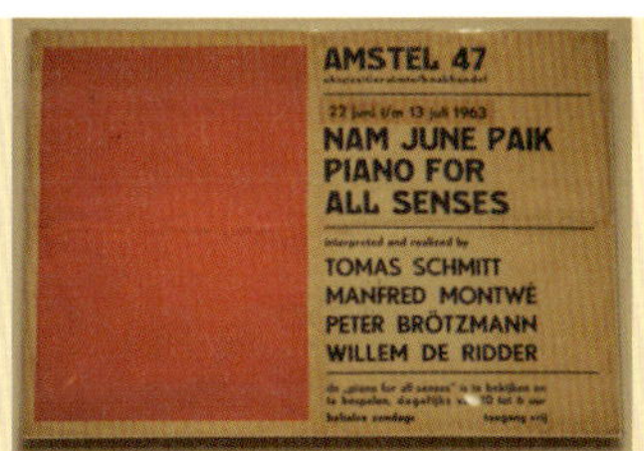

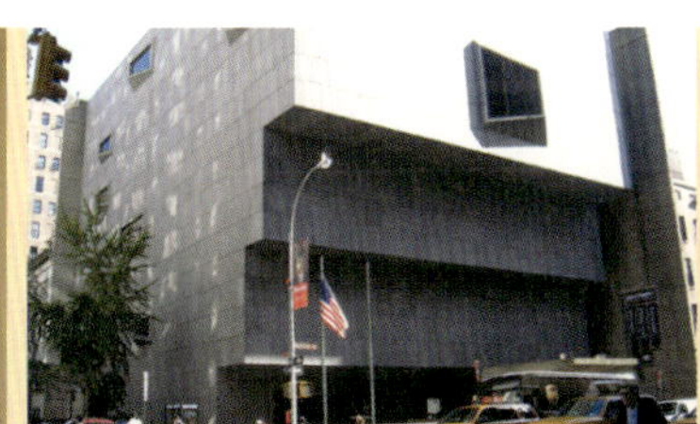

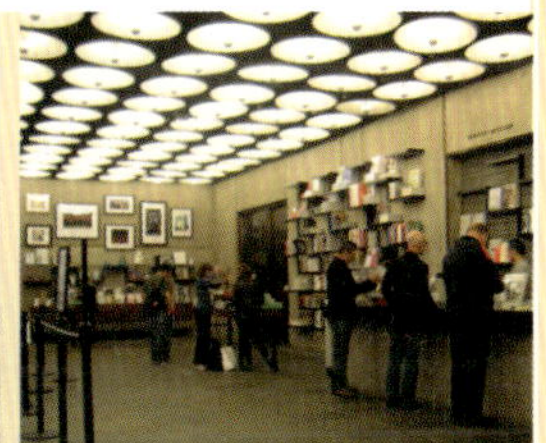

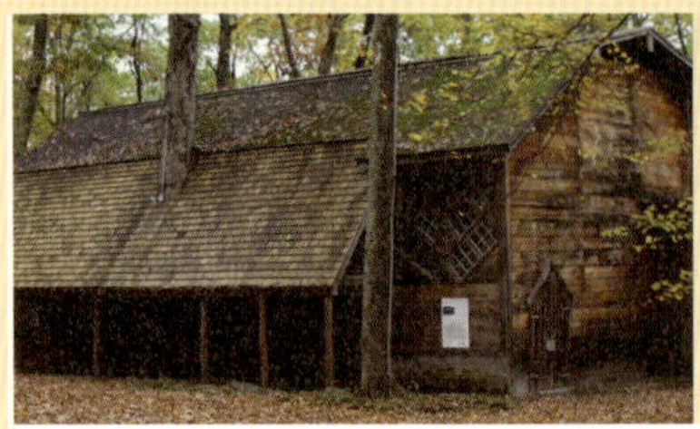
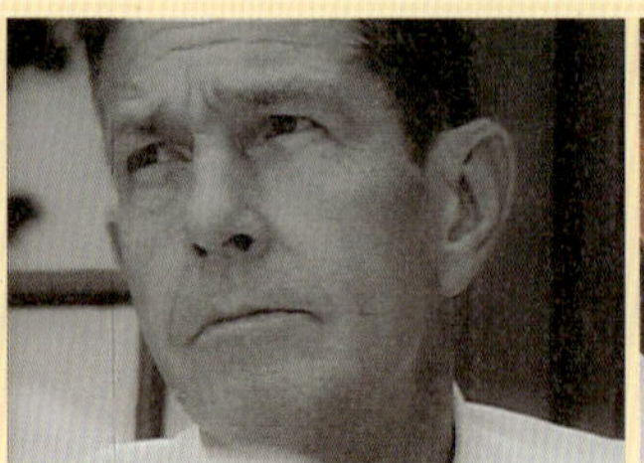
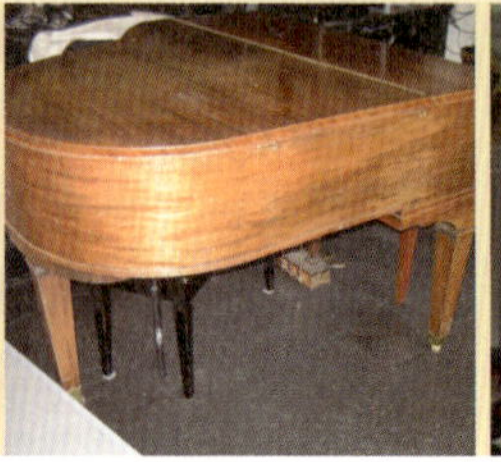
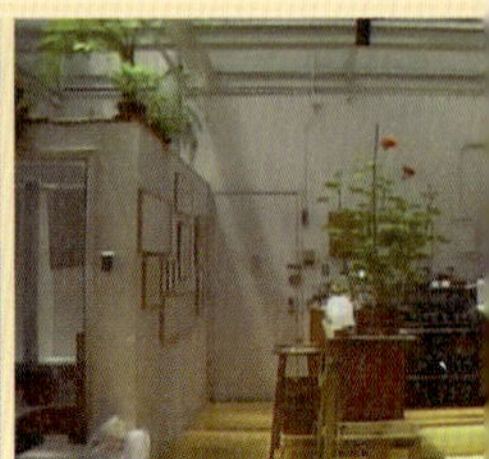

존 케이지, 침묵과 우연의 음악

빌리 조엘, 뉴욕의 피아노맨

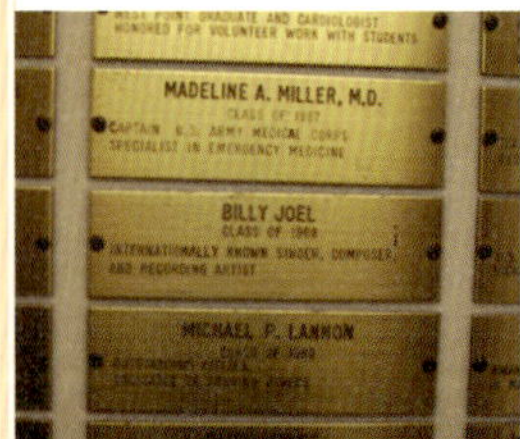
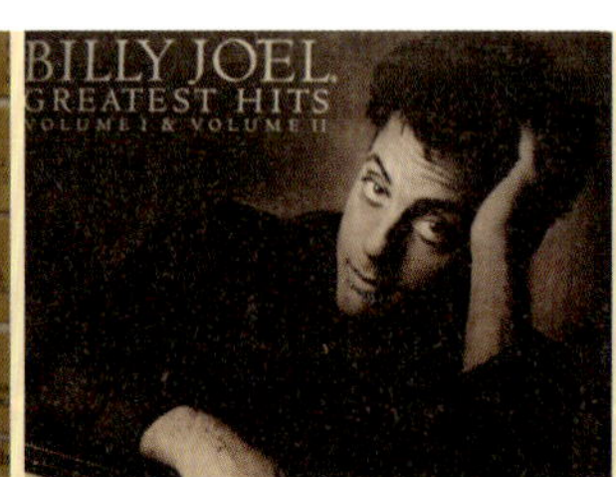
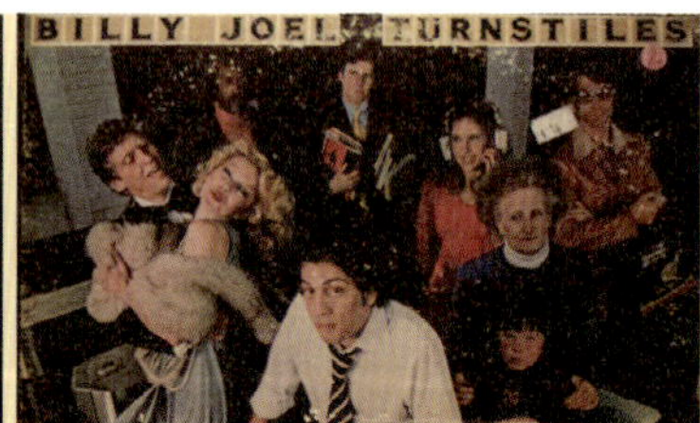
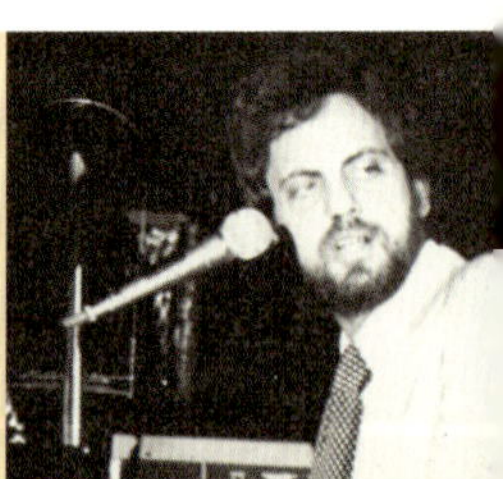

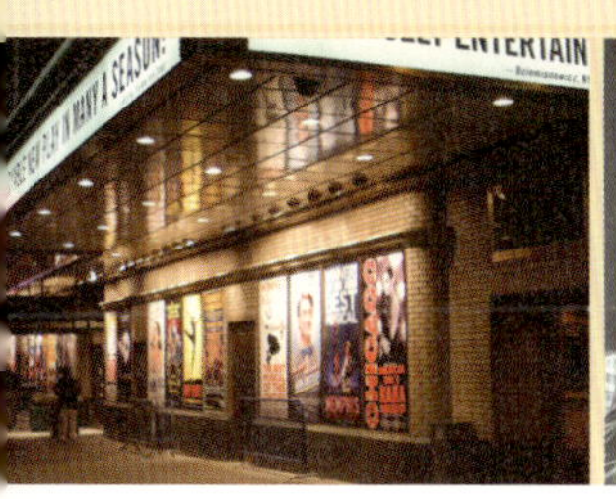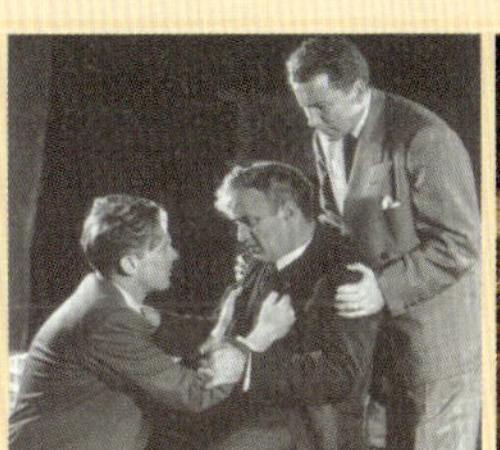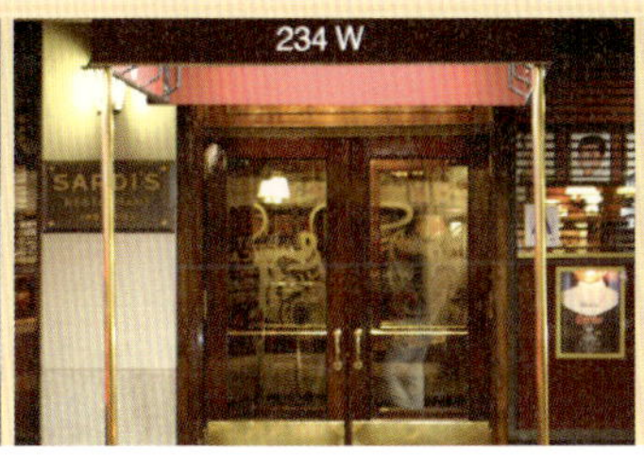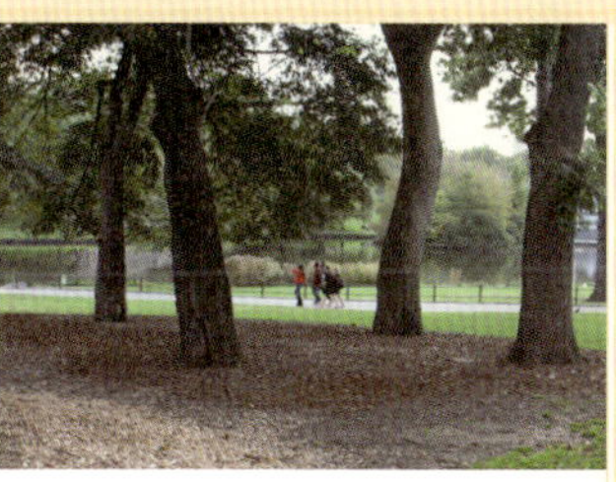

아서 밀러, 세일즈맨의 아버지

J. D. 샐린저, 순수의 파수꾼

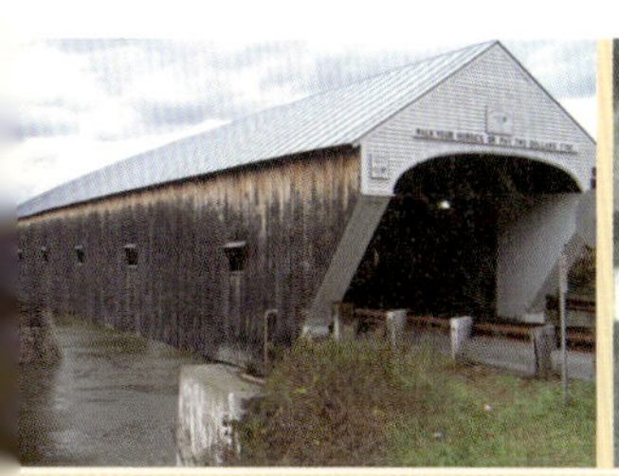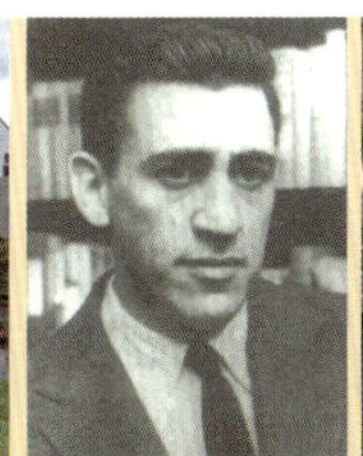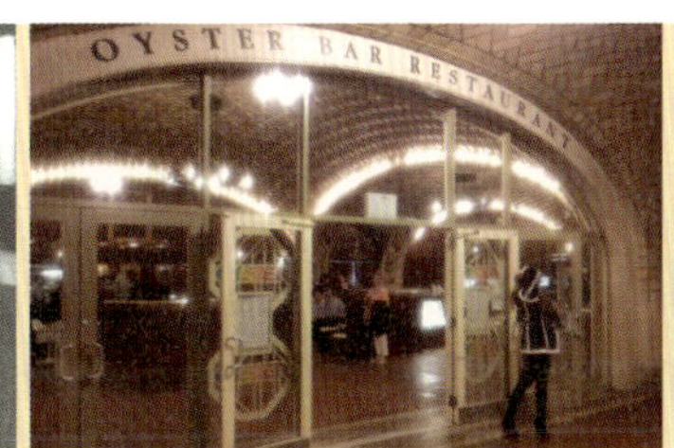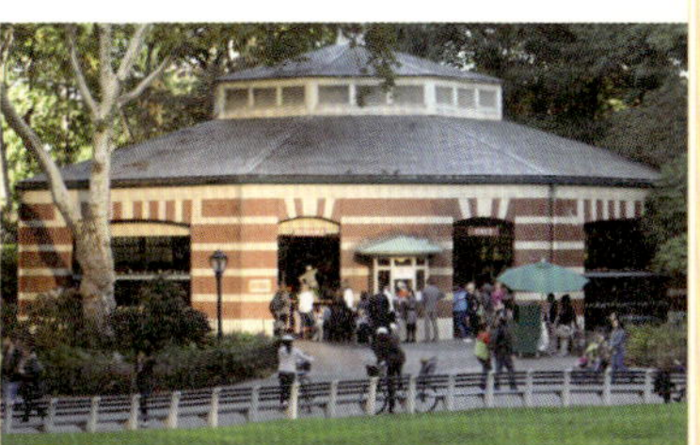

천재의 숨결과 맥박을 따라가는 설레는 여정은 빈에서 시작되었다. 빈에서 클림트, 프로이트 등 6명의 위대한 천재와 만날 때, 다음 도시로 프라하를 예정한 것은 아니었다. 그러나 빈을 선택함으로써, 빈은 운명적으로 나를 프라하로 인도했다.

유럽 대륙에 피바람이 불 때마다 사람들은 섬나라 영국으로 몸을 피했다. 빈의 프로이트가 1938년 그랬던 것처럼. 천재의 체취를 느끼는 세 번째 도시로 런던을 택한 것도 거역할 수 없는 어떤 끌림에 의해서였다.

그렇다면, 런던 다음은? 영국이 영원한 피안(彼岸)의 섬이 될 수 있을까? 도버해협은 안전을 보장하기에는 그 폭이 너무도 좁았다. 유럽의 어느 도시도 안전하지 못했다. 유럽인은 살기 위해 북미(北美)행 선박에 몸을 실었다. 대서양을 건너는 실향민의 엑소더스에는 빈자와 부자, 배운 사람과 못 배운 사람 등 다양한 종교와 이념을 신봉하는 여러 민족이 뒤섞여 있었다.

아메리카 대륙에서 유럽의 실향민을 무조건적으로 받아들인 도시

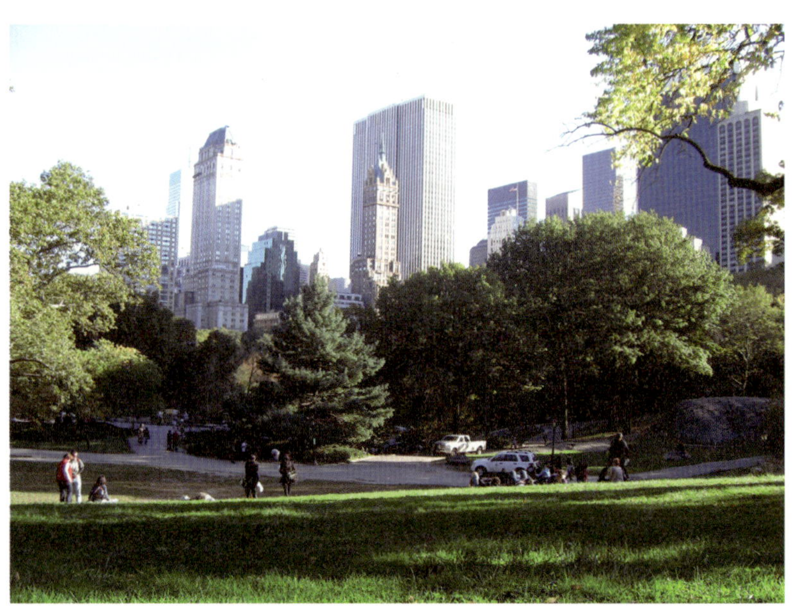

가 뉴욕이었다. 뉴욕은 차별과 억압을 피해 아메리칸 드림을 꿈꾸며 찾아온 유럽인에게 공정한 기회와 자유를 선물로 안겼다. 뉴욕이 2차 세계대전 이후 세계 문화예술의 수도로 부상하게 된 배경이다.

나는 각계 전문가의 조언을 참고해 앤디 워홀부터 백남준, 존 케이지, 아서 밀러, 제롬 데이비드 샐린저, 빌리 조엘까지 여섯 명을 선정했다.

앤디 워홀은 더 이상의 설명이 필요 없는, 20세기 미국 예술을 대표하는 인물이다. 피츠버그에서 태어나 스무 살에 뉴욕으로 와 열정의 삶을 살다 뉴욕에서 눈을 감았다. 비록 기념관과 묘지가 피츠버그에 있긴 하지만 워홀 없는 뉴욕은 생각조차 할 수 없다. 뉴욕은 워홀이고, 워홀이 뉴욕이다.

백남준을 세계적 아티스트로 꽃피운 곳도 뉴욕이었다. 존 케이지 역시 젊은 날의 길고 긴 방황을 거쳐 뉴욕에 정착하면서 현대 음악의 혁명가가 되었다. 아서 밀러와 제롬 데이비드 샐린저는 뉴욕에서 태어나 뉴욕에서 성장해 작가로 성공한 인물이다.

선정 여부를 놓고 가장 고민한 인물은 빌리 조엘이었다. 뉴욕과 깊은 인연이 있는 가수 중에서 현대 미국을 대표하는 가수는 누구일까. 음악평론가의 의견을 압축하니 루이 암스트롱과 빌리 조엘이었다.

뉴욕이 재즈를 꽃피운 도시라는 점을 중시한다면 당연히 루이 암스트롱을 선택해야 했다. 사망한 지 40년이 지났지만 루이 암스트롱의 노래는 여전히 많은 사람들이 좋아한다. 사실 루이 암스트롱이어도 아무 문제가 없었다. 나는 부득이 한 가지 기준을 엄격하게 적용했다. 누구의 노래가 후대의 가수들에 의해 더 많이 리메이크되고 있는가,

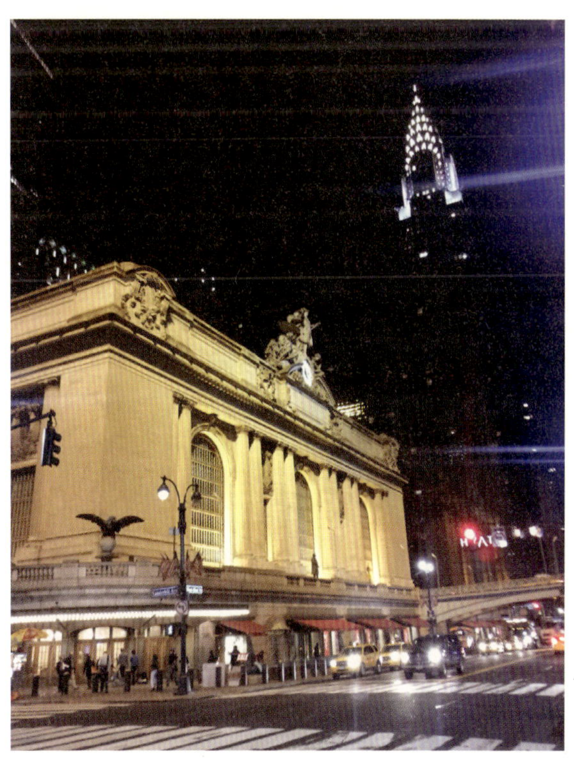

그랜드 센트럴 터미널 역의 야경

하는 문제였다. 그렇다면 당연히 빌리 조엘이었다. 그가 작사가, 작곡가, 가수, 피아니스트라는 다양한 분야에서 활동했다는 점에서도 매력적인 인물이었다.

이렇게 여섯 명을 선정하고 천재들에 대한 탐구를 진행했다. 그런데 나는 예상치 못한 놀라운 사실이 숨어 있는 것을 발견했다. 여섯 명 중 앤디 워홀(체코), 아서 밀러(폴란드), 빌리 조엘(독일), 제롬 데이비드 샐린저(리투아니아), 백남준(한국) 다섯 명이 이민자이거나 이민자 집안 출신이다.

이들 다섯 명의 이민자 중에서

세 명(아서 밀러, 빌리 조엘, 샐린저)이 유대인이다. 이 사실은 미국 사회 구성의 본질과 그 맥이 닿아 있다. 유대인이 미국 사회의 각 분야에서 두각을 나타내고 있는 것은 미국이 세계에서 유일하게 유대인을 차별하거나 억압하지 않은 나라였기 때문이다. 기회와 자유를 보장하는 공동체에는 자연히 우수한 인재가 모이게 되고, 결국 이들이 모여 자극을 주고받으며 찬란한 문명의 꽃을 피운다는 평범한 사실. 미국이 그런 나라였고, 뉴욕이 그 중심적 공간이었다. 이것이 미국이 20세기 세계제국을 건설할 수 있었던 원천이다.

미국 예술의 특징은 한 마디로 축약하면, 크로스오버(crossover)다. 역사가 짧은 미국은 유럽처럼 전통이 주는 둔중한 부담감이 없었다. 미국에는 예술가를 구속하고 속박하는 그 어떤 것도 없었다. 장르의 구분과 경계는 더 이상 아무런 힘을 발휘하지 못했다. 이런 풍토 속에서 앤디 워홀, 백남준, 존 케이지, 빌리 조엘이 활짝 꽃을 피웠다.

성공의 정의는 시대마다 사람마다 다양하다. 앤디 워홀은 성공을

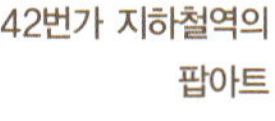
42번가 지하철역의
팝아트

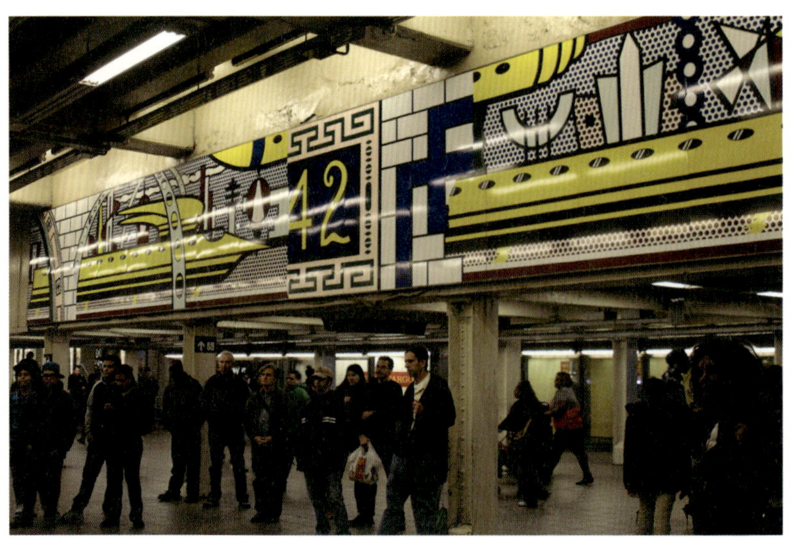

이렇게 정의했다.

"뉴욕에서 직업을 가지면 그게 곧 성공이다(Success is a job in Newyork)."

뉴욕에서의 삶을 이보다 더 멋지게 표현할 수 있을까. 역시 앤디 워홀이다. 여섯 명의 천재를 만나는 여정에서 나는 이 말을 가슴 절절히 깨달았다. 다른 나라 같으면 하나만 있어도 도시의 자랑이 될 미술관(혹은 박물관)이 뉴욕에는 수두룩하다. 뉴욕이 곧 팝아트이다. 지하철역에서 팝아트의 거장 작품을 만날 수 있는 곳도 뉴욕이다.

도시적 삶은 어디나 팍팍하다. 문제는 도시 공간이 삶에 지친 인간의 영혼을 얼마나 위로하고 활력을 불어넣느냐 하는 것이다. 뉴욕에는 센트럴파크가 있다. 외국인이 센트럴파크를 거닐다 보면, 이런 공원을 아침저녁으로 365일 즐기는 뉴요커가 한없이 부러워진다. 뉴욕에는 센트럴파크도 모자랐는지 허드슨 강도 있다. 센트럴파크와 허드슨 강은 수많은 문학과 예술에 모티브를 제공했다.

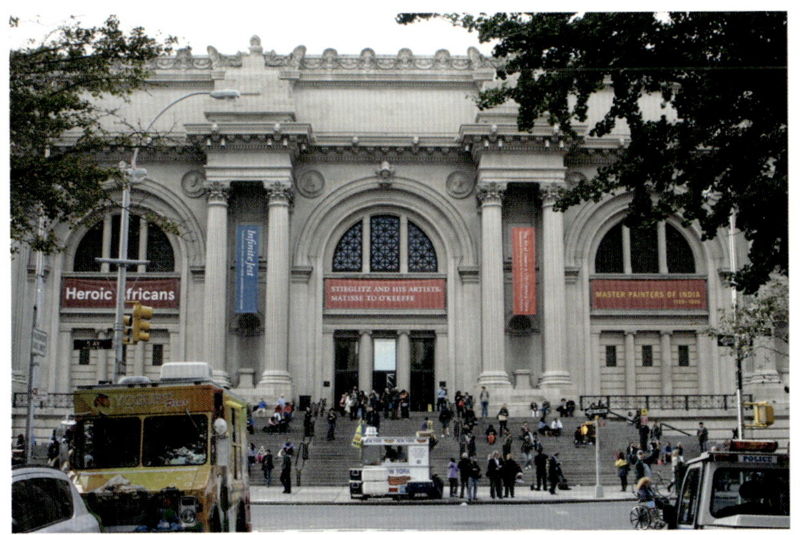

메트로폴리탄 미술관

나는 뉴욕에서 6인의 천재와 대화하는 과정에서 20세기 미국의 초상과 대면했다. 꾸미지 않은, 있는 그대로의 미국의 얼굴을 보았다. 그 뉴욕으로 여러분을 안내한다.

2012년 5월
조성관

《뉴욕이 사랑한 천재들》현지 취재에는 태진인터내셔널 전용준 대표님의 후원이 큰 도움이 되었다. 프랑스 감성 브랜드 루이까또즈를 갖고 있는 태진인터내셔널은 뉴욕의 문화·예술·패션에 관심이 많다. 전용준 대표님의 취재 후원에 다시 한 번 감사드린다. 뉴욕 파슨스 스쿨을 나온, 문화예술 기획자 명희정님의 도움도 빼놓을 수 없다. 뉴욕의 문화예술에 해박해 내가 미처 알지 못했던 여러 장소를 추천함으로써 이 책의 완성도를 높여주었다. 아시아나항공 뉴욕지사는 뉴잉글랜드 지방을 취재할 때 도움을 주었다. 연세대 영문과 우미성 교수님은 '런던'에 이어 '뉴욕' 편에서도 아서 밀러, 앤디 워홀, 백남준과 관련된 귀중한 자료와 조언을 아끼지 않았다. LP 수집가 강호정님은 빌리 조엘의 앨범 재킷을 제공해 주었다.

앤디 워홀,
일상과 예술의 경계
1928 ~ 1987

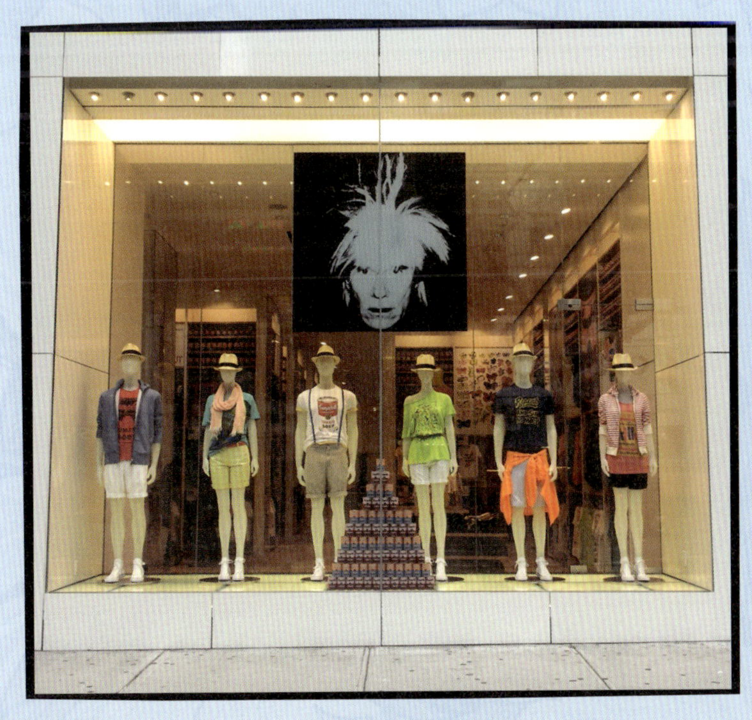

워홀처럼 생각하기

오늘날 앤디 워홀은 하나의 '기준'이 되었다. 그것은 바로 '다르게 생각하기'. 누구나 말은 하지만 실제로 실천하지 못하는 것. 앤디 워홀이라는 제코게 미국인을 인다면 그는 현대미술을 아는 사람, 팝아트를 이해하는 사람, 사고가 유연한 사람이다. 우리는 언제부턴가 아이디어가 무궁무진하고 창의적인 사람을 가리켜 '한국의 앤디 워홀', '동양의 앤디 워홀'이라고 칭한다.

지난 10년간 한국인에게 가장 친숙한 미국 예술가는 단연 앤디 워홀이다. 2010년에는 '앤디 워홀의 위대한 세계' 전시회가, 2011년에는 '모네에서 워홀까지' 전시회와 '이것이 미국 미술이다'가 열렸다. '모네에서 워홀까지' 전시회의 마케팅 포인트는 앤디 워홀이었다. 워홀 작품은 자신의 초상화 한 점에 불과했지만 관람객들은 이를 크게 불평하지 않는 것 같았다. 관람객은 모두 워홀이라는 이름 앞에 경배했다. 어머니는 꼬마에게 "저 사람이 워홀이야"라면서 그림을 무심히 지나치려는 아이를 붙잡아 세우곤 했다. 어머니의 눈빛과 목소리에는 내 아이가 워홀처럼 창의적인 사람이 되길 바라는 마음이 담겨 있었다.

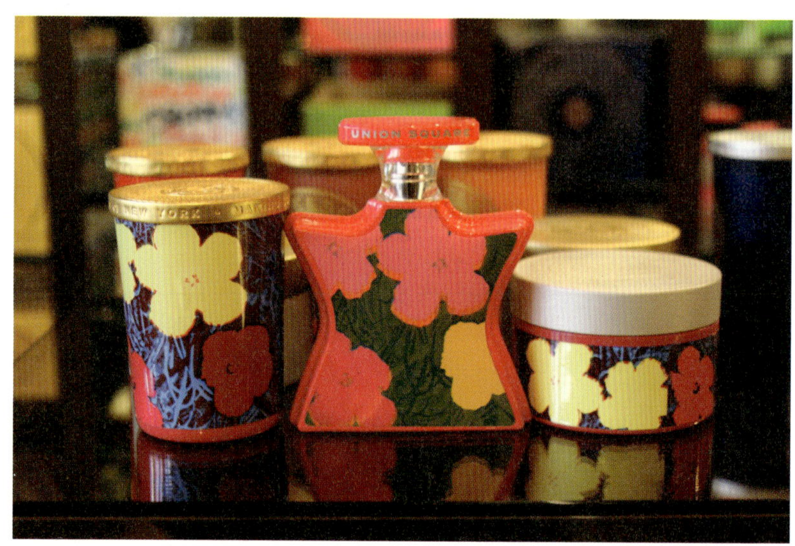

워홀 향수
'본드 No. 9'.
〈플라워〉 시리즈로
디자인했다.

뉴욕 맨해튼 14번가 웨스트에는 이름이 재미있는 장소가 있다. 미트 패킹 구역(meat packing district). 과거 이곳에 정육공장이 있었다는 뜻이다. 이곳은 뉴욕에서 유행의 발전소로 유명하다. 최근 예술을 결합한 창의적인 실용품들을 파는 가게들이 들어서는 중인데, 그 중 하나가 '본드 No. 9'이다. 향수, 양초, 로션 등을 파는 가게다. 그런데 제품 이름이 특이하다. 앤디 워홀 플라워, 앤디 워홀 실버 팩토리, 앤디 워홀 유니온 스퀘어, 앤디 워홀 렉싱턴 애비뉴……. 이 회사는 애초 뉴욕의 지명을 딴 향수를 개발해 판매해 왔다. 하지만 지명이 동이 나자 뉴욕을 상징하는 예술가를 등장시켰다. 첫 번째 뉴요커 예술가가 앤디 워홀이다.

'본드 No. 9'은 향이 다른 5개의 향수를 개발해 각각에 앤디 워홀의 이름과 함께 그와 연관성 있는 지명을 넣었다. 예컨대 '앤디 워홀 유니온 스퀘어'는 앤디 워홀의 작업실 중에서 가장 중요한 곳이 있던 장소를 가리킨다. 이 회사는 앞으로 10개의 향수를 더 개발할 계획이다. 그렇게 되면 앤디 워홀의 이름이 들어간 15개의 향수가 각기 다른 매혹적인 향기로 태어날 것이다.

맨해튼에서는 언제 어디서든 워홀과 만난다. 맨해튼 34번가 웨스트를 걷다 보면 유니클로 매장이 보인다. 현관 오른편 진열장에는 워홀의 얼굴이 걸려 있다. 실크스크린으로 제작된 워홀의 초상화다. 워홀 초상 밑에는 여섯 개의 마네킹 모델들이 서 있다. 유니클로는 워홀의 작품 이미지로 의류를 디자인했다. 캠벨 수프 통조림, 브릴로 상자, 실크스크린 작품 등이다. '워홀 티쳐츠'를 입고 있는 이들은 마치 워홀이 초위무사처럼 보인다. 유니클로는 판매 수익금의 일부를 시각예술 발전 기금으로 내놓는다.

한국에서는 워홀의 〈플라워〉가 불미스러운 사건과 연루되어 주목받은 적이 있다. 워홀과 함께 팝아트의 거장으로 불리는 로이 리히텐슈타인의 〈행복한 눈물〉 역시 불법거래 의혹으로 한동안 미디어를 장식했다. 그러나 뉴욕에서 워홀은 다르다. 워홀은 그의 삶이 그랬던 것처럼 생활 예술품으로 '다르게 생각하기'의 원천이 된다.

한국에서 앤디 워홀과 로이 리히텐슈타인이 보통 사람들에게 그런 불미스런 사건으로 데뷔했다고 해서 너무 안타깝게 생각할 필요는 없

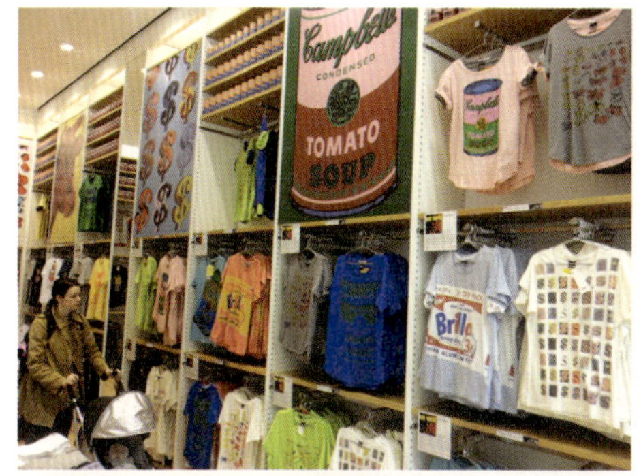
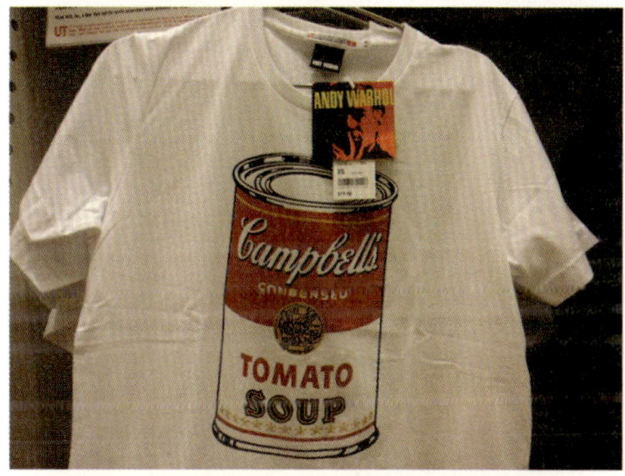
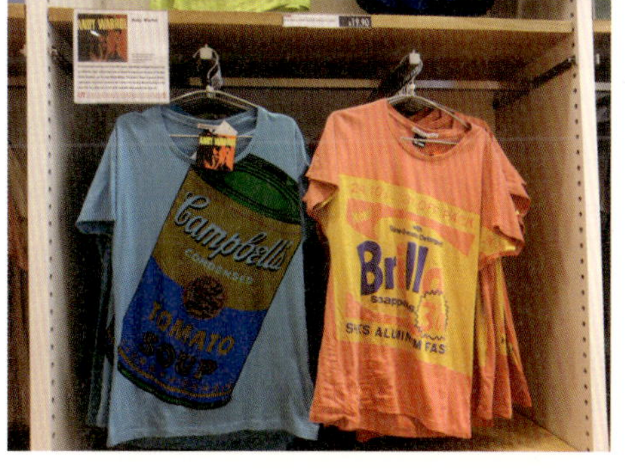

워홀의 작품 이미지로
만든 의류들

다. 세상의 모든 일이 그렇듯 부정적인 면이 있으면 긍정적인 측면도 있으니 말이다. 어찌되었건 의혹 사건으로 인해 우리나라의 보통 사람이 팝아트라는 분야를 알고, 더 나아가 앤디 워홀과 로이 리히텐슈타인의 이름을 기억하게 된 것은 고마워할 일이다.

창백한 약골, 그리고 위대한 어머니

앤디 워홀은 1928년 8월 6일 피츠버그에서 태어났다. 본명은 앤드류 워홀라. 워홀의 부모는 체코슬로바키아 출신이었다. 아버지의 고향은 카르파티아의 산악지대. 산골 사람들이 대부분 그렇듯 워홀 부모는 가진 것도 배운 것도 없었다. 부모는 일생일대의 결단을 내렸다. 미국 이민! 먼저 아버지가 1912년 미국으로 건너가 자리를 잡은 뒤 가족들을 불러들이기로 했다. 미국에 정착한 아버지는 9년 뒤인 1921년 체코에 남은 가족을 미국으로 불러들였다.

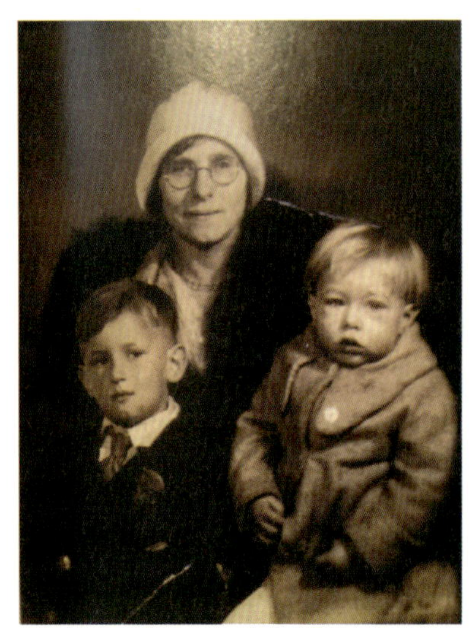
어머니, 형과 함께

부부가 각각 미국행 여객선을 탄 시점이 중요하다. 아버지가 떠난 시점은 1912년. 1차 세계대전이 일어나기 2년 전이었다. 1921년은 유럽 대륙이 1차 세계대전을 끝내고 짧은 휴지기에 접어들었을 때였다. 산골의 아낙네가 2차 세계대전을 예견했을 리는 없겠지만 가난한 살림살이와 불안한 정치상황은 선택의 여지를 없게 만들었다. 결과적으로 부모의 결단이 자식들을 2차 세계대전의 참화에서 벗어나게 했다.

아버지는 피츠버그에서 노동자로 일하며 생계를 꾸려나갔다. 부모는 3남매를 두었는데, 워홀은 막내였다. 하나밖에 없는 누이는 태어나서 6주밖에 살지 못했다. 워홀이 태어난 시점도 참 절묘하다. 대공황 1년 전이다. 대공황은 수많은 부자와 중산층에 타격을 가했고 노동자들을 하루아침에 실업자로 만들었다. 그럼에도 워홀 집안은 워낙 궁핍한 살림이었기에 상대적으로 대공황의 충격을 덜 받았다.

워홀은 태어날 때부터 창백한 약골이었다. 유년기에는 병을 달고 살아 학교에 결석하는 일이 잦았다. 자연스레 집에서 어머니의 보살핌을 받는 시간이 많았다. 워홀의 유년 시절은 몸이 아픈데다 대공황의 그늘이 더해져 우울한 잿빛으로 채색되었다.

워홀은 일찍부터 그림에 재능을 보였다. 연필이나 색연필을 잡으면 닥치는 대로 어디에나 그림을 그렸다. 어머니는 그림을 좋아하는 막내아들에게 스케치북을 사다 주었다. 학교에 가지 못하는 날이면 소년은 주로 그림을 그리며 시간을 보냈다. 연필과 스케치북이 손에서 떨어지는 때가 거의 없었다. 틈틈이 드로잉을 하고 콜라주를 만들었다. 그래도 시간이 남으면 영화 잡지와 만화책을 주로 읽었다. 그는 틈만 나면 유명 영화배우들에게 편지를 쓰곤 했다.

어머니는 교육을 받지는 못했지만 지혜로운 여성이었다. 아들이 좋아하는 것을 적극적으로 권했다. 영화에 관심이 많다는 것을 알고는 없는 살림에도 불구하고 필름 프로젝터를 사주었다. 아들은 어머니의 후원 속에 마음껏 상상의 나래를 펼쳤다. 아들이 아홉 살이 되었을 때였다. 이번에는 아들이 카메라를 갖고 싶어했다. 어머니는 중고 카메라를 사주고 지하실에 암실을 꾸며 아들이 현상과 인화를 마음대로 하게 했다.

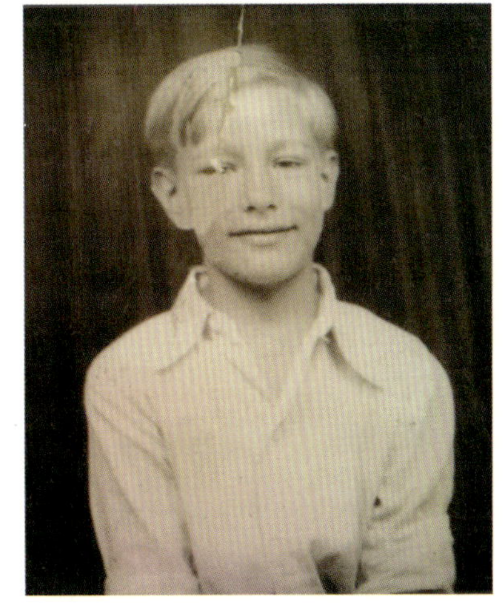

어린 시절의 워홀

워홀의 어머니 이야기는 자녀 교육과 관련, 한국인에게 시사하는 바가 크다. 지금 이 순간에도 많은 부모들이 자신의 잣대로 자식의 미래를 재단하고 판단해 특정한 학과와 특정한 직업을 강요한다. 무엇을 하고 싶어하는지보다 무엇이 되고 싶은지를 묻는 부모가 훨씬 많다. 자녀의 적성은 아랑곳하지 않고 권력과 관련된 직업을 강권하는 경우도 적지 않다.

워홀은 대공황인 1930년대에 필름 프로젝터와 카메라를 가지고 놀았다. 자식이 잘하는 것을 하도록 응원하고 격려한 어머니. 사람은 그 누구도 어릴 적 경험과 기억에서 벗어날 수 없다. 만일 워홀의 어머니가 '환쟁이가 되어서는 밥도 못 먹고 산다'며 변호사나 의사를 강요했다고 가정해 보라. 워홀을 키운 것은 팔할(八割)이 어머니였다.

워홀은 피츠버그 카네기 박물관이 주최하는 미술 강좌에 참가했다. 고등학교를 졸업한 그는 카네기멜론대학 예술학부에 입학했다. 그는 학과 공부가 버거웠다. 특히 글쓰기를 힘들어 했다. 결국 1학년 말에 낙제를 했다. 시간이 남아돌자 그는 잠깐 과일 행상을 하는 형을 도왔다. 힘든 행상 일을 한번 경험하고 나자 학교 공부가 훨씬 쉬워졌다.

워홀은 대학 시절 미술상을 받았고 동아리 활동으로 학생영화클럽에 참여했다. 워홀은 아방가르드 작곡가 존 케이지, 실험영화 감독 마야 네린 등 신구적인 예술가들을 흠모해 이들의 강의를 쫓아다니며 들었다. 전공을 살려 아르바이트로 피츠버그 시내의 한 백화점 진열장 배경을 칠하는 일도 했다. 진열장 디스플레이 일을 하면서 워홀은 동성애자의 세계를 알게 된다.

워홀은 스무 살인 1948년 뉴욕에 처음 발을 디뎠다. 뉴욕에 아무런 연고가 없는 피츠버그 시골뜨기는 작품 포트폴리오를 들고 이곳저곳을 노크했다. 그를 눈여겨보는 사람은 거의 없었다. 꿈에 부풀어 찾은 뉴욕이었지만 현실은 냉정했다. 낙심한 나머지 고향으로 돌아가려는 순간,《글래머》잡지의 티나 프레데렉스가 워홀에게 구원의 손길을 내밀었다. 워홀에게 일감을 맡긴 것이다.

대학을 졸업한 워홀은 고향을 떠나기로 결심한다. 화가로 성공하려면 20세기 미술의 수도 뉴욕으로 가야 했다. 피츠버그에서는 미래가 보이지 않았다. 뉴욕에 마련한 첫 주소는 빈민가 로우어 이스트사이드. 맨해튼 남부의 차이나타운과 가까운 곳으로 우범지대였다. 그는 가장 방세가 싼 지하층을 빌렸다.

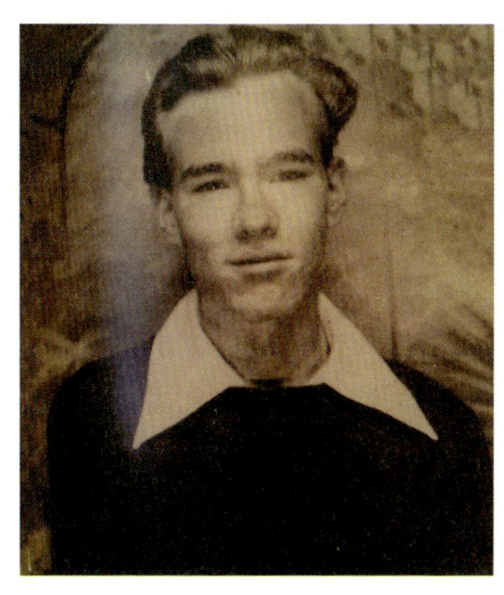

10대 시절의 워홀

워홀이 찾아갈 곳은《글래머》잡지사밖에 없었다. 프레데렉스는 워홀에게 잡지에 실릴 구두를 그려오라고 주문했다. 첫 과제인 구두 드로잉이 히트를 쳤다.《글래머》지는 계속 그에게 잡지 삽화를 주문했다. 얼마 지나지 않아 그의 이름이 다른 잡지사들과 광고대행사 업계에도 알려지기 시작했다. 워홀의 구두 드로잉은 현재 뉴욕의 거리에서 팔리는 모사화(模寫畵) 중에서 가장 인기가 있는 그림이다. 워홀은 삽화 원고료만 가지고도 먹고 살 수 있을 정도가 되었다. 예상보다 빨리 상업미술가로서 자리를 잡은 것이다. 조수를 고용해도 될 만큼 일거리가 밀렸다.

1950년 어머니가 피츠버그의 집을 정리하고 뉴욕으로 왔다. 어머니는 워홀의 아파트에 함께 살며 아들을 뒷바라지했고 때때로 아들의 조수 역할도 맡았다. 장성한 아들이 결혼하지 않고 어머니와 생활하는 예를, 우리는《빈이 사랑한 천재들》에서도 보았다. 바로 구스타프 클림트가 그랬다. 알츠하이머와 고혈압을 앓던 워홀의 어머니는 1971년에야 피츠버그로 돌아갔고, 얼마 후 그곳에서 눈을 감았다.

수프 통조림과 먼로의 초상화

1950년대, 당시 뉴욕 미술계는 추상표현주의가 대세였다. 워홀은 이런 흐름에 공감하지 못했다. 1960년대가 시작되면서 변화의 물결이 세상을 휩쓸었다. 1960년 레오 카스텔리 화랑에서 열린 제스퍼 존스의 전시회 '깃발들, 표적들과 숫자들'은 뉴욕 미술계를 뒤흔들었다. 뉴욕현대미술관(MoMA)은 존스의 대표작 4점을 구입했다.

존스에 앞서 카스텔리 화랑 전시회를 통해 성공시대를 열었던 화가 중에는 로버트 라우센버그가 있었다. 워홀은 존스와 라우센버그의 성공을 보며 언젠가는 자신에게도 기회가 올 것이라는 희망을 키웠다. 상업미술가로 먹고사는 데는 문제가 없었지만 상업미술가로 인생을 마칠 수는 없었다. 워홀은 화가로 성공해 이름을 남기고 싶었다. 워홀은 그리고 또 그렸다. 그 대상은 딕 트레이시, 배트맨 등 만화 주인공부터 코카콜라 병까지 제한이 없었다. 워홀은 개인전을 열 준비가 되어 있었지만 그림을 걸어줄 화랑이 나타나지 않았다. 그렇게 시간이 흘러갔다.

신생 화랑의 여성 큐레이터 뮤리엘 레토가 워홀을 찾아온 것은 1962년. 워홀은 레토에게 좋은 아이디어를 달라고 했다. 레토는 돈이나 통조림 깡통을 그려보라고 권유했다. 워홀은 어머니에게 통조림을 사달라고 부탁했고, 어머니는 가장 많이 팔리는 캠벨사의 수프 통조림 32종류를 사왔다. 워홀은 깡통 하나하나에 개별적인 초상화를 그려나갔다.

1962년, 〈캠벨 수프〉 통조림 그림이 로스앤젤레스의 페러스 화랑에서 처음으로 대중과 만났다. 수프 통조림 그림은 논란을 불러왔다. 인물이나 풍경이 아닌 수프 통조림 깡통을 대상으로 삼았다는 사실에 기성 화가들은 분노했다. 위홀은 〈캠벨 수프〉를 그린 이유에 대해 이렇게 말했다.

"왜 수프 통조림을 그리느냐고요? 그야 늘 그걸 먹기 때문이죠. 20년 동안 점심으로 하루도 빼놓지 않고 그걸 먹었거든요."

상업미술가 위홀을 세상에 알린 캠벨 수프 통조림. 이것은 팝아트 철학을 체현하는 데 최적의 소재로 20세기 미국 미술을 상징하는 작품이 되었다. 현재 캠벨 수프는 미국을 포함해 현재 120여 개국에서 200여 종이 팔린다.

위홀은 또 다른 시도를 했다. 실크스크린 기법을 작업에 응용한 것이다. 실크스크린 기법은 형태는 같지만 반복적으로 조금씩 색채가 다른 작품을 가능하게 한다. 실크스크린의 최대 장점은 다량 생산이 가능하다는 점이다. 방향과 컨셉만 잡아주면 나머지는 조수가 작업할 수도 있었다. 실크스크린 기법은 미술가라면 누구나 아는 것이지만

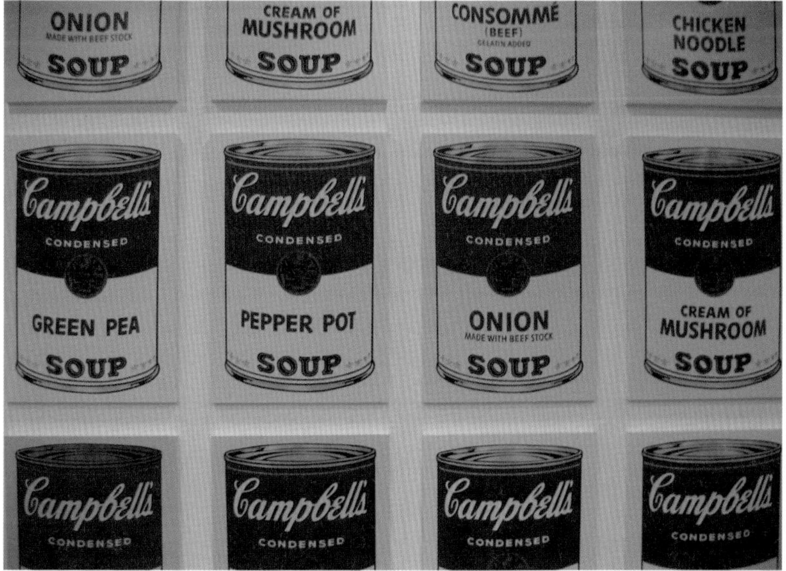

캠벨 수프

이 기법을 초상화 작업에 응용한 사람은 워홀이 최초였다.

워홀은 시뮬라크르(simulacre)를 실용화한 사람이다. 같은 형태가 조금씩 모양을 달리하면서 미세한 차이와 반복으로 무한히 증식하는 것을 시뮬라크르라고 한다. 불문학자 박정자는 《이것은 애플이 아니다》라는 책에서 앤디 워홀을 시뮬라크르라는 개념을 통해 설명한다. "같은 이미지를 색깔만 달리하여 복제하는 방식이 오늘날 모든 광고 이미지를 석권하면서 그는 완전히 새로운 미술사적 양식의 창시자가 되었다."

마릴린 먼로는 1962년 8월 로스앤젤레스 자택에서 숨진 채 발견되었다. 사인은 약물 남용의 부작용으로 밝혀졌다. 아메리칸 드림의 상징인 먼로의 죽음은 미국 사회를 충격과 혼란에 빠트렸다. 워홀은 죽은 뒤에도 여전히 화제의 중심이 되는 마릴린 먼로에 주목했다. 먼로를 초상화 대상으로 선택했다.

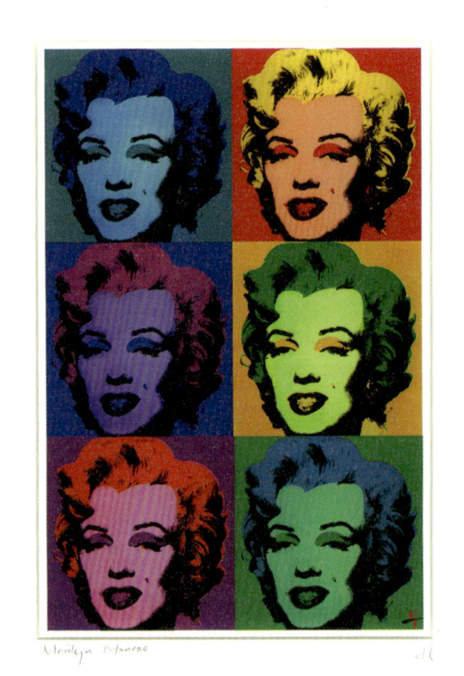

마릴린 먼로 초상화

워홀은 영화 〈나이아가라〉의 홍보용 스틸 사진을 선택했다. 마릴린의 얼굴 주위에 테두리를 그리고 그 위에 금박을 입혔다. 이런 상태에서 실크스크린으로 제작했다. 이렇게 하니 그녀는 '슬픔의 성녀(聖女) 마릴린'으로 부활했다.

워홀은 이후 먼로의 초상화를 24점이나 제작했다. 그 중에서 가장 높이 평가받는 마릴린 초상화는 스테이블 화랑에서 전시된 〈마릴린 두 폭(Marilyn Diptich)〉이다. 이 초상화에는 연황색 머리카락, 연두색 아이섀도, 붉은 립스틱 등 화려한 원색이 사용되었다. 워홀은 이제까지 어디에도 없던 초상화를 만들어낸 것이다. 워홀이 만들면 모든 것이 다르다는 통념이 다시 입증되었다. 실크스크린 초상화를 제작하면서 그는 팝아트의 새로운 세계를 열었다.

워홀은 1963년 《타임》지와의 인터뷰에서 실크스크린 기법과 관련해 유명한 말을 남겼다. "회화는 너무 힘들다. 내가 보여주고 싶은 건 기계적인 것이다. 기계는 문제가 적다. 나는 기계가 되고 싶다. 당신은 그렇지 않은가?"

세기의 여신으로 불리던 엘리자베스 테일러가 세상과 작별한 때가 2011년 3월이었다. 20세기 아름다움의 기준이 되었던 리즈 테일러, 그녀의 부음이 전해진 며칠 뒤 신문에는 "워홀의 리즈 테일러 초상화 값이 떴었다"는 기사기 실렸다. 워홀은 리즈의 초상화를 여러 차례 제작했다. 〈클레오파트라, 푸른 리즈〉, 〈열 개의 리즈〉 등. 초상화를 제작한 워홀과 초상화의 모델이 된 테일러가 모두 저 세상 사람이 되었으니 작품 값이 오를 수밖에.

워홀이 초상화를 제작한 인물은 영화배우, 가수 등 연예계 스타들과 각 분야의 유명 인사가 대부분이었다. 그의 초상화 작업은 죽을 때까지 계속되었다. 마릴린 먼로, 리즈 테일러, 엘비스 프레슬리, 말론 브란도, 조르지오 아르마니, 무하마드 알리, 빌리 브란트, 리처드 닉슨, 마오쩌둥 등. 워홀이 초상화 대상으로 삼지 않으면 진정 세계적 명사가 아니었다. 세계 각국의 실력자 중에는 워홀에게 자신의 초상화를 의뢰하는 사람도 있었다.

일상이 예술이 되는 공간, 팩토리

모든 화가들은 작업실을 필요로 한다. 그림을 그리는 행위는, 글을 쓰는 것과 마찬가지로 남이 대신해 줄 수 없는 고독한 작업이다. 이젤을 세워놓고 작품을 그리고 완성된 그림을 걸어놓으려면 널찍한 공간이 필요하다.

워홀은 실크스크린을 제작 기법으로 과감하게 사용한 예술가였다. 실크스크린은 조수들의 수공(手工)적 터치가 들어가는, 일종의 매뉴팩처링(manufacturing). 당연히 기존의 스튜디오 차원을 넘어서는 훨씬 넓은 공간을 필요로 했다.

1963년 초, 워홀은 렉싱턴대로와 87번가 이스트에 있는 2층 벽돌건물을 빌려서 작업실로 개조했다. 이 건물은 원래 소방서로 사용되던 곳이었다. 위층은 작업실로, 아래층은 응접실로 썼다. 이 작업실은 전화연결이 되어 있지 않아 방해받을 일이 없었다.

그해 말 워홀은 작업실을 옮긴다. 새로운 공간은 맨해튼 이스트 47번가 231번지 빌딩. 모자 공장으로 쓰였던 공간으로 엘리베이터도 있었다. 워홀은 건물 꼭대기층(로프트)을 통째로 빌려 100평이 넘는 공간을 전부 터버리고 벽면을 모두 은색 호일로 덮었다. 은색은 벽면에 그치지 않았다. 그는 전화기를 비롯해 모든 가재도구를 은색으로 칠했고, 도저히 칠할 수 없는 것은 은박지로 쌌다. 그리고 천장에는 다면체의 조명등을 달았다.

왜 하필 은색이었을까? 워홀은 은색은 모든 것을 사라지게 한다고 믿었던 사람이다. 은색은, 허무의 탐색을 추구하는 그의 예술철학과 맞닿아 있다.

워홀은 이 공간을 팩토리(factory)라고 불렀다. 예술가는 대개 자신의 작업실에 고상한 이름을 붙이고 싶어한다. 우리나라의 경우, 될수록 읽기 어려운 한자를 애써 찾아 이름을 짓기도 한다. 여기에는 뭔가 특별하고, 일반인들이 범접하기 어려운, 심오한 의미가 있는 것처럼 보이고 싶은 심리가 자리잡고 있다.

위홀은 달랐다. 어떤 이름을 붙이느냐에 따라 예술의 방향이 달라지는 법. '팩토리'로 명명한 순간, 그곳에서 만들어지는 내용물이 달라졌다. 프레이밍(framing) 효과를 일찍이 터득한 사람이 위홀이었다.

'공장'에서는 예술의 대상이 되지 않는 것이 없다. 팩토리 안에서 예술과 일상의 경계가 허물어졌다. 모든 일상적인 소재가 예술의 대상이었다. 일상에 대한 예술의 우월성이 휘발되면서 일상이 곧 예술로 승화되었다. 또 공장에서는 작품의 제작 속도가 빨라 대량 생산이 가능해진다. 팩토리 안에서 예술은, 고독한 작업이라는 숙명에서 마침내 해방되었다.

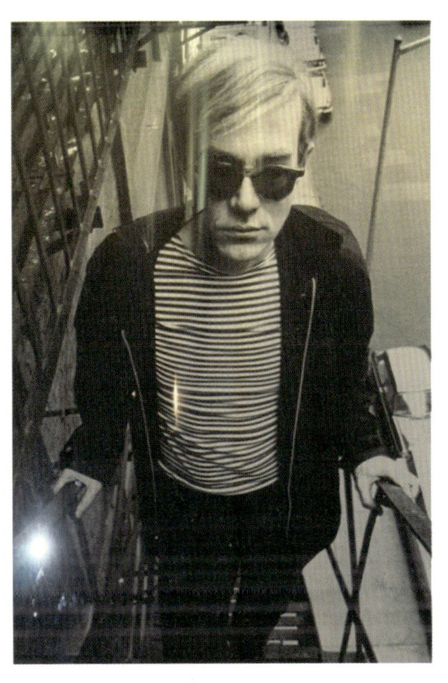

뉴욕 거리의 앤디 워홀

2006년에 나온 미국 영화 〈팩토리 걸〉은 앤디 워홀과 팩토리 분위기를 이해하는 데 매우 유용하다. 영화는 앤디 워홀과 에디 세즈윅 두 사람을 중심으로 전개된다. 실제로 앤디 워홀은 사교파티에서 만난 에디 세즈윅에게 마음을 빼앗겼다. 위홀은 세즈윅을 뮤즈로 여겨 자신의 영화에 출연시키고 세즈윅은 스타로 탄생한다. 〈팩토리 걸〉에서는 위홀이 은색 팩토리 안에서 실크스크린으로 작업하는 장면이 재연된다.

위홀과 세즈윅은 어떤 관계였을까? 연인 사이였을까? 아니다. 알려진 대로 워홀은 동성애자였다. 그것도 아주 특별한 동성애자! 워홀은 많은 남자들을 좋아했지만 대부분 플라토닉 관계였다. 육체적 관계를 맺은 사람은 알프레드 윌러스가 유일했다. 워홀 연구자들이 일관되게 기술하는 대목이 있다. 워홀이 신체적 콤플렉스를 지녔다는 것이다. 워홀은 얼굴에서 보여지는 것처럼 창백한 피부를 지녔다. 이것이 열등감으로 작용해 섹스와 거리를 두게 만들었다는 분석이다.

워홀은 스물다섯에 딱 한 번 성경험이 있었고, 그후로 30년 동안 없었다고 인터뷰에서 고백했다. 사실 워홀 주변에는 성적 매력이 넘치는 여성들이 많았다. 하지만 워홀은 그들을 성적 대상으로 생각하지 않았다. 그렇다고 성적 문제가 있었던 것은 아니다. 워홀은 "섹스는 젊은 사람들만 해야 한다, 스물다섯이 넘으면 흥분하지도 말아야 한다"고 인터뷰에서 말했다. 워홀 연구가들은 그가 자위와 관음증으로 성적 욕망을 해결했다고 결론지었다.

〈플라워〉 시리즈의 성공

스테이블 화랑의 일레노 와드가 워홀에게 전시를 제안했다. 1964년 4월, 스테이블 화랑에서 워홀의 두 번째 개인전이 열렸다.

워홀은 갤러리에 400개의 브릴로 상자를 전시했다. 화랑은 순식간에 식품 창고처럼 바뀌었다. 화랑은 어딘가 고급스러워야 한다는 고정관념이 여지없이 깨졌다. 스테이블 화랑의 전시로 워홀은 마침내 팝아트의 선두주자로 올라섰다. 워홀에게 성공의 문을 열어준 스테이블 화랑은 현재는 아쉽게도 문을 닫았다.

얼마 뒤 레오 카스텔리가 워홀을 찾아왔다. 그는 뉴욕 화랑가에서 유명한 화랑의 하나인 '레오 카스텔리' 화랑의 주인이었다. 카스텔리

초대전은 곧 뉴욕 화랑계에서 최정상급으로 인정받았다는 것을 의미
했다. 불과 3년 전만 해도 "리히텐슈타인이 카스텔리 화랑에서 전시
했기 때문에 같은 팝아트 계열인 워홀의 작품을 전시할 수 없다"고 거
절했던 카스텔리였다. 그런데 3년 만에 워홀은 실크스크린 기법을 이
용해 팝아트의 새로운 분야를 개척해 놓았다.

1964년 11월, 워홀은 카스텔리 화랑 데뷔 전시회에 〈플라워〉 시리
즈를 전시했다. 〈플라워〉 시리즈는 워홀이 작품의 소재를 일상에서 자
연으로 옮긴 첫 번째 시도였다. 꽃이 만발한 꽃밭을 위에서 사진으로
찍어 다시 실크스크린으로 제작했다. 카스텔리 화랑의 〈플라워〉 시리
즈는 모두 팔렸다.

워홀은 2년 뒤 카스텔리 화랑에서 두 번째 개인전을 열었다. 핑크
색 황소 머리가 그려진 벽지와 〈은빛 구름〉을 전시했다. 가로 121센티
미터에 세로 91센티미터의 은색 풍선에 수소를 집어넣어 전시장을 가
득 채웠다. 〈은빛 구름〉을 천장에 닿지도 않고 바닥에 떨어지지도 않
게 적당한 높이로 띄웠다. 〈은빛 구름〉을 조그만 수소통을 끼워 한 개
당 50달러에 판매했다. 평범한 은색 풍선은 워홀에 의해 〈은빛 구름〉
으로 명명되면서 예술로 탄생한 것이다.

카스텔리 화랑으로 가보자. 카스텔리 화랑 주소는 77번가 이스트
18번지. 이 주소가 갖는 지리적 의미를 한번 되새겨볼 필요가 있다. 맨
해튼은 섬이다. 남자의 성기처럼 생긴 섬 중앙부에 직사각형 형태의
공간이 센트럴파크다. 센트럴파크를 둘러싸고 있는 지역에 고급 아파
트가 들어섰다. 아침에 눈 뜨면 곧바로 센트럴파크로 나아갈 수 있는
환상적인 접근성. 뉴요커들은 센트럴파크 하나만으로도 행복할 수밖
에 없다고 하지 않던가. 카스텔리 화랑은 길쭉하게 누워 있는 센트럴
파크의 허리 부분에 있다.

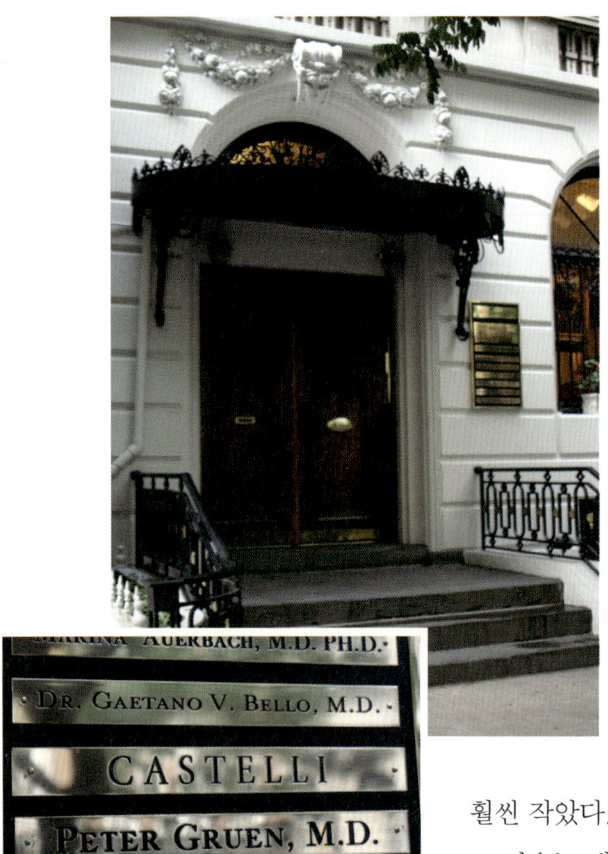

카스텔리 화랑

화랑은, 언뜻 보면 고급 주택처럼 보인다. 분명 주소가 맞는데? 계단을 올라가 초인종 옆에 있는 입주자 안내판을 읽었다. 'Castelli 3B'가 보였다. 벨을 눌렀다. 한 여성이 인터폰을 받았다. 신분을 밝히고 '앤디 워홀'을 만나러 왔다고 하자 올라오라고 한다. 엘리베이터를 탔다. 그런데 엘리베이터는 두 사람이 겨우 들어갈 만큼 좁았다. 만일 낯선 남녀가 탔다면 몇 초 동안 어색함에 어쩔 줄 몰라 했을 것이다.

카스텔리 화랑은 예상보다 훨씬 작았다. 레오 카스텔리는 화가를 발굴하고 키우는 데 굳이 넓은 공간이 필요하지 않다는 것을 아는 사람이었다. 화랑의 명성은 전시장의 크기가 아니라 어떤 의미를 부여해 전설을 만들고 관리하느냐에 있다는 뜻이다. 카스텔리 화랑은 아무나 오지 못하는 특별한 화랑이었다. 전시회를 할 때는 초대받은 사람만 입장이 가능했다. 운이 따랐다. 내가 3B에 들어서자 워홀의 〈플라워〉가 전시 중이었다. 리처드 페티본이 소장 중인 1965년 작 〈플라워〉였다. 여직원이 15달러에 판매하는 도록을 선물로 주었다. 나는 〈플라워〉 시리즈를 감상하면서 어딘가 워홀이 서 있는 것 같은 기분을 느꼈다.

잠, 키스, 섹스를 영화로 찍다

팩토리에서는 무엇이든 가능했다. 장르의 구분과 경계는 존재하지 않았다. 워홀은 영화를 찍고 싶었다. 어린 시절 열망의 대상이었던 영화를 직접 만들어보고 싶었다. 워홀에게 기존의 모든 영화 이론과 법칙은 아무런 의미가 없었다.

1960년대 초, 뉴욕은 16밀리 영화촬영기가 대량으로 보급되면서 아방가르드 영화의 메카로 자리잡았다. 누구든 이 촬영기만 있으면 마음대로 영화를 찍을 수 있었다. 뉴욕의 영화인들은 할리우드에 기반을 둔 메이저 영화사의 제작 시스템에 반기를 들었다. 뉴욕에서 싹튼 언더그라운드 영화운동이 워홀의 마음을 사로잡았다.

워홀이 영화 작업에 뛰어든 것은 1963년 소방서 건물에 팩토리를 만들었을 때였다. 영화배우이자 제작자인 잭 스미스를 알게 되면서 어린 시절부터 키워온 영화에 대한 꿈이 폭발했다. 워홀이 누군가. 16밀리 영화촬영기를 구입한 워홀은 할리우드의 어떤 제작자도, 심지어 찰리 채플린도 생각지 못한 영화를 만들었다. 잠자는 모습, 식사하는 장면, 술 마시는 모습, 섹스 행위, 오럴 섹스 등 지극히 일상적인 소재를 영화의 주제로 끌어왔다. 미술평론가 아서 단토는 저서 《앤디 워홀 이야기》에서 이렇게 썼다.

"워홀은 세상 모든 일이 다 흥미로우며 그보다 유별나게 더 흥미로운 일은 없다고 생각했다. 누구나 다 아는 일의 순수한 매력에 주목했던 워홀은 '누구나 알고, 누구나 하는' 일들을 아무런 연출도 하지 않은 채 그대로 필름에 담아냈다."

첫 번째 영화는 〈잠(sleep)〉. 시인 존 조르노가 주연을 맡았다. 나무에 붙어 하루 열다섯 시간 이상 잠을 자는 코알라처럼 조르노는 틈만

나면 졸거나 자는 것으로 유명했다. 잠이 없는 워홀이 보기에 조르노는 흥미로운 연구 대상이었다. 워홀은 가난뱅이 시인 조르노를 스타로 키워줄 요량으로 영화 출연을 제의했다. 워홀은 조르노의 아파트로 가 삼각대를 세우고 16밀리 영화촬영기를 고정시켰다. 촬영기를 조금 기울여 조르노의 침대를 카메라에 담았다. 이것으로 영화촬영 준비 끝! 조르노는 언제나처럼 알몸으로 침대로 들어갔고 곧바로 잠에 떨어졌다. 워홀은 필름만 갈아끼웠을 뿐 어떤 카메라 워크도 시도하지 않았다. 6시간 동안 조르노는 누구나처럼 잠을 자며 뒤척였다. 잠자는 모습이니 대사가 있을 리 없었다. 사전에 미리 준비한 동작은 하나도 없었다. 워홀에 의해 세계 최초로 인간이 잠을 자는 모습이 영화로 만들어졌다. 1963년에 찍은 다른 영화로는 〈키스〉(58분), 〈헤어컷〉(53분), 〈Eat〉(45분) 등이 있다.

1964년에도 많은 영화가 만들어졌다. 〈오럴 섹스〉(30분), 〈배트맨 드라큘라〉(120분), 〈테일러 미드의 엉덩이〉(70분), 〈매춘부〉(66분) 등이 제작되었다. 워홀의 영화 중 최고로 평가받는 〈엠파이어〉도 1964년에 촬영되었다.

〈엠파이어〉는 오랜 세월 마천루의 대명사이자 최고(最高)를 자랑하던 엠파이어 스테이트 빌딩(이하 엠파이어 빌딩)을 말한다. 엠파이어 빌딩은 수많은 영화에 등장했다. 가장 유명한 영화가 〈킹콩〉이다. 1933년 〈킹콩〉이 처음 세상에 나온 이래 세대가 바뀔 때마다 〈킹콩〉은 조금씩 다른 버전으로 영화화되었다.

감독과 배우는 달라도 변하지 않는 테마가 있다. 인간의 탐욕과 야만성에 분노한 '킹콩'이 맨해튼을 광포히 활보하다가 엠파이어 빌딩 꼭대기에 기어올라가 전투기들과 싸우는 구도이다. 픽션도 오랜 세월 반복되면 실제 이야기처럼 보인다. 뉴욕에서 판매하는 기념품 중에는 엠파이어 빌딩에 킹콩이 매달려 있는 기념품도 있다. '킹콩'의 이미지 변용은 끝이 없다. 카페베네의 신제품 이름이 '킹콩'이다. 콩(bean)의 왕(king)이라는 뜻이다. 영화 〈킹콩〉의 정서적 각인이 그만큼 강렬하다는 것을 포착한 네이밍이다.

워홀은 엠파이어 빌딩의 북쪽 면을 8시간 동안 촬영했다. 카메라는 엠파이어 빌딩이 가장 잘 보이는 록펠러센터의 한 창문에 설치했다. 그는 왜 록펠러센터를 선택했을까. 다른 마천루도 많은데. 엠파이어 빌딩과 록펠러센터는 5번대로 선상에 있다. 그러니까 두 마천루는 5번대로를 중심축으로 하여 남북으로 일직선상에 놓여 있다. 록펠러센터 전망대 남쪽에 서면 엠파이어 빌딩의 북쪽 얼굴을 보게 되어 있다.

워홀에게 엠파이어 빌딩의 초상을 영화로 찍어보라는 아이디어를 준 사람은 존 팔머였다. 팔머가 쓴 대본에는 카메라가 좌우로 움직이는 것으로 되어 있었지만 일단 카메라 프레임 인에 빌딩이 들어오자 워홀은 그대로 카메라를 고정시켰다.

촬영은 오후 6시부터 새벽 1시까지 진행되었다. 6시가 조금 지나 엠파이어 스테이트 빌딩

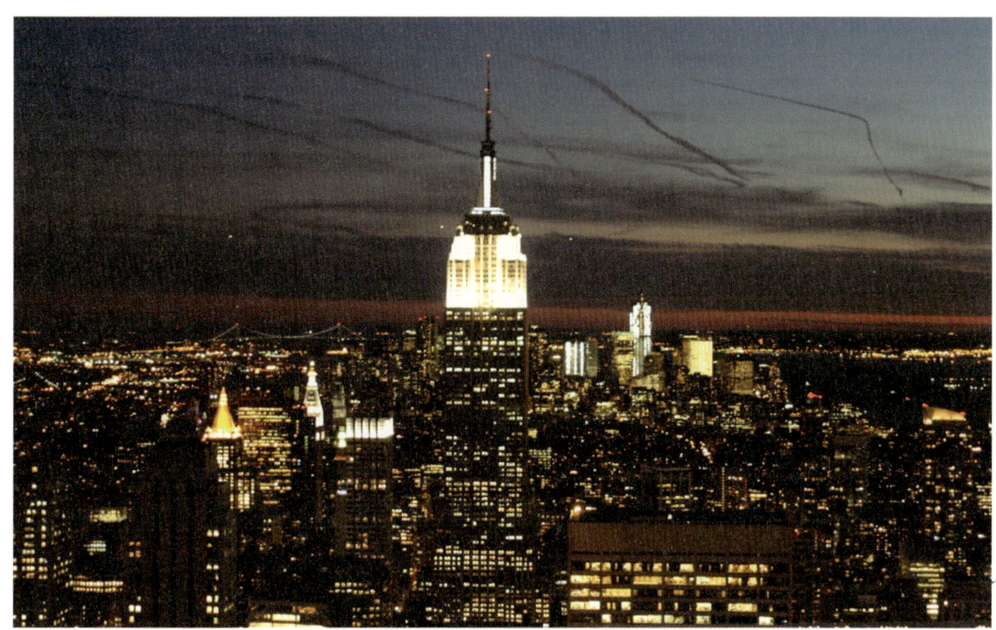

땅거미가 깔리자 빌딩에 불이 하나 둘씩 들어오기 시작했다. 얼마 후 빌딩 전체가 발광체로 변했다. 이 광경을 보고 워홀은 이렇게 외쳤다. "엠파이어 빌딩은 별이다."

8시간 동안 35분짜리 필름 12통이 사용되었다. 〈엠파이어〉는 1965년 3월 시청 극장에서 상영되어 호평을 받았다. 〈엠파이어〉는 빌딩이 주인공이 된 세계 최초의 영화다.

〈엠파이어〉를 만나러 록펠러센터로 발길을 돌린다. 66층의 전망대 '톱 오브 더 록' 입장료로 23달러를 내고 줄을 섰다. 초고속 엘리베이터를 타기 직전 안전요원이 소지품을 검사했다. 마치 전망대가 아닌 항공기를 타러 공항검색대를 통과하는 것 같다. 9·11의 트라우마는 이토록 깊고 넓었다.

전망대에 내려 남쪽으로 걸음을 옮겼다. 해질녘 하늘에 놀이 걸려 있었다. 워홀처럼 엠파이어 빌딩을 향해 카메라를 고정시키고 10분마다 카메라 셔터를 눌렀다. 엠파이어 빌딩은 사무 공간만 불을 밝힌 상태였다. 사위가 어두워지자 엠파이어 빌딩은 서서히 첨탑층을 향해 제 몸을 밝혀나갔다. 선홍색 놀이 서서히 어둠에 자리를 양보하며 검붉은 빛으로 퇴색해 가고 있었다. 순간, 첨탑층에 불이 켜졌다.

그랬다. 엠파이어는 별이었다. 뉴욕 밤하늘에 찬란하게 빛나는 발광체가 눈앞에 펼쳐지고 있었다. 엠파이어는 그냥 발광체가 아니었다. 수많은 스토리를 우주에 발광하는 별. 이것이 크라이슬러 빌딩과 다른 점이다. 워홀은 이것을 보았던 것이다. 스토리 발광체를.

영화 〈첼시의 소녀들〉도 좋은 평가를 받았다. 팩토리에 출근하는 동료들을 첼시 호텔에 묵는 손님들로 등장시킨 영화다. 마약중독자, 정신질환자, 노출증 환자 등 사회 부적응자들을 있는 그대로 보여주었다.

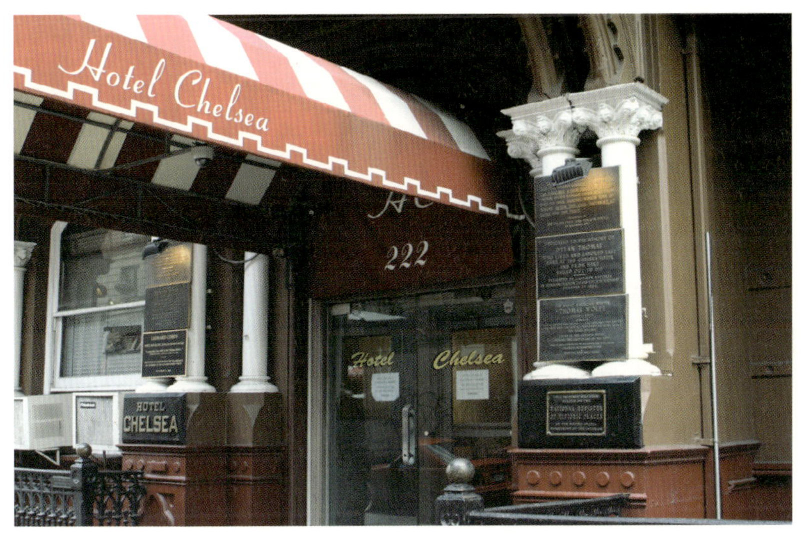

첼시 호텔 입구

23번가 웨스트 222번지에 있는 첼시 호텔은 워홀 이전부터 유명했다. 사람은 비슷한 부류끼리 어울리고 싶어하는 본능이 있다. 첼시 호텔은 자유로운 영혼의 소유자들이 장기 투숙하는 호텔이었다. 작가, 화가, 영화인, 음악인 등. 원래 첼시 호텔은 1888년 뉴욕 최초의 아파트로 지어졌다. 1905년부터 호텔로 바뀌어 이후 보헤미안들이 애용하는 호텔로 명성을 떨쳤다. 주요 예술가들을 살펴보면 마크 트웨인, 오 헨리, 토마스 울프, 블라디미르 나보코프, 딜런 토마스(이상 작가), 잭슨 폴록, 존 슬로앤(이상 화가), 밥 딜런, 시드 비셔스(이상 가수) 등이다.

첼시 호텔은 지하철 23번가 역에서 가깝다. 비범한 사람들의 아지트답게 파사드 역시 평범하지 않다. 현관 양쪽 벽면에 이 호텔을 거쳐 간 사람들의 이야기를 보여주는 동판이 붙어 있다. 뉴욕에서 몇 안 되는 역사적 건물답다.

뜻밖에도 나는 동판에서 반가운 이름을 발견했다. 작가 아서 밀러와 가수 레너드 코헨이었다. 밀러는 먼로와 이혼한 후에 뉴욕에 머물

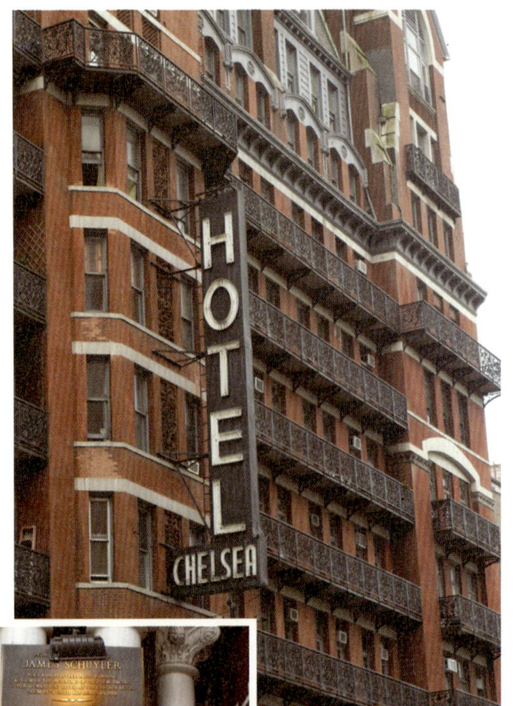

첼시 호텔

때면 이곳에서 장기 투숙하곤 했다. 먼로는 뉴욕에 처음 왔을 때 호텔 발코니에서 찍은 유명한 사진을 남겼다. 레너드 코헨은 1974년 이곳에서 〈첼시호텔 #2〉를 작곡했다. 널리 알려진 이야기지만 딜런 토마스는 이 호텔에서 스스로의 운명을 결정했다. 이 사실을 동판에는 이렇게 서술해 놓았다. "이곳에서 죽음을 향한 항해를 떠났다 (From here sailed out to die)."

위홀에게는 모든 것이 예술의 대상이었다. 팩토리를 찾아오는 사람들조차 그는 예술의 대상으로 보았다. 그는 팩토리를 찾아오는 모든 사람들을 무비카메라에 담았다. 방문객은 의자에 앉아 강한 플래시 불빛을 받았다. 위홀은 카메라를 작동시키고 자리를 떴다. 방문객은 카메라가 주시하고 있는 상태에서 3분간 혼자 놓여졌다. 그 3분 동안 사람마다 얼마나 다양하고 재미있는 표정을 지었겠는가. 수백 개의 비디오 작품인 〈스크린 테스트〉는 그렇게 만들어졌다. 〈스크린 테스트〉의 주인공은 밥 딜런, 짐 모리슨, 마르셀 뒤샹, 살바도르 달리 등 다양했다.

워홀 피격사건

팩토리는 자유의 해방구였다. 매일 수많은 예술가들이 팩토리를 들락거렸다. 작가와 예술가 외에도 마약 중독자, 트랜스젠더, 정신질환자 등 가지각색의 인간 부류가 찾아왔다. 팩토리를 드나드는 사람 중에 발레리 솔라니스라는 여성이 있었다. 솔라니스는 '남성근절모임(SCUM)'의 창립자이자 유일한 회원이었다. 1967년 어느 날 솔라니스는 워홀에게 '빌어먹을'이라는 제목의 영화 대본을 검토해 달라고 부탁했다. 영화 대본을 읽어본 워홀은 "너무 외설적이어서 영화로 만들기는 어렵다"고 말했다.

얼마 후 솔라니스는 워홀을 찾아와 영화 대본을 돌려달라고 했지만 워홀은 대본을 분실해 돌려줄 수가 없었다. 솔라니스는 이를 물고 늘어지며 배상을 요구했다. 워홀은 촬영 중이던 영화 〈나, 남자〉에 출연하면 출연료를 주겠다고 했다. 솔라니스는 이 영화에 출연해 출연료를 받았다. 워홀은 솔라니스를 영화에 출연시키고 출연료를 주는 것으로 무마할 생각이었다. 하지만 솔라니스는 대본을 집요하게 요구했다.

이즈음 워홀은 팩토리를 유니온 스퀘어 웨스트 33번지로 옮겼다. 팩토리를 6층에서 꼭대기층인 10층까지 전부 사용했다. 어느 날 솔라니스가 먼저 데커 빌딩 1층에 도착해 기다리고 있다가 워홀과 함께 엘리베이터를 타고 꼭대기층으로 올라가게 되었다. 솔라니스는 여름인데도 두꺼운 양털 코트를 입고 있었다. 초여름에 양털 코트를 입은 모습이 기이해 보였지만 팩토리에 워낙 다양한 기인들이 드나들어 그녀를 이상하게 본 사람은 없었다. 양털 코트의 안주머니에는 권총이 한 자루씩 들어 있었다. 승강기에서 내리자마자 솔라니스는 권총을 꺼내

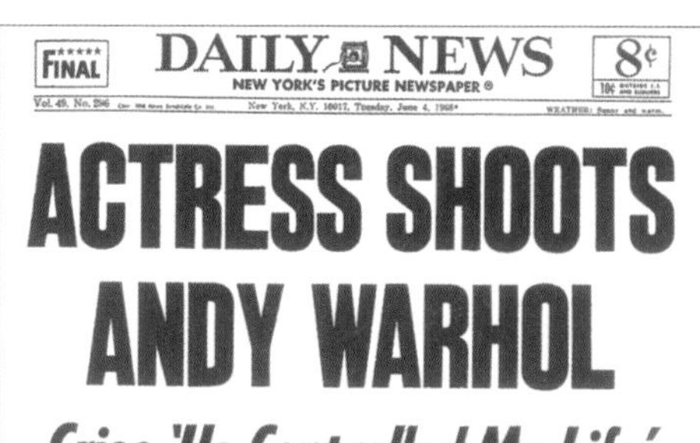

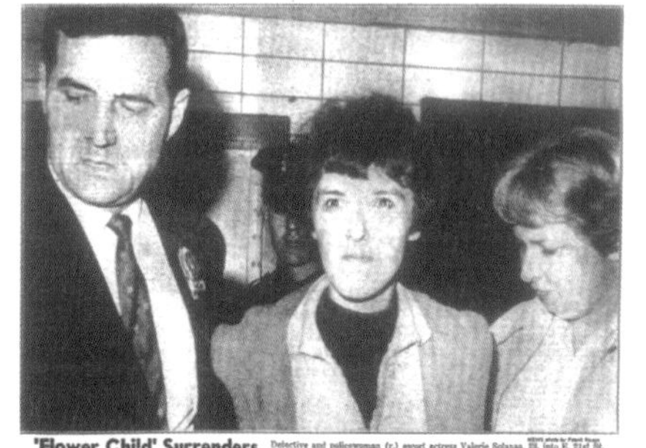

〈데일리 뉴스〉 1면에
실린 워홀 피격사건

위홀에게 방아쇠를 당겼다. 첫 두 발은 위홀을 맞추지 못했다. 위홀은 책상 밑으로 몸을 숨겼지만 세 번째 총탄이 위홀의 오른쪽 옆구리를 관통했다. 네 번째 총알도 위홀의 몸을 뚫었다. 이때 승강기 문이 열리자 솔라니스는 엘리베이터를 타고 현장을 도망쳤다.

위홀은 즉각 병원으로 옮겨져 수술에 들어갔다. 6시간이 걸린 대수술을 받고서야 가까스로 목숨을 건졌다. 워홀 피격사건은 미국 사회를 충격에 빠트렸다. 《뉴욕타임스》는 1면에 그의 피격사건을 올리면서 "앤디 워홀, 생사의 기로에 서다"라는 제목을 뽑았다. 하지만 공교롭게도 몇 시간 뒤 로버트 케네디 대통령 후보가 암살당하는 바람에 신문 1면에서 밀려나고 말았다.

위홀이 완쾌해 다시 작업실로 돌아가는 데는 1년 3개월이 걸렸다. 피격사건의 후유증으로 워홀은 비가 오나 눈이 오나 평생 꼭 끼는 코르셋을 입어야만 했다. 또한 그는 솔라니스가 또다시 자신을 암살하려 찾아올지 모른다는 강박증에 시달리곤 했다.

시련의 시기에 워홀이 자주 찾은 카페가 있다. 카페 레지오. 맥두갈가와 3번가 웨스트 119번지가 만나는 곳에 있다. 워싱턴 스퀘어에서 가깝다. 1929년에 문을 연 이 카페는 미국에 처음으로 카푸치노를 소개한 곳으로 유명하다. 작가와 예술가들이 단골로 드나들었다. 속편으로 아카데미상을 받은 유일한 영화가 〈대부 2〉인데, 레지오 카페는

〈대부 2〉에 촬영 장소를 빌려줬다. 카페는 1층과 2층으로 되어 있고, 규모는 크지도 작지도 않은 사이즈였다. 반들반들한 나무의자와 탁자, 그리고 어두운 조명. 간섭받지 않고 편안하게 쉬거나 글을 쓰고 싶은 사람들에게 딱 좋은 공간이다.

워홀 피격사건은 예상치 못한 결과를 가져왔다. 워홀의 작품 가격이 솟구치기 시작한 것이다. 워홀이 곧 죽을지도 모른다는 소문이 입에서 입으로 퍼지면서 그의 작품을 인정하지 않던 사람들조차 경쟁적으로 구입에 나섰다. 1970년 경매에서 〈캠벨 수프〉 그림이 6만 달러에 팔렸다. 6만 달러는 생존 화가 그림 중 최고가였다. 워홀의 전시회는 런던, 파리, 로스앤젤레스, 시카고를 순회하며 성황을 이뤘다.

워홀은 또한 유명한 록밴드 '벨벳 언더그라운드'를 후원했고, 이들이 팩토리 안에서 공연하도록 스케줄을 짰다. 공연 날짜가 되면 팩토리 안은 록 음악과 함께 에디 세즈윅의 춤판이 벌어졌다. 워홀은 팩토리 공간 그 자체를 예술로 만들어버렸다.

카페 레지오

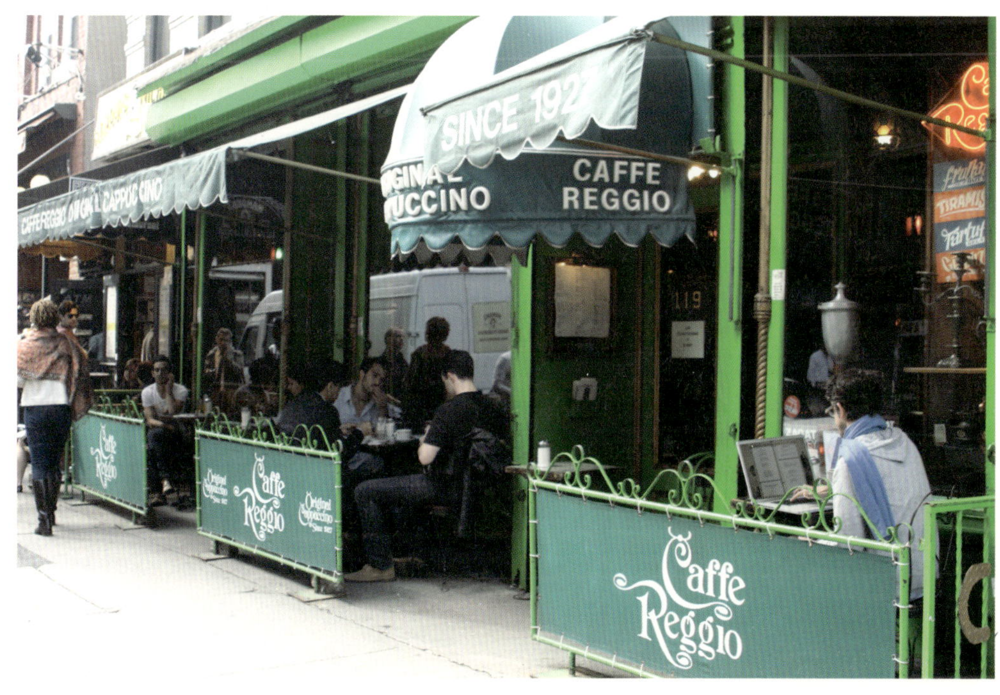

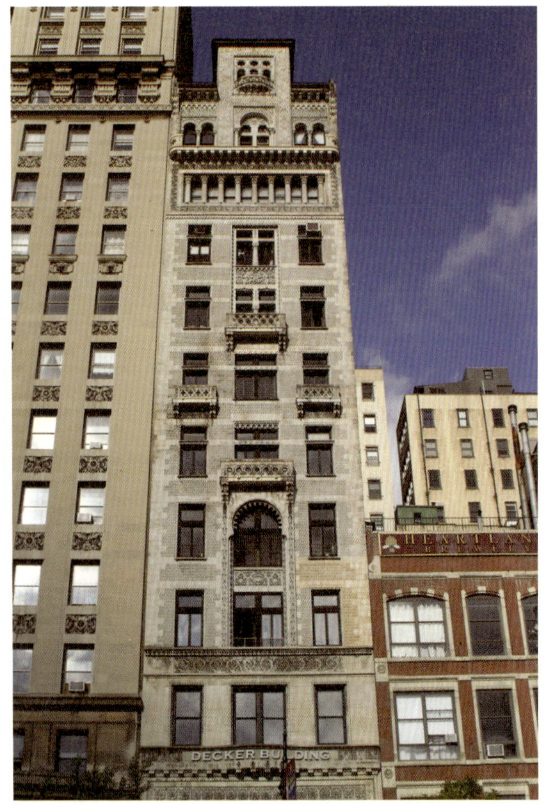

유니온 스퀘어에 있는
데커 빌딩

이제 워홀의 팩토리로 가보자. '14번가 유니온 스퀘어' 역에서 내린다. 주변에는 뉴욕 영화아카데미, 파슨스 디자인 스쿨 등이 몰려 있어 사람들이 붐빈다. 데커 빌딩은 폭이 좁고 길쭉한 역사주의 양식의 건물이라 주위를 휙 둘러보면 금방 눈에 띈다. 유니온 스퀘어는 원형으로 비교적 넓은 광장에 속한다.

유니온 스퀘어는 뉴욕 역사에서 매우 중요한 장소다. 1839년 건설될 당시 유니온 스퀘어는 뉴욕 시의 북쪽 경계였다. 1930년대 대공황 시절 수만 명의 실업자들이 시위를 벌이는 장면을 기억할 것이다. 그곳이 바로 유니온 스퀘어였다. 1960~70년대 베트남전쟁 때는 매일 반전 데모가 열리던 곳이다. 2012년 봄에는 OWS(월가를 점령하라) 시위 장소가 주코티 공원에서 유니온 스퀘어로 옮겨졌다.

수요일과 토요일에는 원형 광장에 트럭들이 빙 둘러선 채 '그린 마켓'이 열린다. 상인들은 대개 뉴욕 주나 뉴저지 주에서 농축산물을 팔러 나온 사람들이다. 야채, 과일, 생선, 닭고기, 꿀, 잼 등. 그린 마켓은 국내 언론에도 여러 번 소개되었다. 햇살 좋은 날 유니온 스퀘어에 나와 농축산물을 흥정하는 뉴요커를 보노라면 뉴욕이 참 인간미가 넘치는 곳이라는 생각이 든다. 워홀이 총을 맞은 데커 빌딩을 보다가 문득 이런 생각이 스쳤다. 워홀도 주말에 이곳에 나와 과일을 샀을까?

유니온 스퀘어에는 워홀과 관련된 또다른 장소가 있다. 유니온 스퀘어 남쪽에 작은 공터가 있는데, 이곳에 은색 동상이 서 있다. 앤디 워홀이다. 폴라로이드 카메라를 목에 걸고 오른손에는 종이 백을 들고 있다. 보통 동상은 청동으로 제작된다. 그래야만 세월의 비바람과 눈보라를 맞으며 고색창연한 색으로 바뀌어 간다. 그런데 워홀의 동상은 은색이다. 왜? 그의 팩토리를 생각해 보자. 그는 내부 벽을 온통 은박지로 두른 사람이다. "은색은 모든 것을 사라지게 한다"고 말했던 이가 워홀이었다. 설치미술가는 은색 팩토리를 상징하고 싶었던 것이다. 동상조차 워홀스럽다.

그런데 설치미술가는 왜 이곳에 은색 동상을 세웠을까? 세상의 모든 행위에는 다 의미가 있다. 이제 그 이유를 찾아야 할 때다.

앤디 워홀의 《인터뷰》

워홀의 장점은 다른 사람의 의견에 귀를 잘 기울인다는 점이었다. 좋은 아이디어라면 과감하게 수용했다. 그 아이디어를 발전시켜 일단 방향을 정하면 그 다음부터는 철저하게 자기 방식대로 밀고 나갔다.

워홀에게 잡지 발행을 권한 사람은 신문 발행인 존 윌콕이었다. 1969년, 워홀은 잡지라는 새로운 분야에 도전했다. 잡지 제호를 처음엔 '앤디 워홀의 인터뷰'로 했다가, 얼마 뒤 '인터뷰'로 결정했다. 물론 《인터뷰》 잡지의 발행은 돈벌이가 목적이 아니었다. 워홀은 《인터뷰》를 통해 자신의 영화를 알리고 스타들의 숨겨진 이야기를 다루고 싶었다. 잡지를 만드는 일은 어렵지 않았다. 기사거리는 언제나 워홀 주변에 널려 있었다. 《인터뷰》에는 워홀이 만난 사람들 이야기를 사진

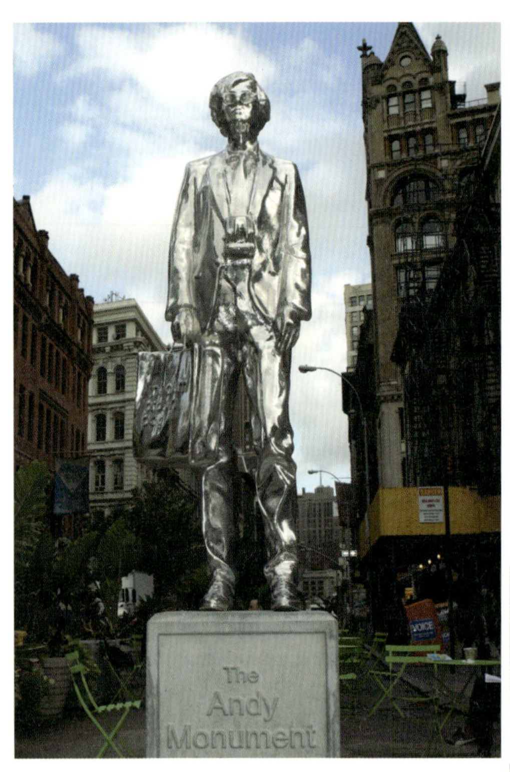

유니온 스퀘어에 있는 워홀 동상

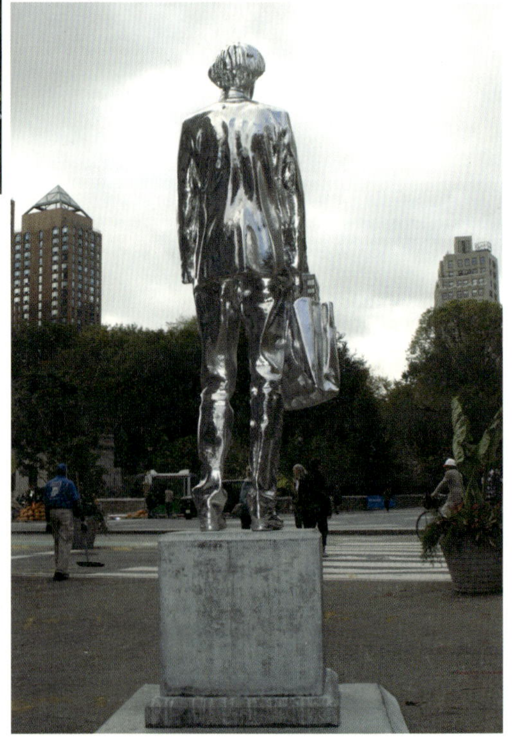

과 함께 실었다. 이런 기사들은 일반 독자들에게는 흥미진진한 읽을 거리였다.

《인터뷰》는 발행부수가 꾸준히 증가했고 생각지도 않은 돈까지 벌어다 주었다. 《인터뷰》는 1970년대 중반부터 워홀의 예술 활동에서 중심으로 자리잡는다. 워홀이 《인터뷰》 잡지 발행에 더 집중하고 보람을 느꼈던 이유가 있다. 1970년대 들어 영화 제작비가 턱없이 올라가면서 제작비 부담을 느꼈던 것이다. 워홀이 만드는 영화는 화제를 불러일으켰지만 상업적으로 성공하는 영화는 아니었다. 제작비는 온전히 워홀의 호주머니에서 나왔다. 이제까지는 작품을 팔아 제작비를 감당해 왔지만 치솟는 제작비로 인해 부담이 컸다. 잡지 제작은 영화에 비하면 돈은 적게 들고 만족도는 컸다.

스타와 명사들은 《인터뷰》에 나오기 위해 줄을 섰다. 처음 본 사람이라도 마음에 들면 워홀은 으레 이렇게 말하곤 했다. "당신을 잡지에 실어드리죠." 워홀은 신인들을 《인터뷰》에 불러낼 힘이 있었다. 잡지 부수가 늘어날 수밖에 없었다.

《인터뷰》 잡지 발행인으로서 워홀은 동시대의 창조적인 인물을 두루두루 만날 수 있었다. 특히 젊은이들을 많이 만나 그들의 의견을 듣는 것을 좋아했다. 한 번도 인쇄매체에 나온 적이 없는 남녀 신예들이 '뷰걸', '업프론트' 같은 다양한 코너에 등장했다. 젊은이들은 워홀에게 새로운 에너지를 불어넣었다. 워홀은 인터뷰가 나오면 유니온 스퀘어에 나와 시민들에게 공짜로 나누어주곤 했다. 바로 그 장소에 설치미술가는 '실버 워홀'을 만들어놓은 것이다. 유니온 스퀘어를 향해서.

《인터뷰》 잡지의 성공과 함께 초상화 주문도 밀려들어 왔다. 워홀에게 초상화를 만들어달라고 주문한 이들은 연예계 스타만이 아니었다. 독일 총리 빌리 브란트, 패션 디자이너 조르지오 아르마니, 피아트 자동차 회장인 조반니 아그넬리 등이 주문자에 포함되었다.

물론 주문한다고 해서 무조건 다 제작하는 건 아니었다. 주문자의 삶과 캐릭터가 워홀을 감동시켜야 했다. 주문이 들어오는 것과 상관없이 여전히 워홀은 초상화를 제작할 만한 매력적인 인물을 찾아다녔다.

워홀은 왜 초상화 제작에 열중했을까? 초상화 제작은 돈벌이가 되기 때문이었다. 워홀은 결혼을 하지 않아 먹여 살려야 할 처자식도 없었지만 돈 들어갈 곳이 많았다. 조수, 비서 등 팩토리에는 월급을 줘야 하는 식구들이 많았고, 잡지《인터뷰》발행에도 돈이 들었다.

워홀의 초상화 제작 방법은 이랬다. 폴라로이드 카메라로 대상 인물을 여러 각도에서 총 60장을 찍는다. 그 중에서 가장 잘 나온 사진 4장을 골라 실크스크린 작업을 해 초상화를 만들어냈다. 워홀의 이런 방식에 대해 미술계에서는 비난의 목소리가 많았다. 당연한 이야기지만 워홀은 이런 비난을 전혀 개의치 않았다. 워홀은 자신이 개척한 새로운 길을 걸어갔다. 팝아트의 개척자 로버트 라우셴버그는 워홀에 대해 이렇게 옹호했다.

"착한 워홀은 진정한 워홀이 아니지. 사람이 이보다 짓궂을 수 있을까? 워홀은 예술사학자들에게 아주 골칫거리다. 워홀이 일부러 예술사를 무시하는 것인지, 아니면 아무 생각도 없는 것인지는 중요하지 않다. 중요한 것은 우리의 삶에 그는 폭발적인 영향을 주고 있다는 사실이다."

워홀은 또한 엄청난 분량의 일기를 썼다. 또 그것을 생전에 출판했다. 워홀의 일기! 일기를 쓰는 방식 역시 워홀스럽다. 워홀은 일기를 직접 쓰지 않고 구술로 썼다. 그는 비서 팻 해켓과 아침마다 통화를 했다. 그가 전날 있었던 일을 전부 얘기하면 비서는 이것을 받아 정리했다. 해켓은 이런 식으로 위홀의 일기를 써나갔다. 보통 사람 같으면 사적 고백록에 해당하는 일기를 남에게 쓰게 할 수 있을까, 하고 의아해할 것이다. 위홀은 언제나 보편성을 뛰어넘는 사고를 하고 그것을 행동으로 실천한 사람이다. 《앤디 위홀의 일기》는 이렇게 세상에 나왔다. 2009년에 우리말로 번역되어 나왔는데 분량이 자그마치 942쪽이나 된다. 이 책은 뉴욕 연예계의 이면을 기록했다는 평가와 함께 위홀을 연구할 때 가장 많이 인용되는 서적이 되었다.

비즈니스 예술의 성공

위홀의 삶과 예술은 다른 예술가들에게 질시와 연구의 대상이 되었다. 위홀과 팩토리를 주제로 한 소설도 나왔다. 1968년 미국에 취재를 온 소련 기자가 쓴 소설 《누가 안드레이 위홀을 죽였는가?》가 있다. 작가는 이 소설에서 "그는 철저한 사회주의 리얼리스트다. 하지만 이 예술 형식을 자본주의 상황에 맞게 바꿔놓는 데 성공했다. 그리고 그 과정에서 자본주의를 전복했다"고 썼다. 소련 기자와 마찬가지로 좌파 평론가들에게 위홀은 자본주의를 공격하는 좋은 소재였다. 그들은 위홀의 예술이 자본주의를 공격하는 메시지를 담고 있다고 해석했다. 그를 좌파의 영웅으로까지 간주했다.

이것은 마르크스주의자들의 착각이었다. 위홀은 미국의 대중문화를 찬미한, 뼛속까지 자유주의자였다. 정치적으로 그는 민주당 지지자였다. 그는 1972년 대통령 선거 당시 선거 포스터를 만들었다. 초록색 얼굴을 한 리처드 닉슨 대통령의 얼굴에 "맥거번에게 한 표를"이라는 구호를 적었다. 공화당 대통령 후보인 닉슨을 무시무시한 이미지로 만들어 민주당 후보인 맥거번을 지지한 것이다. 그는 포스터 판매 수

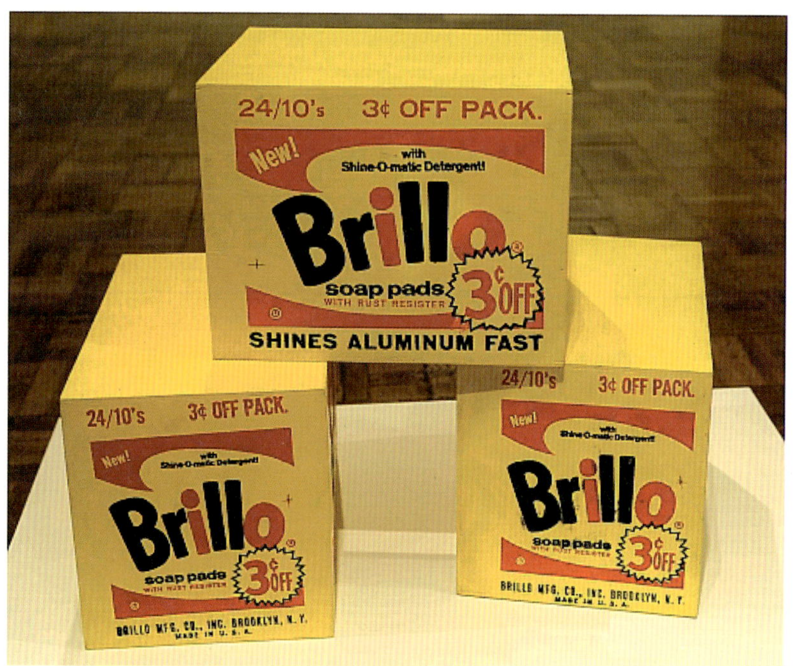

〈브릴로 상자〉

입을 민주당에 기부하겠다고 선언했고, 선거 포스터는 불티나게 팔렸다. 결과적으로 워홀은 민주당에 거액을 기부한 사람이 되었고, 공화당 정부 시절 그는 국세청으로부터 보복성 세무조사를 받아야만 했다.

자유주의자 워홀이 결정적으로 오해를 받은 일은 1972년 마오쩌둥 초상화 시리즈를 제작했을 때였다. 1972년 2월, 마오쩌둥은 닉슨에게 중국을 방문해 달라고 공식 초청했다. 세계 언론은 닉슨이 중국을 방문한다면 데탕트가 시작될 것으로 예상했다.

국제정치의 중심에 선 마오쩌둥. 이런 마오쩌둥을 놓칠 워홀이 아니었다. 워홀은 《붉은 책》 표지에 사용된 마오쩌둥의 사진을 이용해 초상화 작업을 했다. 워홀은 마오쩌둥의 입술에 립스틱을 바르고 눈가에 아이섀도를 칠했다. 자유진영에서 가장 두려워하는 권력자의 얼굴에서 공산주의 공포를 제거한 것이다. 마오쩌둥은 워홀의 터치로 인해 화사한 이미지가 되었다. 공산 혁명가라는 독소(毒素)는 완벽하게 휘발되었다. 대상이 갖고 있는 본질과 주제를 간단하게 탈색시키는 놀라운 힘! 팝아티스트 중에서 워홀이 독보적인 이유다.

립스틱 짙게 바른 마오! 미국인들은 '자유민주주의 체제 전복 의도'라는 오해를 받지 않고도 마오쩌둥의 초상화를 걸어놓을 수 있었다. 워홀은 귀여운 마오쩌둥 초상화를 자그마치 2,000점이나 제작했다. 물론 크기는 다양했다. 대중들은 각자의 주머니 사정에 맞는 사이즈의 초상화를 구입하면 되었다. 워홀의 '마오쩌둥 상품화'는 이것으로 끝나지 않았다. 그는 마오쩌둥의 초상화가 반복해서 나오는 벽지도 만들었다.

워홀은 1977년 카스텔리 화랑에 〈망치와 낫〉 그림을 전시했다. '망치와 낫'이라니! 2차 세계대전 이후 자유민주주의 국가에서 '망치와 낫'은 폭력혁명의 다른 이름이었다. 자유 진영의 시민들에게 '망치와 낫'은 오랜 세월 두려움의 상징이자 기호였다.

워홀은 '망치와 낫'이라는 터부를 놀랍게도 예술의 대상으로 삼았다. 당연한 이야기지만 그는 언론으로부터 "당신은 공산주의자인가?"라는 질문을 수없이 들어야 했다. 이런 논란 속에 〈망치와 낫〉은 전부 팔렸고, 이어 파리와 이탈리아에서도 전시되었다. 파리와 이탈리아 전시에서도 〈망치와 낫〉은 미술품 수집가들을 매료시켰다. 워홀은 모두 두려워하는 '망치와 낫'을 과감하게 예술 대상으로 만들어 공산주의는 더 이상 두려워할 대상이 아니라는 메시지를 확산시켰다. 그후 불과 12년 뒤 공산주의가 몰락했으니 워홀의 예지력이 얼마나 놀라운가!

워홀은 대중을 상대로 말하는 것을 좋아하지 않았다. 자신의 그림과 작품의 의미에 대해 직접 말한 적이 거의 없었다. 작품은 그 자체로 말을 한다고 믿는 사람이었다. 작품에 대해 거의 말을 하지 않았다는 점에서 워홀은 구스타프 클림트와 닮았다.

워홀은 기자회견장에 항상 화랑 주인과 동행했다. '마오쩌둥', '망치와 낫'과 같이 미국 사회에서 금기로 여겼던 소재들을 잇달아 다루자 마르크시스트들은 좋아라 흥분했다. "워홀이 공산주의자가 아니냐"라고 수군대는 사람도 많아졌다.

실제로 어떤 기자가 이렇게 질문했다. "당신은 공산주의자인가요?" 워홀은 민감한 질문에 동행한 화랑 주인에게 되물었다. "내가 공산주의자인가요?" 그러면 화랑 주인이 워홀의 생각과 계획을 기자들에게 설명했다.

이런 스타일은 워홀의 계산된 커뮤니케이션 전략이었다. 대신 그는 책을 통해 자기 생각을 분명히 밝혔다. 워홀은 1975년에《앤디 워홀의 철학 ― 팝아트의 거장이 쓴 자전적 에세이》를 출간했다. 이 책은 돈과 예술과 명예에 관한 워홀의 솔직담백한 이야기를 담고 있다. 그는 스스로를 '비즈니스 예술가'로 정의했다.

"비즈니스 예술은 예술 다음에 오는 단계이다. 나는 상업미술가로 이 일을 시작했고, 마지막에는 비즈니스 예술가로 끝마치고 싶다. 가장 매혹적인 예술은 사업에서 성공하는 것이다. 돈을 버는 것도 예술이고, 일을 하는 것도 예술이며, 성공적인 사업은 최고의 예술이다."

워홀은 실제로 작업실을 유니온 스퀘어 웨스트 33번지로 옮기면서 작업실 전체를 주식회사로 전환시킬 계획을 세웠었다. 회사 이름도 정했다. 앤디 워홀 엔터프라이즈. 이 계획은 뜻밖에 터진 솔라니스 살인미수사건으로 인해 차질을 빚었다.

신비로운 르네상스맨

위홀의 죽음은 너무나 허망했다. 아니, 어이없다고 해야 할까? 하긴 삶의 허무와 무의미를 그 누구보다 일찍 깨닫고 그것을 작품으로 구현하려 했던 위홀이 아니었나. 그러니 자신의 라스트 신도 그렇게 연출했는지 모른다.

1987년 2월 초, 이탈리아 밀라노 전시를 마치고 뉴욕에 돌아온 위홀은 지인들과 일본 식당에서 식사를 했다. 식사 도중 복통을 일으켜 혼자 집으로 돌아왔다. 일 주일 내내 그의 컨디션은 최악이었다. 의사는 쓸개에 염증이 생겼다고 진단했다. 며칠 뒤 그는 웨스트사이드에 있는 터널디스코장으로 갔다. 패션쇼에 모델로 출연하기로 한, 오래된 약속 때문이었다. 대기실에서 옷을 갈아입을 때 위홀은 오한과 복통으로 견딜 수가 없었다. 그는 사람들의 부축을 받으며 집으로 실려갔고, 다음날 아침에 병원에 갔다. "쓸개가 아주 안 좋습니다. 당장 수술하지 않으면 큰일 납니다."

병원을 겁냈던 위홀은 수술을 하지 않겠다고 버텼지만 의사들은 그를 수술대 위에 눕혔다. 3시간의 수술 끝에 손상된 쓸개를 제거했다. 회복실에 있던 위홀은 수술 경과가 좋아 곧 일반 병실로 옮겨졌다. 그는 병실에서 텔레비전을 시청했고 집에 전화를 걸어 가정부와 통화했다.

2월 22일 새벽, 위홀의 상태는 갑자기 나빠졌다. 병실에 홀로 남겨진 채 그렇게 몇 시간이 흘렀다. 간호사가 그를 발견했을 때 위홀의 얼굴은 파랗게 변해 있었다. 의사와 간호사가 그를 살리려 필사의 노력을 했으나 소용이 없었다.

병원 측은 2월 22일 오전 6시 31분에 위홀이 사망했다고 공식발표했다. 위홀은 어마어마한 재산을 남긴 채 그토록 허망하게 세상과 작별하고 말았다. 워홀의 사인은 집안 내력과도 관련이 있는 것 같다. 워홀의 아버지 또한 몇 해 전 받은 쓸개 절제 수술의 후유증으로 사망했다.

장례식은 비잔틴가톨릭 교회에서 거행되었다. 가까운 친구들 90여 명이 참석했다. 4월 1일에 맨해튼 중심가에 있는 성 패트릭 성당에서 추모 미사가 열렸다. 워홀은 피츠버그 가족묘에 묻혔다.

워홀이 고향 피츠버그에서 뉴욕에 올 때 호주머니에는 단돈 200달러가 있었다. 38년 만에 그는 천문학적인 돈을 남겨놓았다. 워홀은 결혼을 하지 않았고 자녀도 없었다. 하지만 워홀은 유언장을 작성해 놓았다. 수집가이자 워홀의 매니저였던 프레드 휴즈에게 25만 달러, 형에게 25만 달러를 물려주도록 했다. 부동산은 휴즈에게 설립을 위임한 '앤디 워홀 시각예술재단'에 기증하도록 했다. 그의 부동산은 7,500만~1억 달러로 추정되었다.

죽음은 워홀의 연약한 어깨를 짓눌러 왔던 짐을 덜어주었다. 더 이상 바람에 가발이 어떻게 될까 신경 쓰지 않아도 되었고, 몸을 꽉 조이는 코르셋을 착용하지 않아도 되었으니.

휴즈는 유언대로 1987년 말 '앤디 워홀 시각예술재단'을 설립했다. 워홀 사망 8년 뒤에는 '앤디 워홀 미술관'이 고향 피츠버그에서 문을 열었다. 이곳에는 드로잉, 유화, 인쇄물, 사진, 설치 작품 등 8,000점 이상이 전시되어 있다.

워홀과 알고 지낸 많은 당대의 작가와 예술가들이 워홀에 대해 다양한 평을 했다. "앤디는 아주 이상한 피조물이다"(다니엘라 모레라), "앤디는 사랑을 무척 두려워한다"(다이앤 드퍼스탠버그), "앤디는 수동성 그 자체였으며 비존재의 전형이었다"(온딘), "앤디는 프로이트였다"(요나스 메카스), "앤디는 르네상스맨이었다"(글렌 오브라이언), "앤디는 변태적인 피터팬이었다"(소시 세즈윅), "앤디는 이상하고도 신비로운 존재감을 갖고 있었다"(리처드 세라), "앤디는 다른 행성에서 온 사람 같았다"(자크 엘뢰), "앤디는 우주의 블랙홀이었다"(울트라 바이올렛).

워홀에 관한 수많은 책이 나왔다. 앞으로도 계속 나올 것이다. 그 중 극히 일부만이 우리나라에 번역되어 나왔다. 2011년에 나온 워홀 책 중에 《워홀 정신(Warhol Spirit)》이 있다. 프랑스의 여성 에세이스트이자 소설가인 세실 길베르가 쓴 책이다. 워홀 책을 모두 읽은 것은 아니지만 국내에 번역되어 나온 책 중에는 최고다. 세실 길베르는 이 책으로 프랑스에서 메디치 상을 수상했다. 서너 장만 읽어봐도 충분히 그럴 만하다는 생각이 든다. 일종의 워홀 평전인데, 책의 내용이나 구성, 편집, 디자인 등 모든 면에서 탄성을 자아낸다. 창의력 그 자체다. 워홀에 대해 쓰면서 가장 워홀스럽게 만든 책이다. 주인공의 삶과 예술에 근접하게 만들었다. 나는 이 책을 읽으면서 워홀에 대한 결론은 자신 있게 세실 길베르의 결론으로 대체하겠다고 결심했다. 왜냐하면 나는 결코 길베르가 내린 결론을 뛰어넘을 수 없기 때문이다. 길베르는 워홀을 다빈치와 놓고 비교한다.

"워홀이 당대에 누렸던 명성은(모든 차이점을 감안하여) 다빈치가 누렸던 명성과 같았을 것이다. 천재적 직감으로 충만한 만능인, 1인 다역, 유비쿼터스적 인간, 자기 시대의 새로운 좌표를 전방위 요약하는 과장법의 예술가.

다빈치라는 '토털 아티스트'가 주로 천문학, 해부학, 수학에 몸을 담갔다면, 워홀이라는 '토털 아티스트'는 주로 영화, 미디어, 패션에 투신했다. 다빈치는 정밀과학, 찬란한 인문주의, 진리를. 워홀은 이미지의 반향, 인간의 짐승화, 보편화한 위조를.

다빈치가 근대의 시작을 알렸다면 워홀은 그 끝을 장식했다. 그러
나 이 두 예술가 사이에 있는 평행선이 르네상스와 중앙집권적인 가톨
릭의 영향을 향하고 있음은 자명하다. 레오나르도와 앤디, 이들은 성
(姓)이 아닌 이름만 쓰는 '교황명'을 가진 교황들이 아닐까?"

백남준,
한국의 문화 상인
1932 ~ 2006

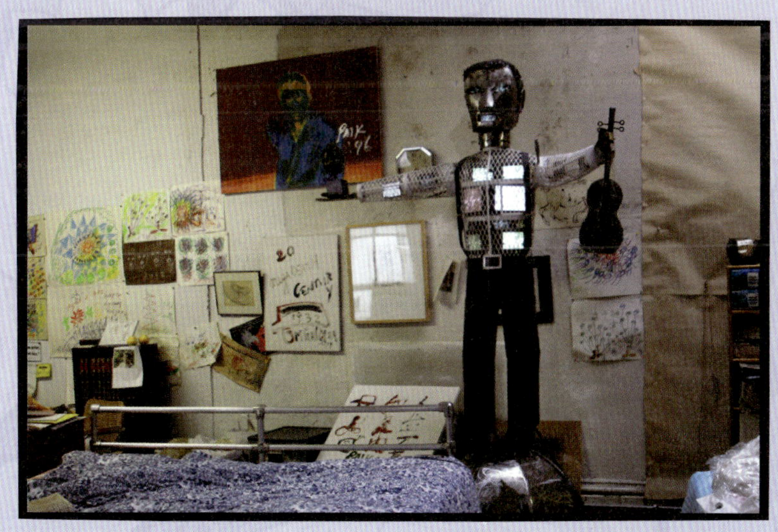

白南準

은수저를 물고 태어난 아이

백남준을 떠올릴 때마다 드는 의문이 있다. 그가 한국에서 예술을 시작했더라면 '남준백(Nam June Paik)'이라는 이름이 세계에 알려질 수 있었을까? 한국인은 한반도를 떠날 때 비로소 위대해진다는 말이 있는데, 이는 바로 백남준을 두고 하는 말이다.

세상을 움직이는 것은 본능과 우연이라고 갈파한 이는 지그문트 프로이트였다. 백남준의 생애를 프로이트식 해석법에 적용해 보면, 위대한 예술가를 탄생시키는 것은 우연과 노력이다. 나는 우연과 노력을 등가(等價)로 병기했지만, 실상은 우연성이 노력을 압도할 때가 훨씬 많다. 백남준의 생애에 작용한 우연적인 요소를 하나씩 살펴본다.

첫 번째 우연은 출생이다. 한 개인이 어떤 부모에게서 태어나느냐 하는 것처럼 우연성이 강한 것도 없다. 그 어느 누구도 부모를 선택해서 태어날 수는 없다. 누구의 자식으로 태어났느냐는 우연성이 그의 일생에 치명적인 영향을 미치고 운명을 좌우한다.

백남준은 1932년 7월 20일 서울 종로구 서린동 45번지에서 아버지 백낙승과 어머니 조종희의 3남 2녀 중 막내로 태어났다. 서린동 집에는 현재 청계광장의 갑을빌딩이 서 있다. 아버지는 당시 한국에서 다섯 손가락 안에 드는 거부(巨富)였다. 그는 광복 후 국내 최대 섬유업체인 태창방직의 사장이었다. 할아버지는 19세기 초부터 가업으로 내려오던 종로 육의전의 비단가게를 물려받아, 청나라 비단을 독점수입 판매하여 자본을 축적했다. 백낙승의 재산은 300만 원이었다. 당시 한성은행의 자본금이 100만 원이었던 사실을 비춰보면 재산의 규모를 짐작할 수 있다. 백남준은 흔히 말하는 '은수저를 물고 태어났다'는 비유에 딱 맞는 사람이다.

백남준의 집안이 얼마나 큰 부자였는지를 말해주는 유명한 일화가 있다. 1940년대는 서울에서 자동차 자체를 보기가 힘들었다. 당시 국내에는 캐딜락이 단 두 대밖에 없었는데, 이 중 한 대가 백낙승 소유였다. 백남준 집에는 캐딜락을 포함해 자동차가 7대나 되었으며 백남준은 자동차를 타고 유치원과 초등학교를 다녔다.

백남준은 어린 시절 대부분을 창신동 197번지 집에서 보냈다. 이 집은 대한제국 외무대신이 살던 집이었다. 백남준은 어릴 적 살던 창신동 집을 사무치게 그리워했다. 1984년, 35년 만에 한국에 돌아왔을 때 부모님 묘소를 가보고 다음으로 방문한 곳이 창신동 큰대문집이었다. 앞뜰과 뒷산이 있는 집이었다.

어린 시절 이야기는 사람의 기억회로에 3D 화면처럼 입체적이고 생생하다. 창신동에는 백남준의 소꿉친구가 있었다. 훗날 에세이스트가 되는 이경희였다. 백남준은 이경희와 유치원과 소학교 1년을 함께 다녔다. 양가의 부모는 아이들 몰래 정혼까지 할 정도였다. 이경희는 수필집 《백남준, 나의 유치원 친구》에서 소꿉친구 백남준에 대해 썼다. 백남준은 외국에서 한국 기자와 인터뷰할 때마다 입버릇처럼 창신동에 대한 그리움을 털어놓았다. "어려서 자란 서울 창신동에 가고 싶어. 그 집에는 대문이 있었어." "서울 동대문구 창신동에 갈 거야. 197번지 살던 집이 불타 없어졌는데 아직 대문은 남아 있어."

먼저 백남준의 창신동 집으로 가보자. 창신1동 동사무소 관계자는 "그 집이 있던 자리에 초원교회가 있을 것"이라고 알려주었다. 지하철 1호선 동대문역에서 내려 3번 출구로 나와 신설동 방향으로 100여 미터 걸으니 대로변에 초원교회를 가리키는 푯말이 전신주에 붙어 있다.

길은 처음부터 오르막으로 시작했다. "뒷산이 있고 앞뜰에 정원이 있었다"던 창신동 큰대문집의 흔적은 과연 남아 있

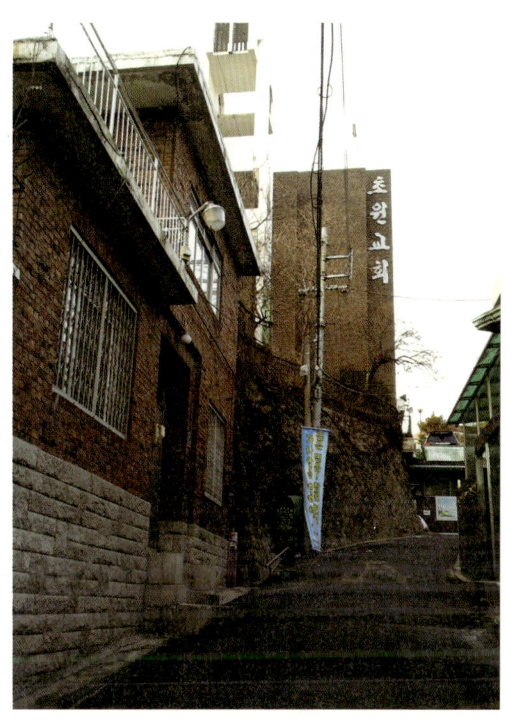

창신동 큰대문집이 있던 자리에는 초원교회가 들어섰다.

을까. 평범해 보이던 길은 한 번 모퉁이를 도니 이내 가파라졌고, 그 끝에 초원교회가 보였다. 초원교회는 언덕마루에 우뚝 서 있었다. 교회 정문에 가까이 다가가 보니 "종로 53길 21-6(창신동 197-1)"이라는 문패가 붙어 있었다. 외관상으로는 백남준과 관련된 어떤 흔적도 보이지 않았다.

초원교회와 주변의 지형지물을 살펴보았다. 교회 뒤쪽으로도 지대가 높았고, 집들이 다닥다닥 붙어 있었다. 6·25전쟁 이전에 창신동 산꼭대기는 지금처럼 집이 들어서 있지 않은 산이었을 것이다. "뒷산이 있고 앞뜰에 정원이 있었다"는 그의 기억은 정확했다.

집안의 경제적 풍요는 3남 2녀에게 문화적 혜택을 주었다. 아버지 백낙승은 집안에 피아노를 들여놓고 큰딸에게 피아노 레슨을 받게 했

다. 당시 일반인들에겐 상상조차 할 수 없는 일이었다. 예술적 재능을 타고난 백남준은 피아노를 배우는 큰누나 주변을 맴돌았다. 누나가 없을 때는 혼자 피아노 건반을 두들겨 보며 그 소리에 빠져들곤 했다. 아버지는 부자였지만 남녀차별의식이 뿌리깊은 조선 남자였다. 아버지는 아들이 피아노 치는 것을 못마땅하게 생각했다.

전쟁이 바꿔놓은 운명

백남준이 정식으로 피아노를 배운 것은 경기공립중학교(경기고 전신)에 입학한 후였다. 경기중은 종로구 화동, 현재의 정독도서관 자리에 있었다. 당시 경기중 음악교사로 재직하던 신재덕이 그의 음악적 재능을 알아보고 피아노 레슨을 포함해 음악의 기초를 가르친다.

곧이어 백남준은 음악교사 이건우를 만났다. 이건우는 평범한 음악교사가 아니었다. 그는 이미 일본 유학을 통해 유럽 음악을 접했고, 아르놀트 쉰베르크의 음악 세계에 심취해 있던 사람이었다. 이건우는 백남준에게 쉰베르크의 음악을 가르쳤다. 종로구 화동 시절 어린 백남준의 머릿속에는 쉰베르크가 강하게 자리잡았다. 쉰베르크는 당시 오스트리아 빈에서 활동하며 7개음(도레미파솔라시) 중심의 전통음악을 배격하고 12음 기법을 도입한 현대음악의 선구자로 평가받는다. 백지 상태나 다름없는, 광활한 감수성의 처녀지에 처음으로 들어온 이가 쉰베르크였다는 우연성은 백남준의 예술에 큰 테두리를 그어놓았다. 쉰베르크가 얼마나 강렬했으면 어린 백남준이 "커서 쉰베르크 전문가가 되겠다"고 결심했을까.

경기중학교 졸업반 때 백남준은 갑작스럽게 홍콩으로 가게 된다. 아버지가 한국 정부의 인삼수출 홍콩 대리인으로 임명되었기 때문이다. 1948년 탄생한 신생국 대한민국은 국가 재정이 빈약하기 짝이 없었다. 빠른 시간 안에 달러를 벌어들이려면 방법은 인삼 수출뿐. 이승만 정부는 인삼 수출 임무를 해외무역에 밝은 백낙승에게 맡겼다. 백낙승은 막내아들 백남준을 데리고 홍콩으로 떠났다. 낙승의 여권번호는 6번, 백남준의 여권번호는 7번이었다.

백남준은 1949년 홍콩의 로이든 스쿨을 졸업한다. 1950년 여름, 백남준은 아버지와 함께 조카 백일잔치를 보러 귀국했다가 6·25전쟁을 만나게 된다. 서울이 북한 공산군에 함락되기 일보 직전인 상황. 한국 최고의 부자 백낙승은 두려움에 몸을 떨었다. 낙승은 우선 세 아들을 피난시키기로 한다. 세 아들의 등을 떠밀다시피 해 홍콩으로 피신시켰다. 이어 홍콩에서 다시 일본으로 건너가게 했다. 이는 돈의 힘으로만 가능한 일이었다. 백남준은 훗날 그날의 상황을 회상하며 "어머니는 집을 나서는 나를 마당에 세워놓고 노란색 열대과일인 파인애플을 깎아 먹였다"고 회상했다.

6·25전쟁이 일어나지 않았더라면 백남준은 한국을 떠나지 않았을 가능성이 매우 높다. 경기중학을 졸업하고 서울대 음대를 진학했을지도 모른다. 졸업 당시 경기중학에서 음악을 하고 싶어하는 친구들이 그런 코스를 밟았으니. 그렇다면 음대를 졸업한 이후에는? 여기에는 두 가지 가정이 틈입한다. 하나는 서울대 음대를 졸업하고 백남준이 서울대 교수가 되는 모습이다. 다른 하나는 아버지가 막내아들에게 사업체를 물려주는 것이다. 당시의 한국 풍토에 비춰 아버지는 아들이 사업을 물려받지 않고 예술을 하는 것을 허락하지 않았을 가능성이 높다.

6·25전쟁은 백남준의 모든 것을 뒤죽박죽으로 만들었다. 10~30대를 홍콩, 일본, 독일, 미국을 떠돌며 유랑했다는 사실에서 우리는 모

차르트의 어린 시절을 떠올리게 된다. 예술적 재능을 꽃피우게 하는 최상의 코스는 어렸을 때 다른 세계와 접촉할 기회를 많이 갖는 것이다. 어릴 적 많은 것을 보고 느끼는, 경험의 소비와 축적만이 정신세계를 풍성하게 해준다. 18세기의 모차르트는 선견지명이 있는 아버지 덕에 그런 기회를 잡았던 반면 20세기의 백남준은 연속된 '우연'에 의해 그렇게 되었다.

도쿄에 정착한 백남준은 1952년 뛰어난 머리 덕분에 도쿄대학 문과에 어렵지 않게 진학했다. 그의 미술사학과 졸업논문은 〈아르놀트 쇤베르크 연구〉. 백남준은 음악 공부를 더 하고 싶었다. 그가 유학지로 선택한 곳은 독일 뮌헨이었다. 10대부터 20대 중반까지 쇤베르크에 빠져 있었으니 백남준이 독일 유학을 선택한 것은 당연한 귀결이었다.

사람의 운명은 우연히 만나는 사람과 사건에 의해 결정된다. 우연이 반복되어 중첩되면 그것이 운명이 된다. 1958년 백남준은 다름슈타트에서 열린 국제 신음악 여름강좌에 참석했다. 백남준은 여기서 미국 현대음악의 혁명가로 불리는 존 케이지를 만난다. 케이지의 음악회를 보고 그는 충격을 받았다. 이후 케이지와의 인연은 평생을 간다. 1992년 케이지가 사망했을 때 백남준은 추도사를 썼다. 이 추도사에서 케이지에 대한 백남준의 생각이 솔직하게 드러난다.

"케이지는 완전히 악마로 돌변해 정원에 모래를 던지듯 청중의 머리에 음(音)들을 던졌다. 장식적인 효과나 오락, 완성미 같은 것은 전혀 찾아볼 수 없었다. 도저히 '이해할 수 없는' 이런 케이지의 기질이 바로 내가 가장 감탄하는 부분이다. 그의 수많은 제자와 젊은 친구들은 케이지의 세례를 받고 나서 더 선별적이며 미학적으로 변했다. 나도 마찬가지다. 유독 케이지만이 너절한 것들을 뱉어낼 용기와 신념

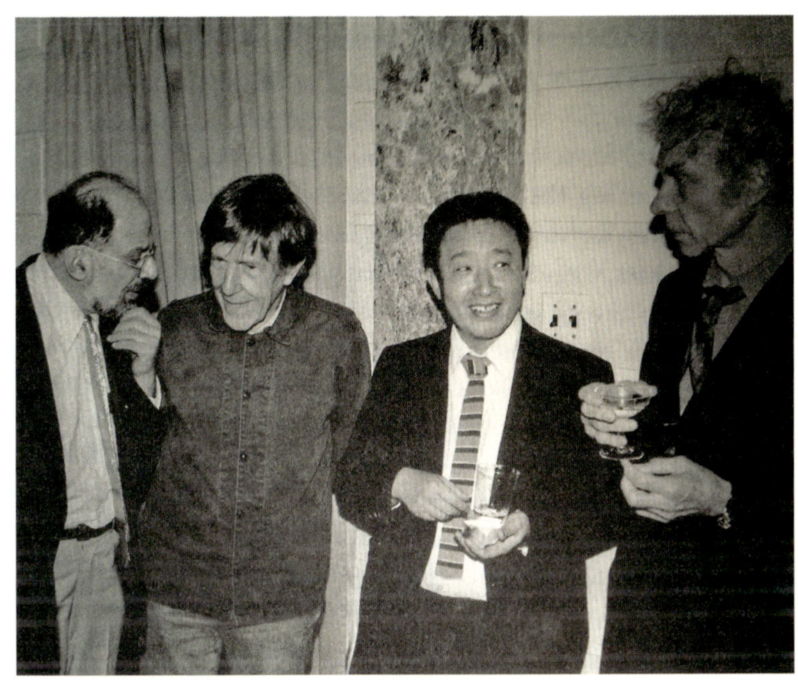

왼쪽부터 알렌 진스버그,
존 케이지, 백남준,
머스 커닝엄

이 있었던 것이다."

존 케이지는 소음을 포함해 모든 일상의 소리가 음악이 될 수 있다는 철학을 설파한 음악가. 케이지와의 만남은 백남준의 예술세계를 결정지었다. 백남준은 전위적인 행위예술에 빠져들었다. 천천히 머리 위로 들어올린 바이올린을 내리쳐 부숴버리는 퍼포먼스 〈바이올린 솔로를 위한 독주〉(1962)가 대표적인 것이었다. 백남준은 훗날 존 케이지와 요셉 보이스를 만난 행운에 대해 이렇게 언급했다.

"내 인생의 하나의 행운은 존 케이지가 완전히 성공하기 전에, 요셉 보이스가 거의 무명일 때 만나놓은 것이다. 따라서 금세기 두 연장자와 역경시대의 동지로서 동등하게 교우를 유지할 수 있었던 것이다."

평생의 연인을 만나다

플럭서스(fluxus, 1960년대 초부터 70년대에 걸쳐 일어난 국제적인 전위 예술 운동)에 빠져 있던 시기에 백남준은 동시에 텔레비전에 주목했다. 모든 사람들이 멍하니 수동적으로 바라보는 대상인 텔레비전 수상기. 예술가 어느 누구도 텔레비전을 예술의 대상으로 보지 않았을 때 그는 텔레비전의 작동 원리를 공부했고 그 본성을 파고들었다.

백남준은 텔레비전, 전자, 물리와 관련된 책을 미친 듯 읽기 시작했다. 바로 여기서 백남준의 천재성이 드러난다. 대체로 예술적 천재들은 자기 분야밖에 모르는 경향이 있다. 한 인간이 음악·미술의 예술적 재능과 물리·전자와 같은 과학적 재능을 동시에 타고난다는 것은 불가능에 가깝다. 인류 역사를 통해 모든 분야에서 천재성을 드러낸 인물은 레오나르도 다빈치가 유일하다.

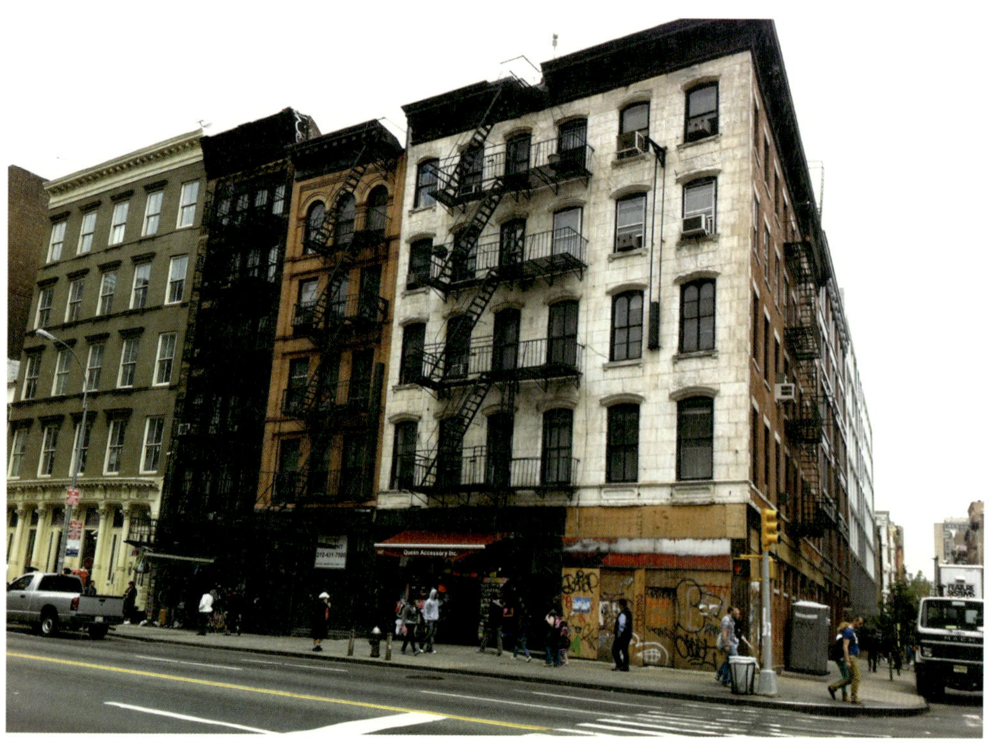

커낼 가에 있는 플럭서스 본부

독학으로 물리학과 전자학을 공부한 뒤 백남준은 텔레비전 13대를 사들였다. 백남준은 스튜디오를 마련해 텔레비전 화면을 변형시키고 조작하는 기술 개발에 몰입했다. 1963년 3월, 백남준은 독일의 소도시 부퍼탈에서 13대의 텔레비전을 이용한 첫 개인전을 연다. 파르나스 갤러리에서 열린 전시회 제목은 '음악의 전시 ― 전자 텔레비전'. 부퍼탈에서 세계 최초의 비디오 아트가 탄생한 것이다. 백남준은 전시회 성공을 위해 충격적인 전위예술 기법을 도입했다. 도살장에서 가져온 황소 머리를 갤러리 현관에 걸어두었다. 관객들은 황소의 눈을 보면서 갤러리 안으로 들어가야만 했다. 황소 머리 전시는 언론의 관심을 끄는 데 성공했다.

백남준은 다른 방에 피아노 4대를 전시했다. 피아노에는 작은 그릇, 전화기, 브래지어가 붙어 있었다. 개막 후 얼마가 지났을 때 요셉 보이스가 등장해 망치로 피아노를 박살냈다. 요셉 보이스는 백남준의 친구로 현대미술가로 이름을 날리고 있는 독일인이었다. 요셉 보이스가 백남준의 전시회에 나와 파괴적 퍼포먼스를 선보인 것이다. 물론 요셉 보이스의 망치 퍼포먼스는 백남준과 사전에 협의된 것이 아니었다. 황소 머리와 피아노 부수기로 백남준의 첫 전시회는 화제가 되었다. 그러나 13대의 텔레비전 작품은 특별한 관심을 불러일으키지 못했다. 이것이 전시회의 핵심 주제였는데 말이다. 미술에 과학을 접목시킨 예술은 백남준이 최초였으나 비평가들은 이를 이해하지 못했다.

1960년대 초반, 일본은 텔레비전 기술에서 미국을 앞서기 시작했다. 백남준의 큰형 백남일은 백남

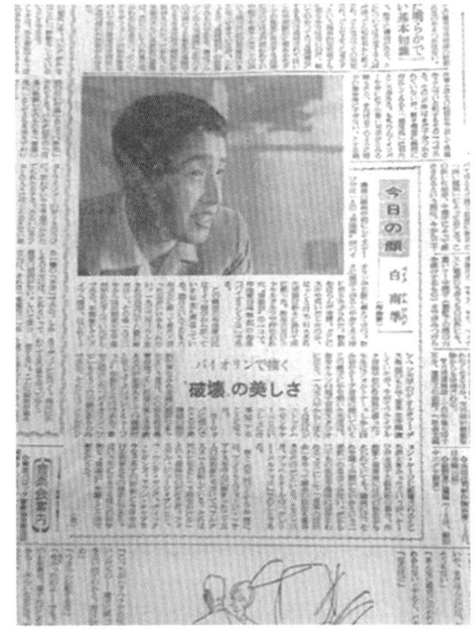

일본 《요미우리》에 실린 백남준의 기사

준에게 일본으로 와서 텔레비전을 공부하라고 권유했다. 1963년, 백남준은 일본으로 돌아왔다. 백남준의 이름은 일본에서 어느 정도 알려진 상태였다. 백남준은 형님 집에 머물며 일본의 전위예술가들과 어울리곤 했다. 백남준은 이때 TBS 방송국 엔지니어 아베 슈야(阿部修也)를 알게 된다. 그는 아베 슈야의 조언을 들으며 텔레비전 회로도, 텔레비전 수리법 등을 공부했다.

백남준은 일본에 머무는 동안 구보다 시게코(久保田成子)를 만나게 된다. 이 말은 두 사람이 연애를 했다는 뜻이 아니라 백남준이 신인예술가로 시게코의 존재를 알게 되었다는 말이다.

구보다 시게코는 도쿄 교육대학 조소과를 거쳐 시나가와 중학교에서 미술을 가르치고 있었다. 시게코는 신문기사를 통해 백남준의 이름을 알고 있었다.

시게코는 미술 교사로 재직하면서 신진작가로도 활동하고 있었다. 1964년 초, 시게코는 도쿄에서 첫 개인전을 열었다. 일본 미술계에서는 보기 힘든 전위적인 작품이었지만 반응은 냉랭했다. 몇 개월 후 시게코는 여러 사람과 함께 백남준을 만나게 된다. 백남준은 시게코의 이름을 듣더니 전시회를 가보았다며 이렇게 말했다.

"당신 작품이 아주 창의적이고 독특해서 좋았다. 일본 여자들은 대개 아주 작고도 섬세한 작품을 하던데 당신 것은 독특하게도 스케일이 큰 대륙적인 작품이더라. 당신은 일본 여자보다는 중국 여자 같은 면이 있는 것 같다."(《나의 사랑, 백남준》)

이 말이 시게코를 뒤흔들었다. 그때부터 그녀는 일본이 답답하게 느껴졌다. 전위예술가는 보수적인 일본에서 숨이 막혀 살 수 없을 것만 같았다. 일본을 벗어나고 싶었지만 비상구가 보이지 않았다. 뜻이 있는 곳에 길이 있다고 했던가. 이때 뉴욕에서 햇살이 비쳤다. 플럭서스 운동의 기수 조지 마키우나스가 그녀에게 초대장을 보내왔다. 뉴욕에서 플럭서스 콘서트를 열 생각이니 동참해 달라는 내용이었다.

시게코는 일생일대의 결단을 내린다. 아버지로부터 결혼 자금을 미리 받아 뉴욕행 티켓을 끊었다. 뉴욕에 도착해 커널 가 359번지에 있는 플럭서스 본부를 찾아갔다. 마키우나스 개인 사무실인 그곳에서 시게코는 뜻밖의 인물을 만난다. 백남준이었다. 백남준은 이미 한 달 전에 뉴욕으로 건너와 있었다.

일본과 독일을 겪어본 백남준은 뉴욕이 현대 예술의 중심지라는 사실을 누구보다 잘 알고 있었다. 얼마 지나지 않아 백남준과 시게코는 연인관계로 발전했다. 남녀 전위예술가는 자유분방한 사랑을 나누고 예술을 향유했다.

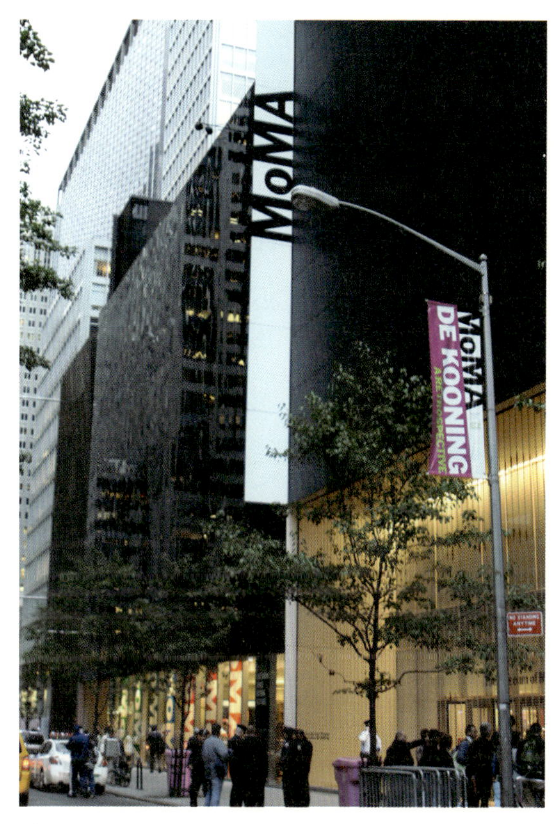

뉴욕현대미술관

보니노 화랑의 첫 전시회

백남준이 뉴욕에 온 때가 1960년대라는 사실은 매우 중요하다. 뉴욕은 1960년대 들어 명실상부한 세계 예술의 수도로 자리잡는다. 이 즈음 뉴욕에 예술을 공부하러 온 한국인은 손에 꼽을 정도였다. 그들은 클래식과 회화만을 공부했을 뿐 백남준이 추구하는 예술은 예술로

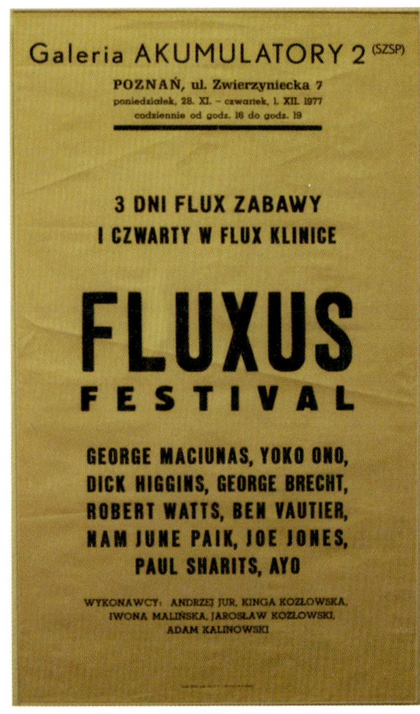

플럭서스 전시회 포스터

여기지 않았다.

당시 백남준의 플럭서스 운동을 확인할 수 있는 공간이 있다. 뉴욕현대미술관(MoMA)이 그곳이다. 저 유명한 고흐의 〈별이 빛나는 밤에〉, 피카소의 〈아비뇽의 처녀들〉, 드가의 〈경마장〉 등 이름만으로도 가슴이 뛰는 작품들이 MoMA에 있다. MoMA는 20세기 현대미술의 'A to Z'를 보여준다.

MoMA 2층에서는 플럭서스 전시회를 하는데, 한 방에는 플럭서스 관련 포스터와 작품을 전시하고 있었다. 10여 개의 포스터 속에는 'Nam June Paik'이라는 이름이 최소한 8번 이상 나왔다. 어떤 포스터는 조지 마키우나스, 존 케이지, 오노 요코, 남준 백 순서로 이름이 표기되었다. 다수의 포스터에서 존 케이지와 남준 백은 마치 한 세트처럼 붙어 다녔다.

떨리는 마음으로 백남준의 이름을 확인하다가 1967년에 시선이 고정되었다. 순간, 섬광처럼 어떤 생각이 번득였다. 백남준이 일찍 한국을 떠난 일은 얼마나 큰 축복인가. 천재 예술가의 탄생을 예비한 신의 섭리가 작용한 것이라고나 할까. 1967년, 한국이었다면 백남준이 독일과 미국에서 시도했던 것들을 과연 꿈이나 꿔볼 수 있었겠는가. 1967년 한국은 보릿고개를 헤매고 있을 때로 세계 최빈국 그룹에 속했다. 예술과 민주주의는 배고픔이 해결된 토양에서만 피는 꽃이다.

1965년 백남준은 유명 화랑인 보니노에서 첫 전시회를 열었다. 제목은 '전자 예술'. 《뉴욕타임스》에서 백남준의 개인전을 크게 다뤘다. 백남준은 《뉴욕타임스》의 호평에 아이처럼 기뻐했다. 백남준은 자신의 진가를 인정해 준 《뉴욕타임스》를 죽을 때까지 곁에 두고 읽었다.

보니노 화랑. 이름 없는 나라에서 온 예술가 '남준 백'을 처음으로 인정해 준 갤러리, 보니노 화랑으로 가본다. 이스트 빌리지의 그레이트 존스 가 48번지. 소호와 불과 몇 블록 거리에 있다. 화랑은 7층 건물의 4층에 자리잡고 있었다. 1965년 백남준의 작품을 전시하던 당시 그대로다.

보니노 화랑은 초대받은 사람이 1층에서 벨을 눌러 직원의 허락을 받아야만 입장이 가능하다. 현관 초인종을 보면서 이런 생각이 스쳤다. 《뉴욕타임스》의 미술 기자는 무슨 생각에서 보니노 화랑을 찾았을까? 보니노 화랑의 큐레이터로부터 '볼 만한 전시회'라는 얘기를 들었을 텐데. 그가 남준 백의 전시를 동양인이라는 인종적 선입견 없이, 또 지명도에 얽매이지 않고 있는 그대로 보고 평가하지 않았다면 어떻게 되었을까? 아마도 백남준이 뉴욕에서 자리잡는 데 더 많은 시간이 필요했을지도 모른다. 오늘날 서울에서 방글라데시나 스리랑카 출신의 무명 예술가가 전시회를 연다고 했을 때, 과연 메이저 신문의 미술 담당 기자가 손수 발걸음을 하고, 또 있는 그대로 평가할 것인지는 의문스럽다. 백남준은 죽을 때까지 《뉴욕타임스》를 끼고 살았다지만 나 역시 한국 기자를 대신해 《뉴욕타임스》 기자에게 감사한다. 《뉴욕타임스》의 권위는 그냥 얻어진 것이 아니었다.

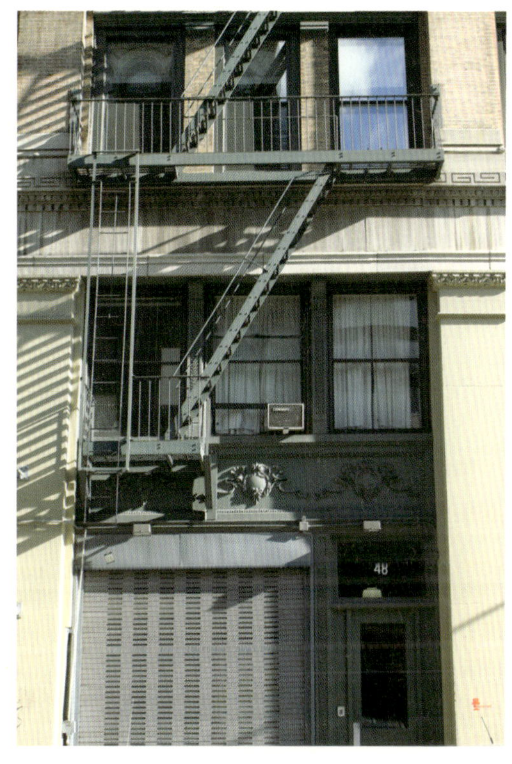

보니노 화랑

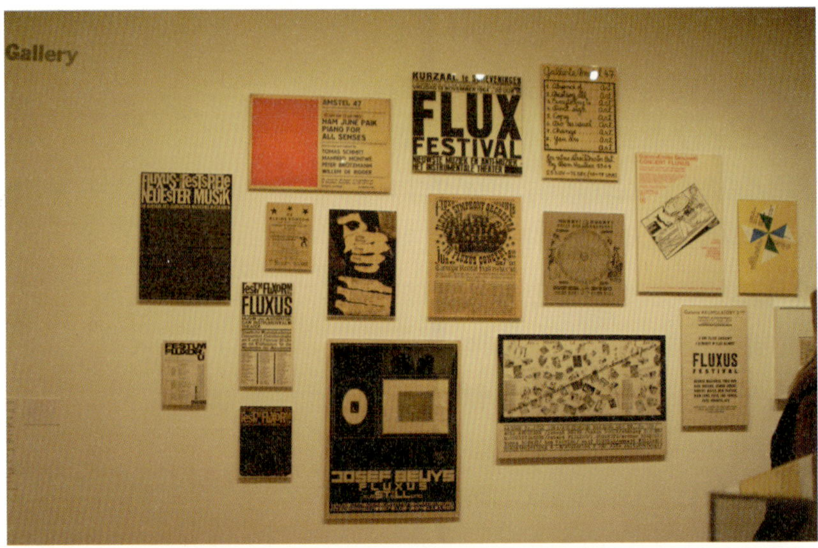

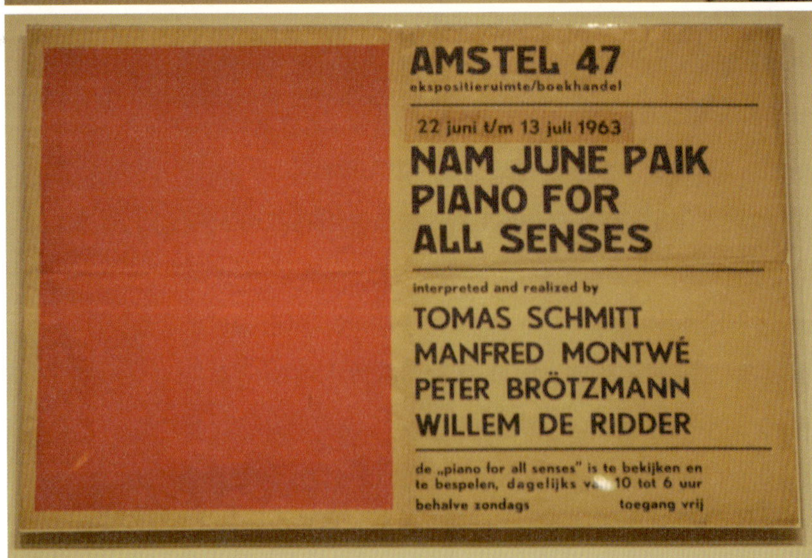

플럭서스 전시회 포스터들

외설인가, 예술인가?

시대를 앞서가는 천재 예술가들에게는 공통점이 있다. 그것은 성
(性)을 작품의 주제로 과감하게 끌어들인다는 점이다. 1967년에 선보
인 퍼포먼스 〈오페라 섹스트로니크(Opera Sextronique)〉는 백남준의 비
범함과 내공을 엿볼 수 있게 한다. 백남준은 성에 대한 자신의 철학을
이렇게 표현했다.

"진지함을 유지한다는 이유로 음악에서 성을 제거하는 것은 도리어
음악의 진지함을 해치는 행위다. 음악도 문학, 미술과 동등한 위치의 고
전예술이다. 따라서 음악도 음악계의 D. H. 로렌스, 음악계의 지그문트
프로이트가 필요한 것이다."(〈오페라 섹스트로니크〉의 서문)

이 같은 백남준의 철학에 적극 동의한 여성이 첼리스트 샬럿 무어
맨이었다. 샬럿 무어맨은 예술적 재능과 함께 빼어난 미모를 가지고
있어 백남준이 구상한 퍼포먼스를 연기하는 데 최적의 인물이었다.
두 사람은 이미 1965년에 존 케이지의 〈현악기 연주자를 위한 26′
1.1499″〉를 퍼포먼스로 선보였다.

〈오페라 섹스트로니크〉는 1966년 독일 아헨에서 초연된 데 이어
1967년 뉴욕 시네마테크의 무대에 올려졌다. 1막은 비키니 차림으로,
2막은 젖가슴을 드러낸 채, 3막은 하반신을 벗고, 4막은 올 누드로 샬
럿 무어맨은 백남준이 작곡한 곡을 연주했다.

뉴욕 경찰은 공연에 앞서 첼리스트가 옷을 벗는 공연을 강행하면
가만히 두지 않겠다고 경고했다. 시네마테크 공연은 일반에 공개하지
않고 엄선된 200명만 초청했다. 2막에서 샬럿 무어맨이 젖가슴을 드
러낸 채 첼로를 연주하자 경찰이 무대 위로 뛰어올라갔다. 샬럿 무어
맨은 경찰서로 끌려갔다.

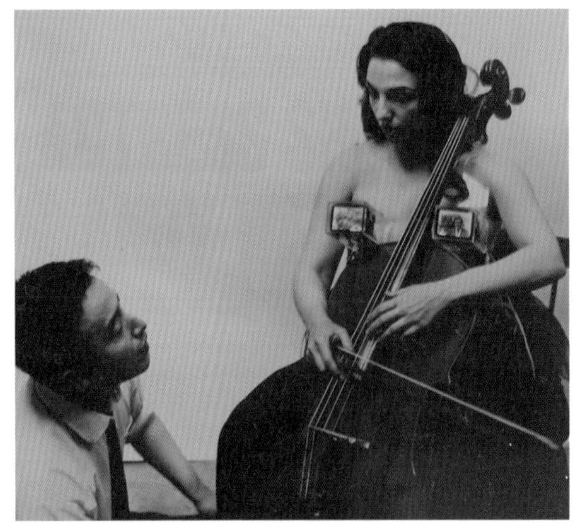

백남준과 샬럿 무어맨

샬럿은 외설 혐의로 기소되어 재판을 받았다. 이 사건은 '외설과 예술 표현의 자유 논쟁'으로 비화되어 미국 사회를 뜨겁게 달구었다. 백남준은 유럽의 예술가들에게 지지를 요청하는 편지를 보냈다. 문제는 변호사 비용이었다. 가난한 전위예술가 백남준에게 변호사 비용이 있을 리 없었다. 이즈음 그는 뜻밖의 한국인을 만나게 된다. 가야금 연주자로 막 이름을 날리기 시작한 황병기였다.

1968년 5월, 황병기는 아시아협회의 초청으로 뉴욕에서 가야금 연주 기회를 갖게 되었다. 황병기는 뉴욕에 도착하자마자 백남준에게 전화를 걸었다. 당시 백남준은 한국에 거의 알려지지 않았지만 황병기는 일본 잡지를 통해 백남준의 명성을 익히 알고 있던 터였다. 이것만 가지고 모르는 사람에게 연락하기란 쉽지 않다. 여기에 우연성이 개입한다. 황병기는 서울에서 백남준의 작은누나 백영득에게 가야금을 가르치고 있었고, 백영득을 통해 '뉴욕에서 전위예술을 하는 백남준이 내 동생'이라는 사실을 알게 된다. 게다가 백남준은 황병기의 경기고 선배였다. 이것이 황병기가 뉴욕에 도착하자마자 백남준에게 전화를 건 배경이었다. 가뜩이나 한국인이 그리웠던 백남준은 자신과 각별한 인연이 있는 한국 예술가를 환영했다.

황병기는 백남준의 커넬 가 스튜디오를 찾았고, 두 사람은 곧바로 의기투합했다. 백남준은 황병기에게 자신이 기획한 '재판기금 모금 연주회'에 출연을 요청했다. 뉴욕 타운홀에서 열린 공연에서 황병기는 한복을 입고 가야금을 연주했다. 샬럿 무어맨은 연주에 맞춰 퍼포먼스를 연기했다. 결국 미국 법원은 〈오페라 섹스트로니크〉는 외설이 아닌 예술이라는 판결을 내리게 된다.

이후 백남준은 샬럿 무어맨과 함께 공연하는 시간이 많아졌다. 두 사람은 유럽 순회공연도 자주 떠났고, 시게코는 이런 두 사람의 관계를 불안하게 바라보았다. 시게코는 백남준과 결혼하고 싶어했지만 백남준은 결혼에 관심이 없었다. 그러는 사이 시게코는 유대인 작곡가 데이비드 베어먼의 청혼을 받아들인다. 히피 문화 추종자인 베어먼은 백남준과 독일에서 함께 공부한 사람이었다. 시게코는 베어먼과 결혼해 스토니 포인트의 히피촌에서 살게 된다. 그러나 두 사람의 결혼생활은 3년 만에 끝났고 시게코는 LA에 살고 있던 백남준의 곁으로 다시 돌아왔다.

부부이자 동료 예술가

1971년 뜻밖에 록펠러 재단과 뉴캐슬 대학에서 백남준을 재정적으로 돕겠다고 나섰다. 백남준은 WNET 방송국에 일자리를 얻었다. 그리고 보니노 화랑에서 세 번째 개인전 '익렉트로닉 아트 3'를 열었다. 존 레논과 그의 아내 오노 요코가 전시를 관람하기도 했다. 전시회는 성공적이었다. 이듬해에도 보니노 화랑에서 '일렉트로닉 아트 4'를 열게 된다. 〈텔레비전 부처〉는 이 전시회를 통해 처음 세상에 알려졌고, 백남준의 비디오 아트 중에서 처음으로 팔렸다.

백남준은 더 큰 작품을 제작하고 싶었다. 그러려면 큰 공간이 필요했다. 스튜디오를 옮겨야 했다. 조지 마키우나스가 소유하고 있던 소호 지역 머서 가 110번지의 집이었다. 허름한 건물의 꼭대기층을 1만

2,000달러에 계약했다. 유산으로 받은 돈이었다. 이곳에서 시게코는 백남준이 죽을 때까지 함께 살게 된다.

백남준은 천재 예술가 대부분이 그렇듯 경제관념이 없었고 결혼생활이 맞지 않는 사람이었다. 자유로운 영혼의 소유자에게 결혼은 구속이고 속박이었다. 하지만 시게코는 결혼해 아이를 갖고 싶었다. 천재의 유전자를 남기고 싶었다. 시게코는 어느 날 산부인과를 찾아갔다. 사실혼 관계로 10년 넘게 살고 있는데 왜 아이가 생기지 않는지 궁금했다. 의사는 청천벽력 같은 진단을 내렸다. 자궁에 악성종양이 있고 자궁적출 수술을 받지 않으면 생명이 위험하다는 것이었다.

보험에 가입해 있지 않으면 미국이나 캐나다에서 수술비는 보통 사람 수입으로는 감당할 수 없다. 시게코는 일본으로 돌아가 수술을 받아야겠다고 생각했다. 백남준은 이 사실을 알고 시게코에게 청혼한다. 백남준은 WNET 방송국에서 직원으로 일할 때 가입했던 블루크로스 보험이 살아 있다는 사실을 알았다. 정식 부부가 되면 시게코가 자신의 보험으로 수술을 받을 수 있었다. 백남준은 시게코가 아이를 낳지 못한다는 사실에 개의치 않았다. 백남준은 시게코에게 이렇게 말했다. "괜찮아, 시게코. 난 아이 가질 생각이 없어. 예술하고 작품 만드는 데만도 시간이 모자랄 지경이라고. 그리고 나 닮은 아이가 태어나면 골치만 아프지."《나의 사랑, 백남준》)

결혼식장조차 빌릴 돈이 없는 가난한 신랑신부가 가는 곳은 뉴욕시청. 증인만 있으면 누구나 결혼식을 올릴 수 있다. 결혼 날짜는 청혼 다음날인 1977년 3월 21일. 시각장애인 작곡가 필립이 증인을 서기로 했다. 백남준과 시게코는 오래 기다린 끝에 결혼식을 마칠 수 있었다.

결혼식이 이처럼 초라하고 슬픈 경우가 또 있을까. 모차르트의 결혼식도 비록 아버지가 참석하지는 않았지만 백남준처럼 처량하지는

않았다. 백남준이 대한민국 최고 부
잣집의 막내아들이었다는 점을 기억
한다면 이 장면은 차라리 희극이다.

가난한 두 사람의 쓸쓸한 결혼식
이 진행된 뉴욕 시청. 내가 시청을 찾
았을 때에는 마침 시청 마당에서 드
라마 촬영이 한창이었다. 여기저기
엑스트라들이 보였다. 경비원에게 무
료 결혼식 장소를 물어보았다. 3~4
년 전까지 결혼식장으로 대여하다 이
제는 옆에 있는 다른 건물에서 결혼
식이 치러진다는 대답이 돌아왔다.

시청을 나서는데 찬바람이 휙 하
고 얼굴을 때렸다. 청사 현관은 북향

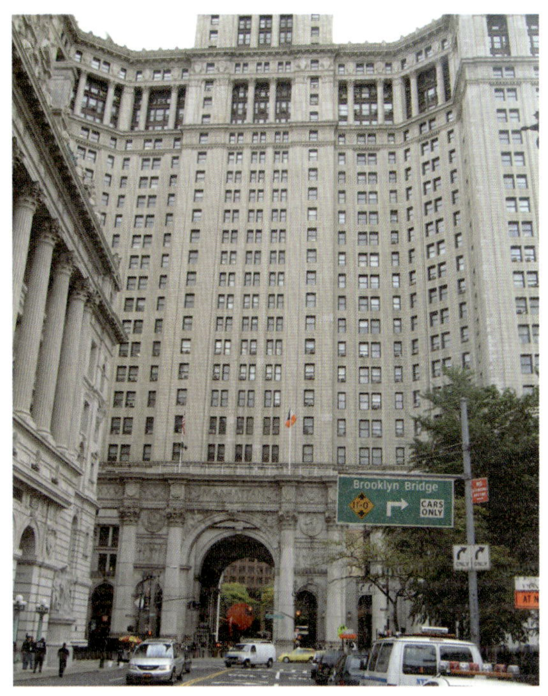

백남준과 시게코가
결혼식을 올린 뉴욕 시청

이다. 34년 전, 이곳에서 결혼식을 올리고 막 무거운 발걸음을 옮기는
45세 예술가가 보였다. 아무리 가난한 사람이라도 부모 형제의 축하
마저 받지 못하는 결혼은 드물다. 물론 백남준에게 하객이 없는 결혼
은 서글픈 일 축에도 못 든다. 그까짓 것은 아무래도 상관없었다. 내일
이면 신부는 자궁적출 수술을 받기 위해 병원에 입원해야 한다. 백남
준은 택시를 잡아타고 챔버 가로 갔다. 몇 번 들른 적이 있는 중국 식
당 '456'. 챔버 가 456번지에 있다고 해서 이름 붙여진 식당이다. 새신
랑 백남준은 '456 레스토랑'에서 피로연을 열었다.

백남준이 얼마나 인간적인 매력이 풍부한 사람인가를 보여주는 에
피소드가 있다. 《나의 사랑, 백남준》에 따르면, 백남준은 우울한 신부
를 위로하기 위해 기발한 논리를 즉흥적으로 짜냈다. 그는 오늘 결혼

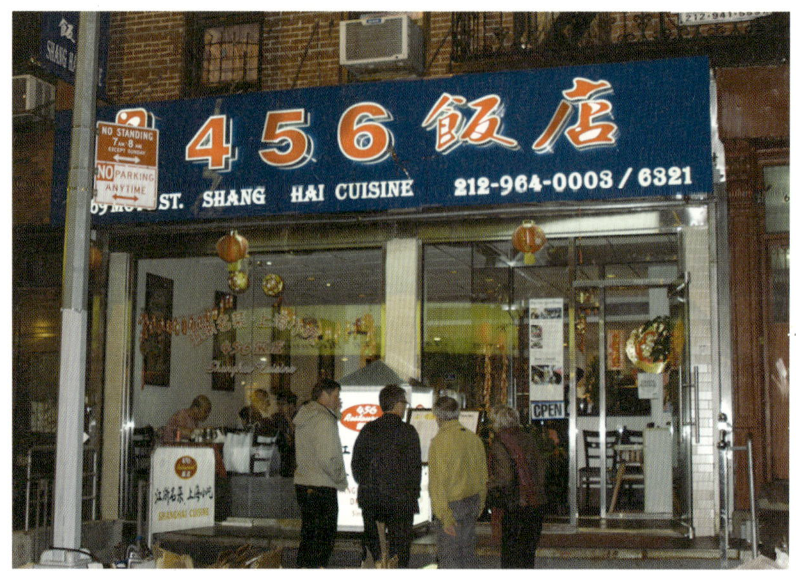

456 레스토랑

식이 아주 특별한 행사였다는 것을 강조하려 예의 그 비상한 두뇌를 이용해 숫자를 동원했다. 결혼 년도(1977), 월(3), 일(21)이 피로연 식당 이름 '456'과 하나도 겹치지 않는다고 설명했다. 이건 동양에서 말하는 길조(吉兆)라고 했다.

식당 456은 현재 챔버 가에 없다. 챔버 가의 건물이 헐리면서 2010년 차이나타운 한복판 모트 가로 이사했다. 모트 가 456 식당에서 저녁을 먹었다. 상하이식 중국 요리를 즐긴 백남준을 생각하면서. '456'이라는 식당 이름을 유지하고 있다는 사실만으로도 나는 중국인들의 전통 고수에 감사했다.

결혼식 다음날 시게코는 병원에서 자궁적출 수술을 받고 3주간 입원해 있어야 했다. 백남준과 시게코는 부부이자 동료 예술가였다. 부부는 비디오 아트라는 같은 장르에 종사하면서 경쟁과 질투 속에 자극과 도움을 주고받았다.

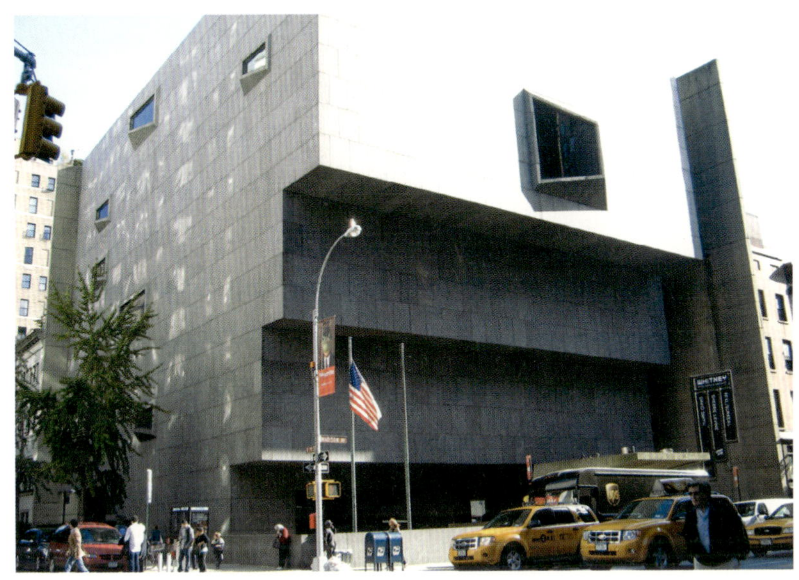

휘트니 미술관

휘트니 미술관 큐레이터 존 핸하트와의 만남도 시게코의 주선으로
이루어졌다. 핸하트는 뉴욕대학 출신으로 뉴욕현대미술관을 거쳐 휘
트니 미술관 큐레이터로 일하고 있었다. 백남준을 알고 난 이후 핸하
트는 수년간 백남준의 예술적 업적을 탐색했다.

1982년 백남준은 마침내 휘트니 미술관에서 개인전을 열었다. 구겐
하임, 모마와 함께 뉴욕의 대표 미술관으로 손꼽히는 휘트니 미술관
전시! 비디오 아트라는 예술 장르가 현대미술의 꽃이라는 사실을 선포
한 역사적 사건이었다. 핸하트는 이후 20년간 휘트니 미술관의 필름
및 비디오 아트 담당 큐레이터로 일하면서 백남준과 시게코의 전문가
가 되었다.

백남준에게 세계적 비디오 아티스트라는 대관식을 거행한 휘트니
미술관은 75번가 이스트 가와 매디슨대로가 만나는 지점에 있다. 매
디슨대로는 애비뉴 치고는 매우 좁다.

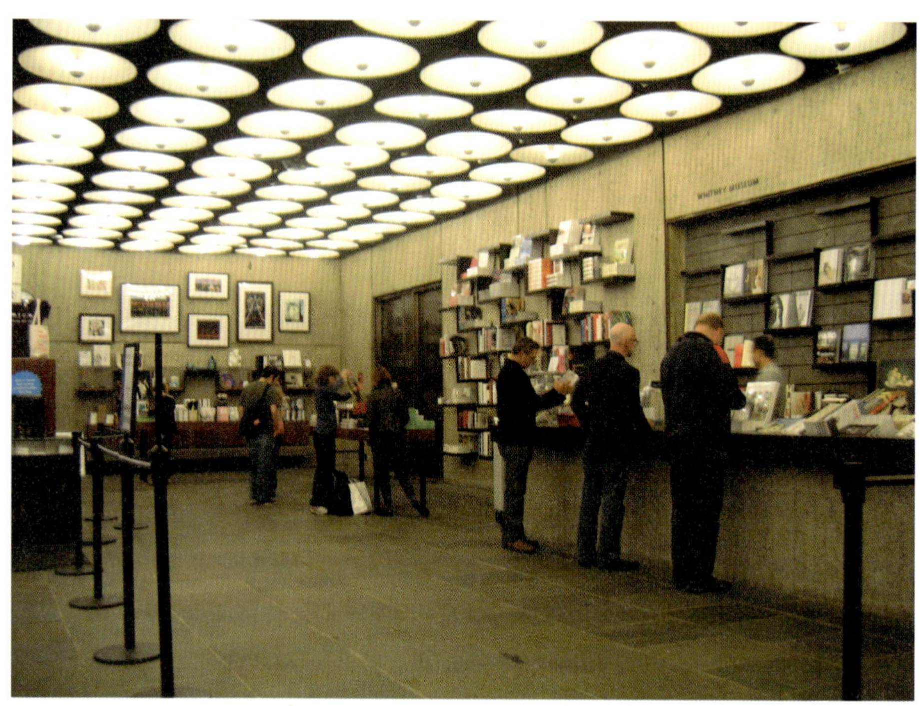

휘트니 미술관 로비

휘트니 미술관 현관으로 들어가는 입구와 로비 외벽은 노출 콘크리트로 되어 있다. 곳곳에 위치한 경비원들의 말투와 자세에서 휘트니 미술관에 대한 긍지와 자부가 흘러넘친다. 휘트니 미술관은 미국 현대미술의 보고(寶庫)다. 에드워드 호퍼, 댄 그레이엄 등의 작품을 상설 전시한다.

독일과 프랑스, 백남준을 찬미하다

독일 뒤셀도르프에 처음 가는 한국 사람은 전차를 보고 깜짝 놀랄 것이다. 중심가를 왕복하는 전차에 동양인의 얼굴이 그려져 있기 때문이다. 그 동양인은 백남준이다. 왜 백남준의 초상이 뒤셀도르프 트램에 부착되었을까? 백남준을 모르는 여행객은 이 사실에 적잖이 당황한다.

결혼 직후 백남준은 뒤셀도르프 예술대학으로부터 교수초빙 제의를 받는다. 이 예술대학은 요셉 보이스, 게르하르트 리히터, 안드레아스 거스키 등 독일을 대표하는 현대미술가를 배출한 학교였다. 이 대학은 비디오학과를 개설하면서 백남준을 교수로 초빙했다.

뒤셀도르프 예술대학 교수 백남준. 예술가 부부는 처음으로 호사를 즐겼다. 두둑한 월급으로 생활비와 집세 걱정을 하지 않아도 되었다. 대학측은 세계적 비디오 아티스트를 교수로 모셔왔다는 긍지로 지원을 아끼지 않았다. 강의는 한 달에 한 번만 하면 되었다. 백남준은 독일에서 물 만난 고기처럼 작품을 만들고 전시회를 열었다. 백남준은 학교에 적을 둔 채 파리, 로마, 암스테르담, 보스톤, 신시내티 등을 순회하며 전시회를 열었다.

많은 전시회 중에서 1982년 파리 퐁피두센터 전시회를 리뷰해 본

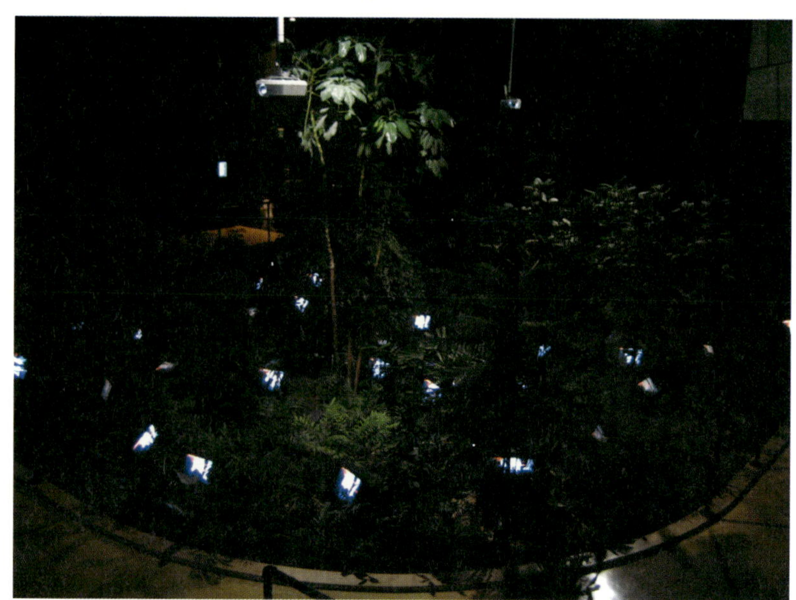

다. 파리 전시는 퐁피두센터 전시가 처음은 아니었다. 1978년 파리 현대미술관 전시에서 백남준은 〈텔레비전 정원〉을 선보여 갈채를 받았다. 퐁피두센터 큐레이터는 〈텔레비전 정원〉을 보고 감동한 나머지 백남준에게 전시를 요청했다. 퐁피두센터에 전시한 작품 제목은 〈삼색 텔레비전〉. 프랑스 국기는 빨강, 파랑, 하양 3색이다. 백남준은 퐁피두센터 1층 바닥 전체에 384대의 텔레비전 모니터를 이용해 프랑스 국기를 만들었다. 프랑스 언론과 비평가들은 〈삼색 텔레비전〉에 아낌없는 찬사를 보냈다.

백남준이 파리 다음으로 가장 좋아한 도시는 암스테르담이었다. 암스테르담에서 노후를 보내고 싶다고 말할 정도였다. 암스테르담 미술관은 현금을 주고 〈텔레비전 정원〉을 높은 가격에 매입했다.

백남준을 세계적 비디오 아티스트로 키운 나라는 어디일까? 답은 독일이다. 독일은 이 사실에 긍지를 갖는다. 뒤셀도르프 대학이 그에게 파격적인 대우를 해준 것이 그 첫 번째 증거다. 독일 미술계가 백남준을 얼마나 높게 평가하는지는 1993년에 다시 입증되었다. 백남준은 독일의 대표 작가 두 명 중 한 명으로 뽑혀 베니스 비엔날레에 참가했다. 베니스 비엔날레 독일관 책임자 클라우스 부스만은 백남준에게 이런 말을 했다.

"백남준, 당신은 독일제야. 독일에 살고 있고, 독일에서 비디오 아트를 탄생시켰으며, 당신의 첫 비디오 아트 전시도 1963년 독일 파르나스 갤러리에서 했잖소. 우리 독일인들은 당신을 자랑스러워하오."
(《나의 사랑, 백남준》)

"나는 외국을 떠도는 문화 상인"

사실 나는 1984년 1월 1일, 〈굿모닝 미스터 오웰〉이 나오기 전끼지 백남준의 존재를 알지 못했다. 뉴욕, 파리, LA, 동경, 베를린, 함부르크 등 세계 주요 도시에서 동시에 생중계된 비디오 우주쇼 〈굿모닝 미스터 오웰〉. 조지 오웰의 《1984》를 빗대어 만든 작품이다. 세계인이 절대적 감시자인 빅브라더의 통제 속에 살게 된다는 가상소설이 《1984》이다. 백남준은 〈굿모닝 미스터 오웰〉을 통해 오웰의 예언이 틀렸음을 보여주고자 했다.

파리의 텔레비전 FR3와 뉴욕의 공영방송 WNET에 주조정실을 설치하고 존 케이지, 요셉 보이스 등이 출연했다. 우리나라의 KBS, 일본의 아사히 텔레비전 등이 제작에 참여했다. 〈굿모닝 미스터 오웰〉은 미국, 프랑스, 일본, 한국, 독일, 네덜란드 등에 중계되었다.

KBS는 어떻게 〈굿모닝 미스터 오웰〉을 중계하게 되었을까? 당시 백남준을 아는 사람이 거의 없었는데 말이다. 여기에는 당시 KBS 사장 이원홍의 역할이 결정적이었다. 문화, 예술에 조예가 깊었던 이원홍은 주일 대사관 문화 담당 공사 시절부터 백남준을 주목해 왔던 인물이다.

〈굿모닝 미스터 오웰〉에 동원된 작품적 요소를 보자. 텔레비전, 레이저, 인공위성이 등장했다. 어디에도 붓, 물감, 팔레트 같은 것은 보이지 않았다. 세계는 지금까지 어떤 예술가도 감히 상상하지 못한 예술의 경지에 경탄했다. 이를 '백남준의 우주 오페라'라고 불렀다.

한국인은 두 가지에 놀랐다. 백남준의 우주적 상상력에 놀랐고, 또한 그런 세계적인 한국인이 있었다는 사실을 그때 처음 알게 되었다는 것에 의아해 했다. 이 비디오 우주쇼를 진행하는 데 40만 달러가 들어갔다. 이 중 17만 달러는 미국 록펠러 재단과 국립예술기금에서 지원했고, 7만 달러는 출연자들이 판화 작품을 팔아 준비했다. 제작비의 나머지를 백남준 혼자 책임져야 했다.

〈굿모닝 미스터 오웰〉은 기상천외한 멀티미디어 우주쇼의 시작이었다. 백남준은 1986년 서울아시안게임 개막식에 〈바이바이 키플링〉을 선보였다. 1988년 서울올림픽 때는 〈손에 손잡고〉를 기획, 연출했다. 이로써 백남준의 위성 3부작이 완결되었다. 백남준 연구가 김홍희는 "텔레비전 방송, 비디오 아트, 퍼포먼스가 결합되고, 예술과 유흥, 미술과 음악과 스포츠가 혼재하는 멀티미디어 축전이 위성을 통해 전 세계로 중계된 역사적인 방송 프로젝트였다"고 평가했다.

1984년 6월 22일, 백남준이 귀향했다. 35년 만에 밟는 조국 땅! 백남준, 시게코, 미국인 조수인 카메라맨 존 허프만. 미국인 조수는 백남준의 한국 일정을 모두 비디오 촬영을 하기로 약속이 되어 있었다. 김포공항으로 입국한 백남준은 기자회견장으로 옮겨 기자들의 질문에 답했다.

“이번 여행의 목적은 무엇입니까?”

“한국 미인을 만나러 왔습니다.”

“한국에서 할 일은 계획해 두셨나
요?”

“아버지, 어머니 산소에 가고, 가
족 만나고, 동창생들도 찾아봐야지
요. 내 동창이 서울시장 됐다는데 한
턱 내라고 할 작정입니다. 유치원 짝
이경희도 만나보고 싶습니다.”

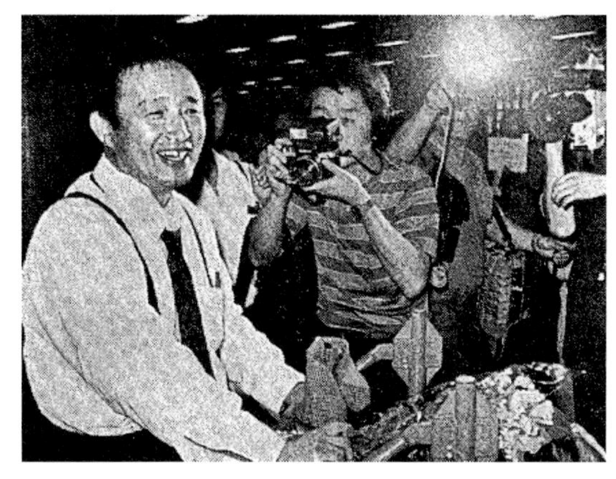

백남준이 김포공항을 통해
귀국하는 모습

“왜 조국을 놔두고 외국에서만 활동합니까?”

“문화도 경제처럼 수입보다 수출이 필요해요. 나는 한국의 문화를
수출하기 위해 외국을 떠도는 문화 상인입니다.”

당시 대학생이었던 나는 백남준의 기자회견 내용 중에서 이 대목에
뒤통수를 얻어맞은 것 같은 충격을 받았다. “한국의 문화를 수출하기
위해 외국을 떠도는 문화 상인.”

비디오 아티스트 백남준의 정체성을 이보다 쉽게 잘 표현하는 말이
있을까. 외국을 떠도는 문화 상인이지만 그 목적은 한국의 문화를 수
출하기 위해서라는 의미!

백남준은 1970년대 중반 이후 독일에 머물 때 공산권 국가에서도
전시 초청 제안을 여러 번 받았다. 그러나 공산권 국가의 초청은 거들
떠보지도 않았다. 자칫 잘못하면 고국 땅을 밟을 수 없게 될지도 모른
다는 우려 때문이었다. 백남준의 두 형이 일본에서 뿌리내리려 귀화
한 것에 비춰 백남준의 자긍심이 어땠는지 짐작하고도 남는다.

백남준은 부모님 묘소에 성묘한 후 어릴 적 살았던 ‘창신동 큰대문
집’을 찾았다. 창신동 집은 대한제국의 마지막 외무대신이 살던 저택

이었다. 창신동 시절 소꿉친구 이경희도 만났다. 애국유치원을 함께 다녔던 에세이스트 이경희는 백남준과의 만남을《백남준, 나의 유치 원 친구》에서 이렇게 회고했다.

"수십 년 만에 전화통화를 하면서 그가 한 첫 마디가 '경희, 이마 다친 것 어떻게 되었지?'였다. 유치원 때 그의 집에서 놀다가 이마를 다쳤던 일을 기억한 것이다. 전화번호를 수첩에 적지 않을 정도로 기억력도 비상했지만 정이 많고, 한 번 한 약속은 꼭 지키는 친구였다. (……) 마지막 만난 것은 2004년 12월 마이애미에서였다. 해변이 보이는 식당에서 아침을 함께 했는데 유난히 어렸을 때 이야기를 많이 들었다."

백남준은 35년간 문화 상인으로서 오대양 육대주를 떠돌아다녔다. 부잣집 아들이 졸지에 가난한 예술가가 되었으나 백남준은 처지를 탓하지 않았다. 고독한 오디세이를 예술가의 운명으로 받아들였다. 돛단배처럼 오대양을 돌고 돌다 조국의 부름에 소환 당하듯 끌려온 백남준은 소년처럼 행복해 했다. 백남준이 조국 방문에서 얼마나 행복해 했는지를 시게코는《나의 사랑, 백남준》에서 이렇게 회상했다.

"그의 한국 여행에 동행하면서, 나는 백남준의 달뜬 표정과 쾌활한 웃음소리를 통해 그가 얼마나 고향을 그리워했는지를 새삼 알게 되었다. 소리 내어 표시한 적 없지만 그는 한 번도 고향과 고국을 잊은 적이 없었던 것이다."

신의 질투, 뇌졸중

1990년대에 들어서자 백남준에게 세계의 찬사가 여름밤의 별처럼 쏟아졌다. 유네스코 피카소 메달을 시작으로 미국 마이애미 예술가상과 일본 교토상 수상에 이르기까지 백남준은 명실상부한 '한국이 낳은 세계 최고의 예술가'로 자리매김했다.

이제 백남준은 더 이상 가난하고 외로운 천재 예술가가 아니었다. 불우한 천재라는 그 진부한 공식에서 완전히 벗어났다. 그러나 운명의 신은 백남준이 온전히 찬란한 영예를 즐기는 것을 시기했다. 알려진 대로 백남준은 당뇨병 환자였다. 당뇨병 환자는 면역력이 약해 감기와 같은 잔병을 달고 산다. 증세가 심한 백남준은 늘 피곤해 했다. 피곤할 때는 장소를 불문하고 등만 댈 곳이 있으면 잠에 떨어지곤 했다. 백남준은 추위를 유난히 타는 사람이었다. 《나의 사랑, 백남준》에 따르면 백남준은 비행기 에어컨의 냉기를 싫어해 한여름에도 내의를 입고 장거리 여행을 다녔다.

1993년 베니스 비엔날레 한국관 사건은 유명한 이야기다. 백남준은 전시관 한복판에서 코를 골며 잠을 잤다. 보통 사람은 상상도 할 수 없는 일이다. 이 사건은 천재 예술가다운 기행(奇行)으로 치부되었지만 내막은 그게 아니었다.

1996년 백남준은 호암 예술상을 수상했다. 한국을 방문했다가 뉴욕으로 돌아오는 기내에서 백남준은 한기를 느끼며 14시간을 견뎌야 했다. 다음날 저녁, 부부는 머서 가 아파트에서 식탁에 앉았다. "저녁을 먹던 백남준이 갑자기 심하게 재채기를 시작했다. 재채기는 멈추지 않고 몇 분 동안 계속됐다. 그러더니 갑자기 고개를 픽 떨구고는 바닥으로 쓰러지고 말았다. 의식이 삽시간에 사라졌다. 혈색을 살펴보기 위해 얼굴을 받쳐 들었다. 그 순간 나는 소스라치게 놀랐다. 입이 일그러진 채 왼쪽으로 돌아간 게 아닌가. 왼쪽 반신을 마비시킨 뇌졸중이었다."(《나의 사랑, 백남준》)

곧바로 앰뷸런스가 달려와 백남준은 뉴욕대 부속병원 응급실로 실려갔다. 미국은 응급치료 시스템이 가장 발달한 나라. 신속한 응급처치가 백남준의 생명을 구했다. 그러나 백남준의 왼쪽은 끝내 회복되지 못했다. 백남준이 신체의 왼쪽을 못 쓰게 되자 가장 바빠진 사람은 시게코였다. 아내는 어린아이가 되어버린 남편을 보살피느라 자신의 작품활동을 접어두어야 했다. 백남준은 시게코를 천수관음(千手觀音)에 비유하곤 했다. 백남준은 색연필로 천수관음을 그린 뒤 이렇게 썼다.

"시게코, 우리가 젊었을 때 당신은 내게 최고의 연인이었소. 이제 내가 늙으니 당신은 최고의 어머니, 그리고 부처가 되었구려."

구겐하임 미술관 회고전

뉴욕 구겐하임 미술관 전시는 모든 세계 예술가의 로망이다. 구겐하임 전시는 현대미술의 메카에서 세계 최고의 미술가로 등극했다는 인증서다. 구겐하임 미술관 토머스 크렌스 관장은 백남준에게 2000년에 회고전을 열자고 제안했다. 밀레니엄이 시작하는 첫해에 백남준의 회고전을 제안했다는 것은 비디오 아트가 새천년의 개막에 가장 부합한다고 판단한 결과였다. 아시아인으로는 백남준이 첫 번째였다. 2011년 이우환 화백이 백남준에 이어 한국인으로는 두 번째로 구겐하임에서 전시회를 열었다.

백남준은 구겐하임 미술관 회고전을 예술 인생의 정점으로 생각했다. 의욕적으로 회고전을 준비하던 백남준에게 뇌졸중이 기습했다. 백남준은 몸의 반쪽이 기능하고 있다는 데 감사했다.

구겐하임 미술관 회고전은 비디오 아트를 뛰어넘어야 했다. 백남준은 구겐하임의 밀레니엄 전시 컨셉을 '레이저 아트'로 정했다. 레이저 아트! 과연 백남준다운 발상이었다. 백남준이 아니라면 누가 레이저를 예술로 끌어들일 수 있을까. 백남준은 기자회견에서 이렇게 말했다.

"앞으로 레이저 아트 작품을 만들려고 합니다. 사각의 모니터라는 공간의 제약으로부터 미디어를 해방시키겠습니다. 레이저는 광선의 질이 다르니까 눈에 더 신선하고 새롭습니다."

백남준은 당시 자택인 머서 가 아파트 외에 그린 가, 그랜드 가, 브룸 가에 스튜디오를 갖고 있었다. 브룸 가의 스튜디오는 비디오 아트 작품이 창조된 공간이었다. 백남준은 그린 가의 작업실에서 레이저 작품을 제작하기 시작했다.

구겐하임 미술관은 알려진 대로 미국의 대표 건축가 프랭크 로이드 라이트가 설계한 작품. 철강왕 솔로몬 구겐하임의 소장품을 전시하기 위한 미술관으로 1957년 개관했디. 킨딘스기의 직품이 주류를 이루시

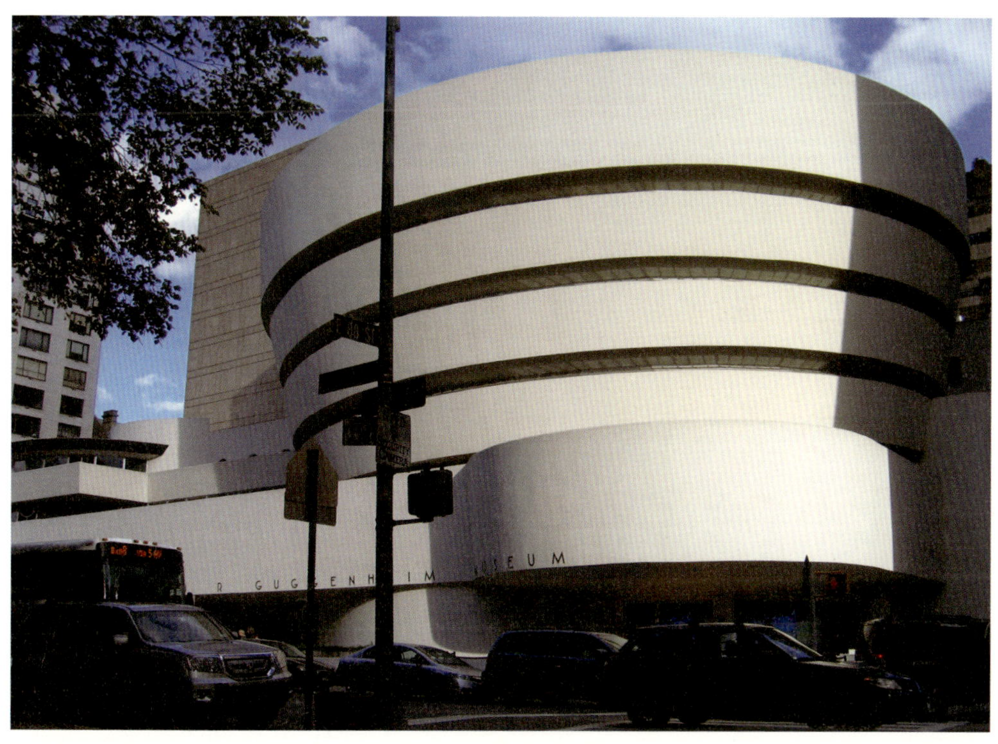

구겐하임 미술관

만 클림트, 칼더, 미로 등의 작품도 있다. 2006년 미술품 경매 사상 최고가를 기록한 클림트의 〈아델레 블로흐 바우어 초상〉이 구겐하임에 있다.

외관은 달팽이 모양을 본땄고, 내부를 7층까지 뻥 뚫어놓았다. 마치 텅 빈 달팽이 껍데기를 뒤집어 놓은 것 같은 모양새다. 구겐하임이 등장한 1957년 이후 맨해튼의 이미지가 달라졌다. 백남준은 이러한 구겐하임 미술관의 특성을 최대한 살리는 작품을 구상했다. 백남준은 구겐하임 전시의 철학을 '과거에서 미래를, 지상에서 영원을'로 잡았다. 전시회의 하이라이트는 당연히 레이저 작품 〈달콤하고 숭고한〉과 〈야곱의 사다리〉였다. 백남준은 2000년 2월 《조선일보》와의 인터뷰에서 구겐하임 전시의 철학적 배경에 대해 이렇게 말했다.

"미술관 천장에 있는 작품이 '천(天)'이라면 1층 플로어에 깔린 100개의 모니터는 '지(地)'야. 그리고 복도에 전시된 과거 작품들은 '인(人)'이야. 겉으로는 서양 기술부터 보이지만 실은 한국적 철학을 담으려 했지."

전시에서 백남준은 나선형으로 되어 있는 내부 공간을 어둡게 한 뒤 레이저를 위아래로 쏘는 작품을 펼쳤다. 나선형으로 돌아가는 복도를 따라 1960년대부터 90년대까지 그의 비디오 대표작들이 둥지 틀 듯 자리를 잡았다. 세계 미술계는 "그의 작품들이 지난 세기에 이어 새 세기에도 세계 미술인들을 놀라게 했다"고 극찬했다. 제작비만 300만 달러가 들어간 전시회는 대성공이었다. 《뉴욕타임스》는 2페이지에 걸친 특집 기사를 실었다. CBS 방송은 30분짜리 특집을 만들어 내보냈다.

구겐하임 미술관은 센트럴파크에서 가깝다. 센트럴파크 옆을 달리는 5번대로 구간을 별도로 '뮤지엄 마일(Museum mile)'이라고 부른다.

THE WORLDS OF
NAM JUNE PAIK
A Celebration of the Internationally Acclaimed Video Artist
February 11 - April 26
Guggenheim MUSEUM
5th Ave at 89th St
4 5 6 to 86th St
Sun - Wed 9am - 6pm
Fri & Sat 9am - 8pm
Information 212 423 3500
www.guggenheim.org
Sponsored by Merrill Lynch

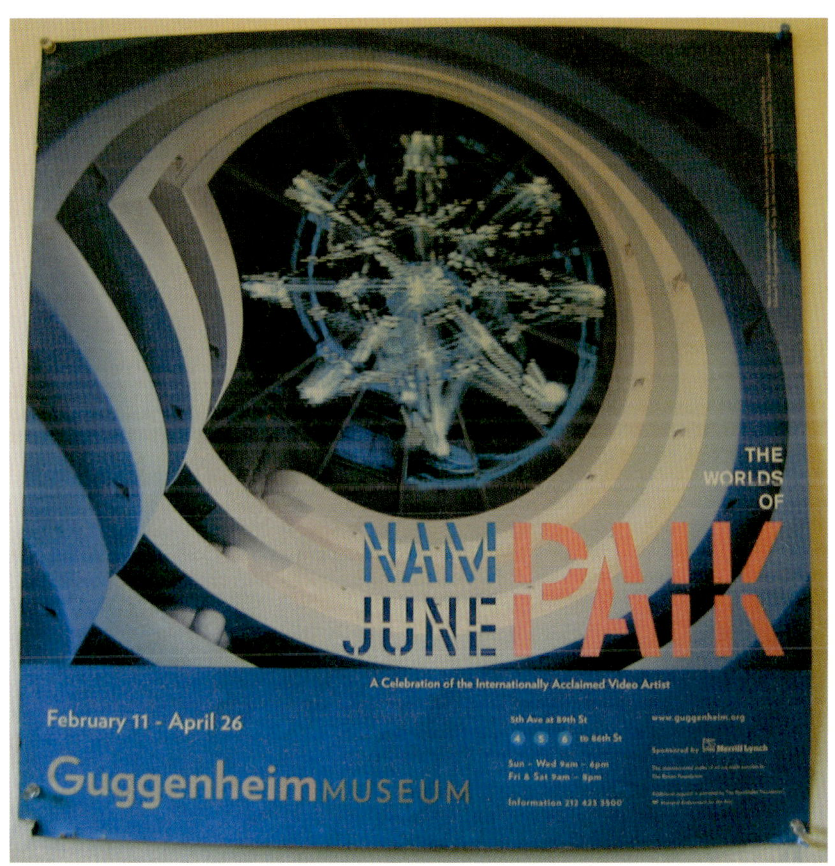

구겐하임 회고전 포스터

그 구간에 메트로폴리탄 미술관을 포함한 7~8개의 뮤지엄이 있는데, 메트로폴리탄 미술관부터 유대 박물관까지가 뮤지엄 마일에 속한다.

5번대로는 뉴요커의 일상에서 매우 중요한 애비뉴다. 위에 설명한 것처럼 뉴욕이 자랑하는 미술관이 대부분 5번대로 연장선상에 자리잡았다. 이게 전부일까? 아니다. 센트럴파크 아래쪽의 5번대로는 명품 매장이 줄지어 늘어서 있다. 명품 부티크 '티파니'도 이곳에 있다. 오드리 햅번이 주연한 〈티파니에서 아침을〉의 주요 배경이 바로 5번대로이다.

전설적인 보석상 해리 윈스턴의 주얼리 부티크도 5번대로에 있다. 20세기 이후 유명 스타들이 해리 윈스턴의 부티크를 드나들었다. 재클린 케네디, 기네스 펠트로, 안젤리나 졸리 등 세계적인 명사들이 이곳에 와서 보석, 시계 등 명품 주얼리를 구입한다. 해리 윈스턴의 명성은 21세기에도 변함이 없다.

뮤지엄 마일의 구겐하임으로 걸음을 옮긴다. 구겐하임 미술관은 소장품 이전에 건물 자체가 예술이다. 장마철에 발에 밟히듯 흔하디 흔한 달팽이의 모습에서 건축물의 컨셉을 떠올린 사람 프랭크 로이드 라이트. 구겐하임 미술관은 어느 각도에서 앵글을 잡아도 환상적이다. 구겐하임 미술관을 보고 조선백자를 떠올렸다고 말하는 사람도 있다. 구겐하임을 가본 사람이 과천국립현대미술관을 본다면 아마 알 것이다. 과천 국립현대미술관은 구겐하임 미술관에서 모티브를 얻어 설계되었다.

만일 백남준이 아니었다면, 이 구겐하임 미술관이 얼마나 낯설었을까. 백남준으로 인해 나는 구겐하임 미술관이 과천 숲속에 숨어 있는 국립현대미술관보다 친근하게 느껴졌다. 미술관은 로비에서 천장 쪽을 바라보는 그림도 기막히게 아름답다. 내부의 어느 각도에서 앵글을 들이대도 아름다움 그 자체다.

2011년 여름 이곳에서 이우환 작가의 작품을 전시했다. 1층 아트숍에는 이우환 도록이 판매 중이다. 이우환의 이름을 보면서 문득 나는 한국인의 위대함에 전율했다. 백남준의 열렬한 숭배자이면서 화상(畵商)인 할리 솔로몬의 말이 생각났다. "한국인은 백남준을 가지고 있음을 자랑스럽게 여겨라."

예술 DNA는 한국 정서

세계를 떠도는 문화 상인 백남준. 최초의 코스모폴리탄 한국인 예술가. 구겐하임 밀레니엄 회고전에 '천지인' 철학을 구현한 사람. 시게코는 그를 가장 잘 아는 사람이다. 시게코는 《나의 사랑, 백남준》에서 백남준의 정체성에 대해 이렇게 썼다.

"내가 지켜본 바로는 그는 천생 한국인이었다. 김치나 된장찌개를 매일 먹지 않았을 뿐, 자신의 내면에 자리한 한국인의 문화적 유전자와 어린 시절의 추억들을 마음속 보물상자처럼 간직한 채 그것을 작품 속에 녹여왔다."

이어령은 생전의 백남준과 교유했다. 한국의 천재 작가 이어령은 세계의 천재 예술가 백남준을 어떻게 평가하고 있을까. 이어령은 《나의 사랑, 백남준》서문에서 놀라운 얘기를 한다.

"아이러니하게도 그는 일찍 한국을 떠난 덕분에 한국인의 원형적 심성과 내면을 가장 잘 보존한 사람이 되었다고 나는 믿는다. 그리하여 그가 만든 작품 앞에서 우리는 잃어버린 기억과 한국의 문화적 유전자를 대면하게 되는 것이다."

2007년 KBS 방송은 '백남준 비디오 광시곡' 전시회를 열었다. 이

전시회에는 세계 각국이 소장하고 있는 작품들을 출품했다. 나는 이 전시회를 보면서 백남준의 정신세계에 뿌리를 튼 한국적 정서를 다시 확인했다. 〈로그인을 더할수록〉에서는 수양버들이 주제로 등장한다. 20개의 텔레비전과 수천 개의 전선을 늘어뜨려 수양버들을 형상화했다. 한국인의 정서 속에 수양버들은 여러 가지 메타포를 갖는다. "수양버들 춤추는 길에 새색시 시집 가네. 수양버들 춤추는 길에 꽃가마 타고 가네. 아홉 살 새색시가 시집을 간다네." 한국인이라면 누구나 불렀던 노래다. 어린 시절의 수양버들은 백남준에게 그리움의 원형이었다.

백남준의 작품 중에서 동양적 정서를 가장 잘 표현했다고 평가받는 것이 〈달은 가장 오래된 텔레비전〉이다. 초승달이 보름달로 차오르는 모습을 12개의 모니터에 담아 달의 은은함을 표현했다. 이 작품은 베니스 비엔날레의 독일관에 전시되었다. 달이 하현에서 만월로 변해가는 과정을 보면서 감동하지 않은 사람은 없다. 지금까지 화가들은 미술 작품에서 달의 한 순간만을 포착했다. 그러나 백남준은 달랐다. 그는 달이 변해가는 모습을 그대로 텔레비전 화면 속에 옮겨놓았다. 백남준은 자신의 예술적 정체성에 대해 도올 김용옥과의 대화에서 이렇게 솔직하게 털어놓았다.

"날 자꾸 서양에서 다 배운 사람인 줄 아는데 나 사실 인생을 결정지은 사상이나 예술의 바탕은 이미 내가 한국을 떠나기 전에 한국에서 모두 흡수한 거거든. 우리나라 일제시대 때 한국 예술가들 수준이 당대의 서구라파나 일본의 아방가르드적 수준에 조금도 뒤지지 않았다우. 난 쉰베르크나 스트라빈스키도 이건우 선생한테서 유학가기 이전에 다 배운 거고. 신재덕 선생이나 이건우 선생 같은 분이 가르쳐주신 수준이나 내가 김순남 선생을 사사한 수준이 내가 독일 가서 작곡가

노릇할 수 있었던 바탕을 다 만들어주셨던 거거든. 역사를 자꾸 단절적으로 보면 안돼. 우리는 일제시대 때 문화도 말이지, 전통문화고 서구문화고 다 높은 수준으로 그대로 가지고 있었거든. 난 그걸 흡수한거야. 그리고 내가 내 속에 가지고 있었던 전통문화하고 서양의 아방가르드가 결국 비슷한 거란 것을 내가 나중에 발견한 것뿐이지.”

내 주변에는 생전의 백남준을 만난 이들이 꽤 여러 명 된다. 그들은 한결같이 백남준이 얼마나 매력적인 사람인지를 설명했다. 백남준은 베토벤처럼 괴팍한 천재가 아니었다. 시게코는 백남준을 가리켜 “예술적 감성과 재능, 인간적 매력을 함께 갖춘 이 우주적 천재를 어디서 다시 만날 수 있겠는가”라고 추억했다.

장례식장의 넥타이 퍼포먼스

백남준은 2012년까지 살고 싶어했다. 2012년은 존 케이지가 태어난 지 100주년이 되는 해이다. 백남준은 2012년까지 살아 반드시 케이지 탄생 100주년 기념 퍼포먼스를 하고 싶어했다.

뉴욕의 겨울은 몹시 춥다. 백남준은 늘 그랬던 것처럼 겨울이 되면 철새처럼 따뜻한 남쪽나라인 플로리다 주 마이애미로 내려가곤 했다. 백남준과 시게코는 2006년 1월 1일을 마이애미의 아파트에서 맞았다. 1월 26일 백남준은 한밤중에 잠을 자던 중 잠꼬대를 했다. 잠꼬대를 하며 요절한 예술가들의 이름을 불렀다. 시게코는 불길한 예감이 들었다.

백남준이 이승에서 마지막으로 먹고 싶어했던 음식은 무엇이었을까? 사람의 욕망 중 마지막 순간까지 남는 것이 미각이다. 1월 29일, 음력 설날이었다. 백남준은 저녁에 장어덮밥을 먹고 싶다고 했다. 백남준이 가장 좋아하는 음식이 장어덮밥이었다. 백남준은 시게코가 만들어준 장어덮밥을 맛있게 비웠다. 그리곤 오후 6시 깊은 잠에 떨어졌다. 몇 시간 뒤 그는 침대에서 거친 숨을 쉬었고 곧 의식을 잃었다. 천수관음 아내가 해준 장어덮밥을 이승에서 맛나게 먹고 그는 머나먼 여행을 떠났다. 《뉴욕타임스》는 백남준의 부음기사를 이렇게 썼다.

"많은 예술가들이 기존의 심미적 관념을 조롱할 수 있는 방법을 찾기 위해 자신들의 젊음을 바치고 있다. 그럼에도 이 같은 반란자의 지위를 늙을 때까지 유지하는 경우는 드물다. 그러나 백남준은 기존의 심미적 관념에 대한 반란자로 성공적인 삶을 보여준 위대한 예술가다. 그는 새로운 세대의 도전을 이해했다. 그리고 예술과 테크놀로지의 접목을 통해 또다른 과학적 장난감을 어떻게 만드느냐가 아니라 테크놀로지와 전자매체에 어떻게 인간성을 부여하느냐를 끈질기게 추구했다."

세계 언론이 백남준의 예술적 업적을 크게 다뤘다. 그 중 가장 위트가 넘치는 부음기사는 이랬다. "인류 최초의 화가와 조각가가 누구인지는 아무도 알 수 없다. 그러나 비디오 아트의 창조자가 누구인지는 확실하다. 백남준, 그야말로 비디오 아트의 아버지이자 조지 워싱턴이다."

백남준의 장례식을 기억하는 사람이 많다. 장례식은 2월 3일 맨해튼 중심가에 있는 프랭크 캠벨 장례식장에서 치러

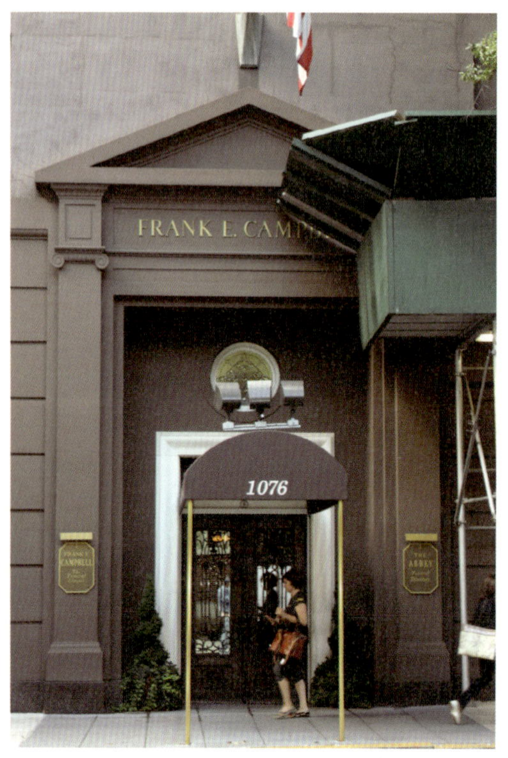

캠벨 장례식장

졌다. 마지막 의식이 치러진 프랭크 캠벨 장례식장으로 걸음을 옮긴다. 평생 동안 호화나 사치를 몰랐던 천재 예술가 백남준. 그는 삶과 예술이 일치하는 사람이었다. 물질적 축재를 경멸했고 예술을 위해서라면 아낌없이 돈을 썼다. 발끝부터 머리끝까지 오로지 예술로 채워진 호모 에스테티쿠스(Homo Aestheticus)가 백남준이었다. 그러나 생의 마지막 의식은 맨해튼에서 가장 화려한 곳에서 행해졌다.

매디슨대로 1076번지의 프랭크 캠벨 장례식장 외관은 화려함과는 거리가 있었다. 1898년 문을 연 캠벨 장례식장은 집안에서 치러지던 장례식 관행을 바꿔놓았다. 아파트에 거주하는 뉴요커들이 증가하면서 '장례식 교회'는 금방 새로운 장례문화로 자리잡았다.

직원에게 방문 목적을 설명하고 식장 안에 들어가도 되는지를 물었다. 카펫이 깔린 대기실은 걸음을 옮길 때마다 삐걱거렸다. 방명록 거치대를 지나 식장 안으로 들어갔다. 내부 공간 역시 외관처럼 차분했다. 조금 때가 탄 듯한 긴 나무의자는 복도를 사이에 두고 양쪽으로 11줄씩 늘어서 있다. 넉넉하게 10명씩 앉는다고 해도 장례식장 정원은 220명. 5~6번째 열의 가장자리, 복도 옆에 자리를 잡았다. 잠시 실내 분위기를 눈에 담은 뒤 조용히 눈을 감았다.

망자(亡者)를 위한 마지막 세리모니. 2월 3일 그날, 식장에는 굳이 이름을 거명할 필요도 없는 뉴욕의 명사들이 초대되었다. 오노 요코가 흐느끼며 추도사를 읽어 내려갔다. "백남준은 늘 조용히 나를 지지하고 내 편을 들어주어 어려울 때마다 정신적으로 의지한 '내 마음 속의 부처'였다."

의식은 여느 장례식처럼 숙연하게 진행되었다. 분위기는 사회를 보던 일본인 장조카 하쿠다 켄 백(白田健)의 느닷없는 제안으로 반전됐다. 장조카는 "고인을 위해 마지막 퍼포먼스를 하자"고 말했다. 조문객들은 무슨 소린가 하는 표정으로 서로의 얼굴을 쳐다보았다. 그는 "옆 사람의 넥타이를 잘라 관 속에 넣어달라"고 구체적인 방법을 알려줬다. 웃음이 터져나왔다. 비로소 납처럼 무거웠던 식장의 분위기가 밝아졌다. 오노 요코가 가장 먼저 장조카에게 다가가 그의 넥타이를 잘랐다. 모든 조문객들이 넥타이를 잘라 백남준의 가슴 위에 올려놓았다.

망자는 자신의 죽음을 볼 수도 없고, 자신의 장례식에 털끝만큼도 관여할 수 없다. 하지만 백남준은 자신의 가벼워진 육신 위에 살포시 얹어지는 무게를 느끼며 흐뭇했을 것이다. 망자가 자신의 장례식에 관여한 최초의 인간이라면서.

백남준은 어느 한 곳에 영면할 수 없는 코스모폴리탄이었다. 시게코는 백남준의 유해를 한국, 독일, 미국 3곳에 나눠 안치하기로 했다. 백남준의 유골은 서울 삼성동 봉은사 법왕루에 모셔졌다. 백남준의 49재 행사는 봉은사 외에도 과천 국립현대미술관, 대전 시립미술관, 전주 시립미술관에서 열렸고 역시 넥타이 자르기 퍼포먼스가 펼쳐졌다.

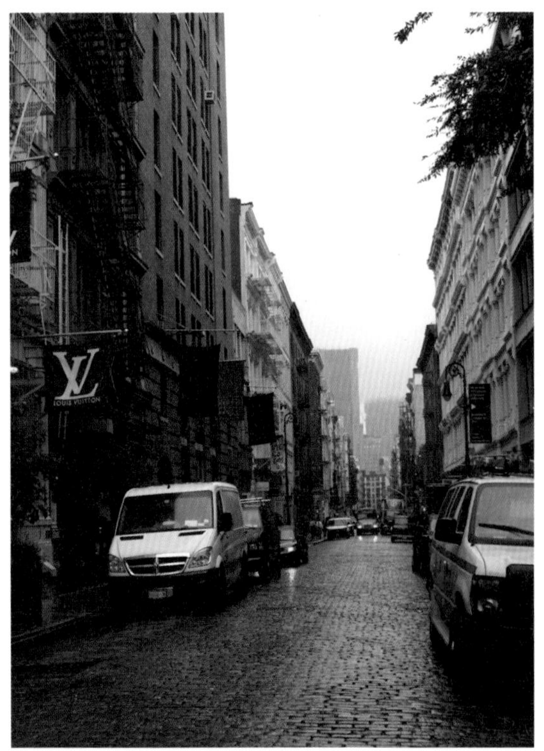

소호 거리

백남준 스튜디오

뉴욕에서 백남준의 숨결을 만나는 마지막 코스는 머서 가 110번지. 백남준과 시게코가 신혼 때부터 살면서 수많은 작품을 만들고 뇌졸중이라는 신의 질투를 받은 곳. 천재 예술가의 희로애락이 박제된 채 고스란히 보존되어 있는 곳.

나는 뉴욕으로 출발하기 전 시게코 여사와 통화를 했다. 《뉴욕이 사랑한 천재들》에 백남준이 포함되어 있으니, 백남준의 부인으로서 시간을 내달라고 했다. 시게코 여사는 책 제목을 듣더니 흥미로운 책이라며 뉴욕에 도착하면 전화하라고 했다.

지하철 '프린스 가' 역에서 내려 소호 거리로 들어섰다. 머서 가는 소호 지역의 중심에 있다. 머서 가 100번지를 향해 걸어가는데 루이비통, 샤넬, 몽블랑 등의 매장이 먼저 인사를 한다. 소호가 상업화되었다는 말이 실감나는 순간이다. 1960~90년대 값싸고 널찍한 공간이 많아 가난한 예술가들이 너도나도 스튜디오를 가졌던 곳이 소호였다. 예술가들이 동네의 가치를 올려놓자 이제는 명품 매장이 자리를 차지하고 예술가들을 밀어냈다.

초인종을 누르니 시게코가 인터폰을 받았다. 엘리베이터를 타고 5

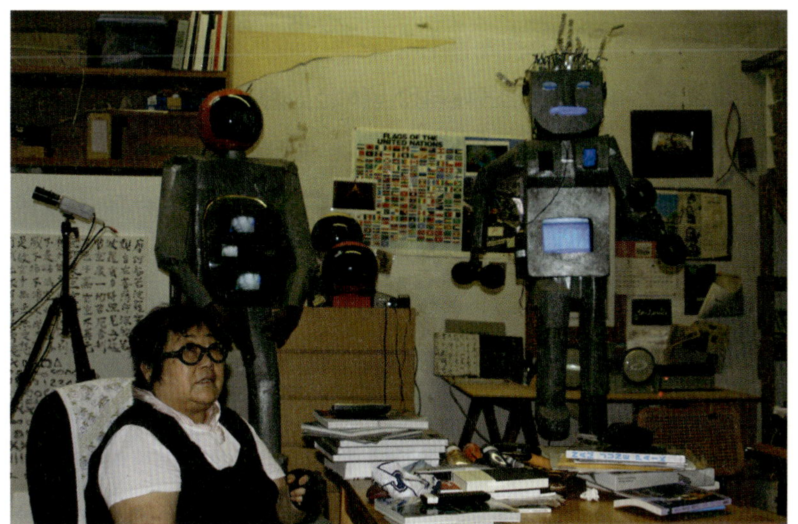

시게코 여사

층에서 내렸다. 시게코가 엘리베이터 앞에 나와 있었다. 양팔에 보조 지팡이를 짚고 힘겹게 서 있었다.

시게코의 안내를 받아 안으로 들어섰다. 순간 나는 백남준의 숨결과 맥박으로 인해 숨이 멎는 듯했다. 백남준의 비디오 아트 작품이 여러 점 보였다. 시게코의 작품도 있었다. 백남준과 함께 눕던 침대도 그 자리에 그대로였고, 벽면에는 백남준의 스케치와 메모 등이 어지럽게 붙어 있었다. 한쪽 구석에는 백남준이 치던 피아노가 있었고, 작은 방에는 주인을 잃은 비디오테이프 수백 개가 꽂혀 있었다. 마룻바닥에는 《뉴욕타임스》 신문이 수북했다.

스튜디오 겸 살림집은 천장이 3미터쯤 되어 보였다. 천장이 높은 맨 꼭대기층을 로프트(loft)라고 한다. 지붕에 난 창문으로 햇살이 들어와 마루에 온기를 입히고 있었다. 모든 게 그대로였다. 백남준은 잠깐 외출한 게 아닐까.

천재 예술가의 공간은 무질서했다. 얼핏 보면 잡동사니 더미처럼 보인다. 마치 며칠 전에 이사를 온 사람이 짐을 풀어서 그룹별로 대강 분류해 놓은 것처럼. 무질서 속에 최소한의 질서를 부여한 모습이라고나 할까. 하긴 창조적인 아이디어는 꽉 짜인 빈틈없는 질서 속에서는 숨을 쉬지 못하는 특성이 있다.

시게코와 마주 앉았다. 나는 그에게 나의 전작 《런던이 사랑한 천재들》을 선물로 건넸다. 그는 책장을 한 장씩 넘겨보더니 《뉴욕이 사랑한 천재들》에 "남준 백 외에 누가 들어간다고 그랬죠?"라고 묻기도 했다. 그는 활달하고 유쾌한 사람이었다. 무릎은 불편했지만 목소리는 쩌렁쩌렁했다.

시게코는 매일 컬럼비아 대학 병원에 다니며 당뇨합병증 치료를 받고 있다고 했다. 그는 《나의 사랑, 백남준》이 영화로 만들어질 것 같다

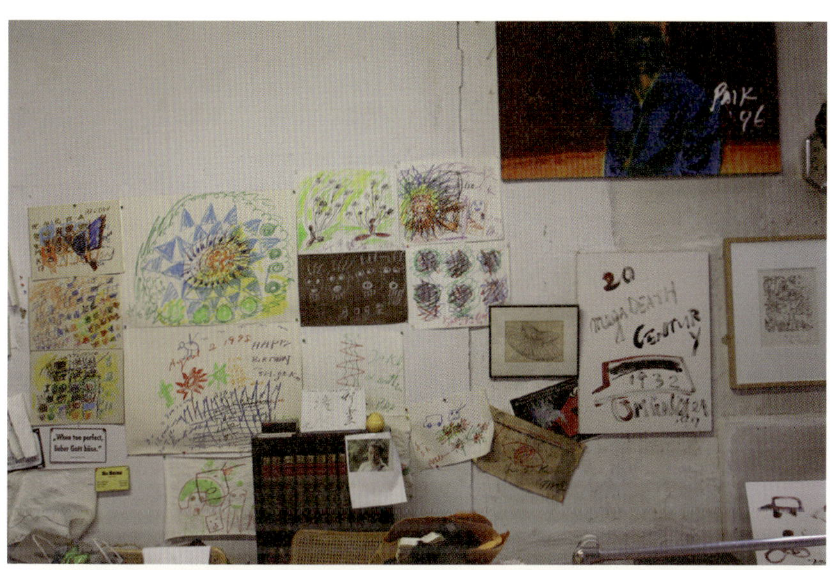

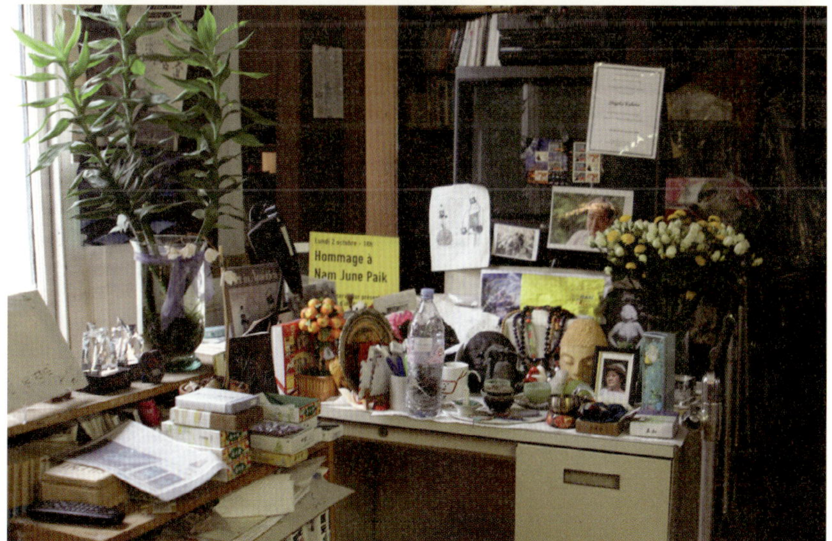

위쪽 백남준의 집 내부 아래쪽 백남준의 책상

는 얘기를 했다. 현재 이야기가 진행 중이라고 했다.

나무 탁자 옆에 있는 비디오 아트 작품에서 쇼가 진행 중이었다. 백남준의 유년 시절, 청년 시절, 장년 시절과 함께 뇌졸중으로 투병 중인 모습이 피아노 연주를 배경음악으로 파노라마처럼 빠르게 흘러가고 있었다. 피아노 연주곡은, 들어본 적이 없었지만 정서적으로 무척 정감이 가는 멜로디였다. 시게코에게 물었다.

"백남준이 열여섯 살 때 작곡한 피아노 음악이죠. 고등학교 시절에 쓴 곡이에요."

시게코는 24시간 백남준을 느끼고 보고 교감하고 있었다. 백남준을 만지지만 못할 뿐. 시게코와 함께 백남준을 화제로 한 시간 이상 이야기를 나눴다. 목소리는 힘이 있었지만 건강이 좋지 않은 그를 붙들고 오래 얘기할 수가 없었다. 그는 불편한 다리로 엘리베이터 앞까지 나와 우리 일행을 배웅했다. 들어올 때는 보지 못했는데, 엘리베이터 정면 벽에는 구겐하임 밀레니엄 전시회 포스터가 붙어 있었다.

시게코와 작별인사를 나누고 머서 가를 다시 걸었다. 추적추적 가을비가 내리고 있었다. 문득 자식이 없는 시게코가 마음에 걸렸다. 혼자서 얼마나 외로울까. 자식이 있다고 부모 옆에 있는 것은 아니지만 자식이라도 있었다면 늘그막에 조금은 덜 외롭지 않을까.

예술과 과학의 만남

세종문화회관 로비에는 백남준의 비디오 아트 〈호랑이는 살아 있다〉 한 쌍이 설치되어 있다. 공연이 있는 날은 이 작품을 작동시킨다. 이 작품에는 싸우는 호랑이가 나온다. 민화 속의 호랑이도 등장한다. 주요 인물은 백남준의 예술과 관련 있는 사람들이다. 홍안(紅顔)의 백

남준도 있고, 노년의 백남준이 피아
노를 치는 모습도 있다. 뇌졸중 이후
오른손으로만 피아노를 치는 광경도
보인다. 백남준이 스케치북에 금강
산, 호랑이 등을 그리는 장면도 있다.
존 케이지가 말하는 장면도 나온
다. 젊은 날의 샬럿 무어맨도 보인다.
머스 커닝엄이 안무를 하기도 한다.
소뗘를 몰고 방북하는 정주영의 모습
도 있다. 장고춤을 추는 여인도 있다.
백남준 뒤로 얼핏 시게코의 모습도
스쳤다. 물론 내가 이름을 모르는 많
은 인물이 등장한다. 판문점도 나오
고 뉴욕도 나온다.

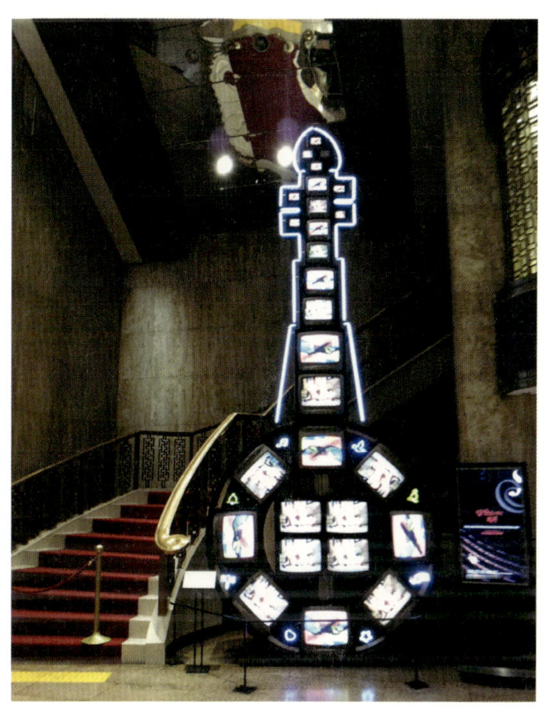

세종문화회관에 설치되
어 있는 〈호랑이는 살아
있다〉

비디오 아트의 향연이 펼쳐질 때마다 경탄한다. 어떤 예술 장르가,
순간으로 끝나는 삶의 참을 수 없는 가벼움에 영원성을 부여할 수 있
단 말인가. 백남준과 케이지와 커닝엄과 무어맨, 그리고 정주영은 비
디오 아트 속에서 영원의 삶을 살고 있다. 백남준이 아니었다면 어떻
게 스틸 사진으로 끝날 수밖에 없는 절정의 순간을 현재진행형으로 만
들 수 있을까. 어떻게 20세기의 다양한 이미지들을 짧은 시간 안에 파
노라마처럼 보여줄 수 있겠는가.

피카소의 그림이 아무리 비싸도 스스로 발화(發話)하진 못한다. 해
석자가 개입되어야 한다. 백남준의 비디오 아트는 스스로를 말한다.
복잡한 해설을 필요로 하지 않는다.

어떻게 이것이 가능했나. 백남준은 과학의 힘을 정확히 예측하고 예찬한 예술가였다. 과학기술을 예술의 영역에 끌어들여, 이질적이고 배타적인 그 둘을 하나로 융합시킨 것이 비디오 아트였다. 백남준 이전에 그 누구도 상상조차 하지 못한 영역이었다.

백남준은 비디오 아트를 통해 현실에 존재하지 않는 '네버랜드'와 '샹그리라'를 구현한 것이다. 비디오 아트로 인간정신의 영원성을 실현한 사람, 그가 백남준이다.

존 케이지,

침묵과 우연의 음악

1912~1992

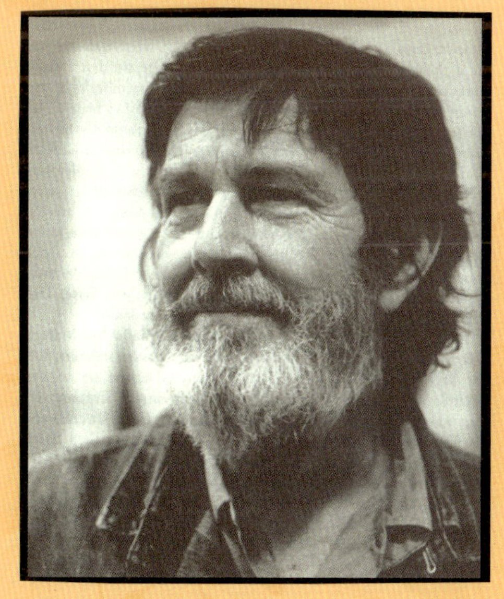

John Cage

텅빈 음악의 충격

1952년 8월 29일, 뉴욕 주 우드스탁의 매버릭 콘서트홀. 뉴욕 맨해튼에서 자동차로 2시간쯤 걸리는 이 콘서트홀에 음악 애호가들이 모여들었다. 콘서트는 예술가 기금 조성을 위한 공연이었다.

무대에 작곡가 겸 피아니스트 데이비드 튜더가 등장했다. 그는 무대 중앙에 놓인 피아노 의자에 앉았다. 튜더는 엉덩이를 살짝 들어 의자를 피아노 쪽으로 당겼다. 이어 피아노 건반 덮개를 열었다. 몇몇 관계자들은 이 공연에 대해 알고 있었지만 관객 대부분은 사전 정보가 전혀 없었다.

건반 덮개를 연 튜더는 두 손을 무릎 위에 올려놓았다. 그리곤 미동도 하지 않고 그대로 있었다. 마치 자기가 연주하러 나온 것을 잊어버린 건망증 환자처럼. 얼마 후 튜더는 건반 덮개를 덮었다. 조금 있다가 튜더는 다시 건반 덮개를 열었다. 그는 이번에도 역시 건반에 손가락 하나 대지 않았다. 다시 덮개를 닫았다. 튜더는 이렇게 덮개를 열고 닫는 동작을 한 번 더했다. 튜더는 의자에서 일어나 무대에서 걸어나갔다. 그렇게 연주는 끝났다. 관객들은 아무런 음악도 듣지 못했다.

이 피아노 곡명은 〈4분 33초〉. 악보에는 '침묵(tacit)'이라는 지시사항이 쓰여 있었다. 튜더는 스톱워치로 1악장, 2악장, 3악장의 시간을 정확히 쟀다. 무대에서는 건반을 열고 닫는 소리만 났다. 물론 무대와 떨어진 객석에서는 이 소리를 들을 수가 없었다.

〈4분 33초〉를 작곡한 음악가는 이렇게 말했다.

"침묵 같은 건 없다. 그들은 듣는 법을 몰랐기에 침묵이라고 생각했지만, 실은 우연적인 소리로 가득 차 있었다. 1악장에는 바람 부는 소리가 바깥에서 들려왔고, 2악장 때는 빗방울이 지붕을 두드렸으며, 3악장에는 청중이 이야기하거나 걸어나가며 온갖 흥미로운 소리를 만들었다."

〈4분 33초〉를 작곡한 음악가는 누구인가? 연주자가 악기를 연주해내는 소리만을 음악으로 알았던 세상 사람들에게 놀랍게도 연주자의 음(音)을 제거해 그 텅빈 공간에 일상의 소리를 채워넣어 음악으로 만든 사람. 텅빈 음악으로 20세기 사람들을 충격에 빠트리며 동시에 열광하게 만든 인물. 현대예술의 메카 뉴욕에서, 마침내 700년 동안 지속된 전통적인 서양음악의 개념을 해체한 혁명가. 바로 존 케이지다.

"루트비히 판 베토벤이 서양 음악사의 전환점이었다면, 미국인 존 케이지는 그 종착점이었다."(니콜라우스 드 팔레지외) "마르셀 뒤샹이 변기 하나로 20세기 미술사를 바꿔놓은 것처럼, 케이지는 침묵과 우연성으로 20세기 음악사를 뒤흔들었다."(김성현)

따돌림과 방황의 시절

존 케이지는 1912년 9월 5일 로스앤젤레스에서 태어났다. 존 케이지는 어린 시절 아버지를 따라 미시건 주의 디트로이트와 앤아버에서 보냈다. 대부분의 중산층 가정의 자녀들처럼 그 역시 바이올린과 피아노를 배웠다. 보이스카웃 활동에서 그는 프로그램에 나와 있는 곡을 연주할 정도였다. 하지만 그는 음악가보다는 할아버지처럼 목사가 되고 싶어했다.

아버지는 발명가였다. 아버지의 영향을 받아 그는 또래 남자애들보다 과학기술에 관심이 많았다. 아버지는 1차 세계대전 당시 잠수함 개발에 뛰어들었다가 파산했다. 이후 항공기 제조회사에서 일하던 중 사고로 한 팔을 쓸 수 없게 되자 하루하루를 한숨과 절망 속에 살았다. 어린 시절 케이지는 부끄러움을 많이 탔다. 이런 내성적인 성격에 아버지의 사업 실패로 인해 그늘이 드리워졌다.

케이지는 학교에서 집단 따돌림을 당했다. 그의 부모는 아들을 남가주 대학(UCLA) 부설 실업계 학교로 전학시켰지만 케이지는 이 학교에서도 똑같이 따돌림을 겪었다. 그를 괴롭힌 것은 학생뿐만이 아니었다. 교사들도 그랬다. 교사들은 책에 빠져 사는 그를 이해하지 못했다. 운동을 싫어하는 아이에게 억지로 운동을 강요하며 닦달했다.

젊은 날, 케이지는 음악 공부를 하면서도 이중적인 태도를 보였다. 피아노 실력이 뛰어났으면서도 자신을 미래의 거장 피아니스트로 여기지 않았다. 그는 자신이 음악적 재능이 부족하다고 솔직하게 털어놓았다. 그는 자신의 저서 《월요일 이후 1년》에서 이렇게 고백했다. "나는 음을 맞출 수 없다. 사실 나는 음악에 재능이 없다."

성격은 내성적이었지만 존 케이지는 매우 뛰어난 학생이었다. 케이지는 퍼모나 칼리지에서 공부를 계속했다. 2학년 말, 그의 반항적 기질이 드러나기 시작했다. 그는 교사가 지정한 도서 목록을 읽는 대신 도서관에서 저자 이름이 'Z'로 시작하는, 가장 먼저 눈에 띄는 책을 골라 읽었다. 반항심에서 시작된 무작위 독서였다. 중요한 사실은, 그럼

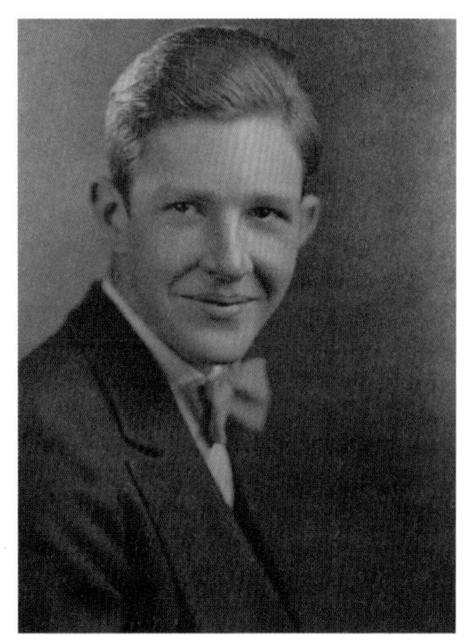

10대 시절의 존 케이지

에도 그가 학년말 시험에서 A학점을 받았다는 점이다. 이것이 우연성의 방법을 사용한 첫 번째 사례로 기록된다. "이렇게 비정상적으로 공부해 시험에 통과할 수 있다면……." 케이지는 이런 제도권 교육 시스템은 잘못된 것이라고 믿었다.

케이지는 퍼모나 칼리지를 중퇴하고 1930년 무작정 유럽으로 떠났다. 청춘에게는 방황할 수 있는 특권이 주어진다. 방황과 고뇌 없이 청춘의 강을 건넌 사람은 인생의 깊이를 모른다. 케이지처럼 음악가의 길을 걷기까지 방황을 많이 한 사람도 드물 것이다.

케이지가 가장 먼저 도착한 곳은 파리였다. 당시 그는 T. S. 엘리엇, 제임스 조이스, 에즈라 파운드에 푹 빠져 있었다. 자연스럽게 작가가 되고 싶다는 마음이 싹텄다. 파리행은 청춘다운 낭만적 선택이었다. 당시 파리는 화가뿐만 아니라 세계의 작가들이 모이는 장소였다.

몽마르트에 가면 누구나 유명 화가가 될 수 있다고 믿는 것처럼 그 역시 파리에 가면 작가가 되는 길이 열릴 줄 알았다. 그만큼 케이지는 낭만적이었고 순수했다. 파리에는 친척은커녕 아는 사람이 한 명도 없었다. 그는 이것저것 닥치는 대로 아르바이트를 해야 했다.

이런 가운데 한 가지 운이 좋았던 것은, 유명 건축가 에르노 골드핑거의 조수로 잠시 일할 수 있었다는 사실이다. 골드핑거는 당시 마르셀 뒤샹을 비롯한 다다이스트들과 긴밀한 관계를 맺고 있었다. 널리 알려진 이야기지만 뒤샹은 남성용 소변기를 전시해 놓고 〈샘물〉이라고 명명해 미술계에 충격을 던졌던 사람이다. 다다이즘 작품들은 훗날 케이지에게 깊은 영향을 미치게 된다. 이후 그는 카프리, 비스크라,

마드리드, 베를린, 이탈리아, 북아프리카 등지로 무전 배낭여행을 계속했다.

스승 쇤베르크와의 만남

1년 6개월의 유럽 여행을 마친 케이지는 1931년 고향 캘리포니아로 돌아왔다. 그는 산타모니카 모텔의 요리사 보조 겸 정원사로 취직했다. 그는 시간이 날 때마다 틈틈이 로스앤젤레스 공립도서관을 찾아 현대예술 관련 책을 읽었다. 그러면서 종종 동네 주부들을 대상으로 모텔 차고에서 현대예술 강좌를 열기도 했다. 비록 이름 없는 젊은 강사였지만 주부들은 존 케이지의 강연에 빠져들었다.

케이지는 이때 리처드 불릭에게 처음으로 전문적인 음악교육을 받았다. 불릭이 쇤베르크의 작품을 연주하는 것을 접하고 케이지는 순식간에 쇤베르크에게 빠져들었다. 쇤베르크는 유럽 음악을 지배하고 있던 조성음악을 버리고 무조(無調)주의의 12음계 음악을 창시한 사람이다. 쇤베르크 자신은 음악의 수도인 빈에서 독학으로 고전주의 음악을 익혔다.

스물한 살 때인 1933년 케이지는 혁명적 작곡가 헨리 코웰의 조언을 받아들여 뉴욕으로 갔다. 케이지는 아돌프 바이스에게 작곡을 배우면서 뉴스쿨(New School)에 등록해 헨리 코웰에게서 동양학과 포크 뮤직을 배웠다. 그리니치 빌리지에 있는 뉴스쿨은 경제학자 케인즈, 철학자 러셀 등 유럽의 망명 학자들이 주요 교수진이었다. 초창기 뉴스쿨은 아방가르드 커리큘럼으로 유명했다.

이 시기, 케이지는 인생에서 가장 고된 나날을 보냈다. 학비를 대주는 사람이 없었기에 모든 것을 스스로 해결해야 했다. 낮에는 브루클

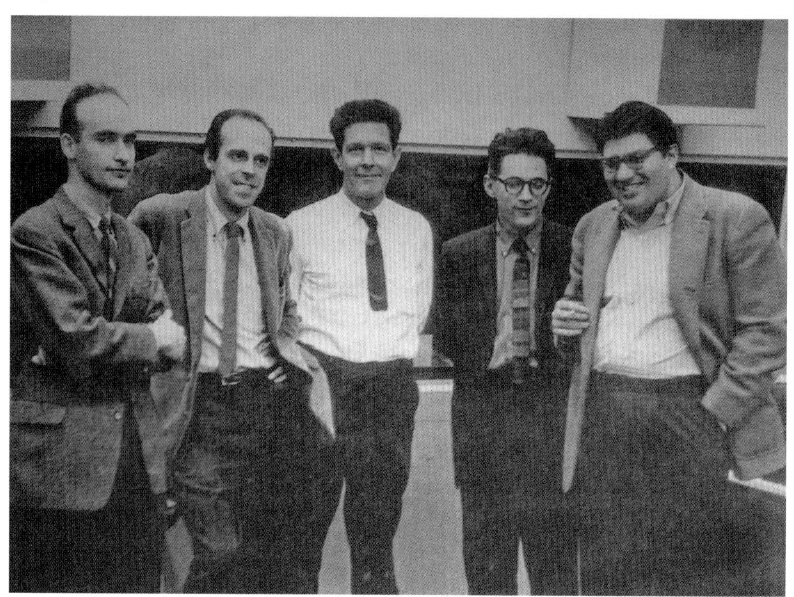

뉴스쿨 시절의
존 케이지(가운데)

린 YWCA 청소원 자리를 얻어 학비와 생활비를 벌었다. 하루 4시간밖에 잠을 못 자는 생활이 계속됐다. 그는 매일 새벽 4시에 일어나 작곡 공부를 했다. 이렇게 노력한 결과 케이지의 작곡 실력은 눈에 띄게 향상되었고, 코웰은 비로소 케이지를 쉰베르크에게 소개했다. 케이지의 작곡 실력이 비로소 쉰베르크에게 보여줄 수준에 이른 것이다.

사람의 운명을 바꿔놓는 것은 사람과 사건이다. 케이지에게 그런 운명처럼 등장한 사람이 쉰베르크였다. 1934년, 독일에서 권력을 잡은 나치당은 쉰베르크의 음악을 퇴폐적 음악으로 규정했다. 유대인 쉰베르크는 빈에서 음악활동을 할 수가 없었다. 쉰베르크는 UCLA 대학이 교수직을 제안하자 미국으로 망명했다.

케이지는 코웰의 조언에 따라 다시 캘리포니아로 돌아가 쉰베르크를 만나게 된다. 케이지는 2년간 쉰베르크로부터 대위법, 화성법, 그리고 분석법을 배운다. 쉰베르크는, 케이지가 수강료를 낼 수 없는 딱

한 처지라는 사실을 알고는 돈을 받지 않고 제자로 받아들였다. 대신 케이지는 쇤베르크에게 음악에 일생을 바치기로 맹세했다. 당시 음악계는 스트라빈스키 파와 쇤베르크 파로 양분되어 있었다. 훗날 케이지는 자신이 쇤베르크를 스승으로 선택한 이유에 대해 이렇게 말했다.

"나는 쇤베르크를 숭배했다. 내가 쇤베르크 밑에서 공부한 단 한 가지 이유는 그가 말하는 것과 가르치는 것은 무엇이든 믿었기 때문이다."

쇤베르크는 괴팍한 선생이었다. 제자들에게 끝없이 독설을 퍼붓고 당황하게 만들며 자극을 주었다. 이를테면 이런 식이었다. "내가 너희들을 가르치는 목적은 너희들이 작곡을 그만두게 하기 위해서다."

뉴스쿨

그때마다 케이지는 속으로 반발했다. 반드시 작곡으로 인정을 받겠노라고. 대가인 쇤베르크는 케이지가 화성학(和聲學)에 재능을 타고나지 않았다는 사실을 알았다. 구성주의 작곡을 하려면 화성학적 감각은 필수였다. 케이지가 타악기 곡을 연주할 때 쇤베르크는 언제나 똑같은 이유로 참석할 수 없다고 했다. 쇤베르크는 일부러 케이지에게 야박하게 대했던 것이다. 훗날 케이지는 《뉴욕타임스》와의 인터뷰에서 쇤베르크에 대해 이렇게 회상했다.

"쇤베르크는 놀라운 사람이다. 그는 제자들을 전혀 편하게 하지 않

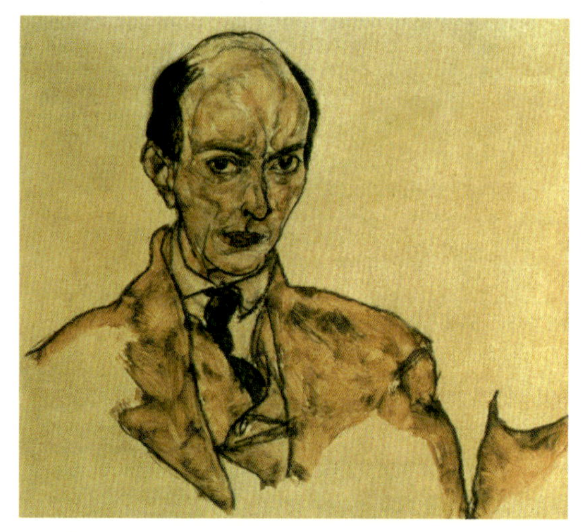

았다. 우리들이 대위법을 쓰는 규칙을 따르면 그는 말하곤 했다. '왜 너희들은 조금의 자유로움도 구사하지 않느냐?' 우리들이 자유로움을 추구하면 그는 '규칙을 모르고 있는 것이냐?'라고 말하곤 했다."

아르놀트 쇤베르크.
에곤 실레의 그림

예술 유목민의 뉴욕 정착

작곡가로서의 성공 가능성에 대해 자신감을 잃어가던 어느 날 케이지는 여성 피아니스트 그레테 줄탄을 알게 된다. 줄탄은 작은 갤러리를 소유하고 있었는데, 케이지는 그 갤러리에서 줄탄의 위탁을 받은 미술품을 판매하기도 했다. 어느 날 갤러리에 크세니아 카세바로프라는 러시아계 여성이 나타났다. 케이지는 카세바로프에게 첫눈에 반했고, 다음날 첫 데이트에서 그녀에게 청혼했다. 두 사람의 결혼생활은 10년간 지속되었다(1945년 이혼했다).

1937년 케이지는 시애틀로 갔다. 시애틀에서 그는 코니쉬 예술학교의 보니 베어드 댄스교실에 작곡가 겸 반주자로 합류했다. 평생의 동지가 되는 현대무용의 거장 머스 커닝엄을 만난 것도 이때였다. 시애틀 시절 그는 진기한 도구를 모아 타악기 밴드를 결성해 연주여행을 떠나기도 했다.

1938년 케이지는 다시 캘리포니아로 돌아와 밀스 컬리지의 교수진에 합류했다. 케이지가 쓴 작품들은 여전히 전통적인 범주를 벗어나지 못했다.

이 무렵 케이지는 새로운 영역을 개척하기 시작했다. 1939년에 작

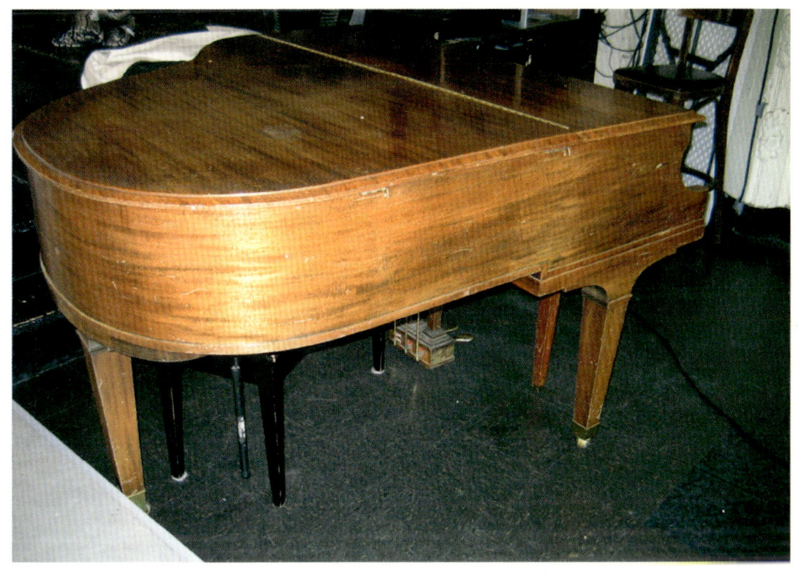

곡하 〈상상의 풍경 1〉은 다양한 속도의 턴테이블, 소리 안 내는 피아노, 심발을 사용했다. 1940년 케이지는 피아노 현 사이에 나사, 볼트, 고무, 털실 등을 끼워 음색과 음정을 왜곡하고 굴절시키면서 타악기 효과까지 내는, 조작된 피아노를 발명했다. 케이지는 조작된 피아노를 위한 곡 〈바카네일〉을 썼다.

1942년 케이지는 뉴욕으로 다시 돌아왔고, 이후 죽을 때까지 뉴욕을 떠나지 않았다. 트로이전쟁에서 승리한 오디세우스가 이타카 섬으로 돌아가는 데에는 10년이라는 방랑이 필요했다. '예술 유목민' 케이지가 현대예술의 용광로인 뉴욕에 정착하기까지 12년이 걸렸다.

스무 살 이후 그가 살아본 도시를 살펴보자. 파리, 마드리드, 베를린, 뉴욕, 시애틀, 시카고, 앤아버, 샌프란시스코 등. 케이지는 뉴욕에서 퍼커션 그룹을 결성했고 1943년 2월, 뉴욕현대미술관에서 첫 번째 뉴욕 공연을 열었다. 이 콘서트는 평론가들의 큰 관심을 끌었다. 꽃병, 워낭소리, 진동자 등으로 구성된 케이지의 절충주의적 악기 조합에 평론가 노엘 스트라우스는 《뉴욕타임스》와의 인터뷰에서 이렇게 혹평했다. "그의 음악은 어린애들이 양은냄비를 두드리며 노는 소리나 주방 기구를 두드릴 때 나는 의미 없는 소리와 눈곱만큼도 다르지 않다."

〈난타〉는 송승환이 1997년에 제작해 성공한 공연이다. 〈난타〉는 이미 브로드웨이에서 호평을 받은, 한국의 대표 공연 브랜드가 된 지 오래다. 〈난타〉는 결혼식 날 주방에서 벌어지는 해프닝을 기본 줄거리로 한다. 당연히 전통적인 악기는 하나도 등장하지 않는다. 냄비, 도마, 쓰레기통, 프라이팬 등 주방 기구들이 소리를 내는 주체로 나온다. 하지만 지금 우리는 이 소리들을 의미 없는 소리로 여기지 않는다. 〈난타〉를 생각해 보면 존 케이지가 얼마나 시대를 앞선 음악가였는지가 쉽게 설명된다.

생각했던 길이 막히면 전혀 다른 쪽에서 새로운 길이 열린다. 그것이 인생의 법칙이다. 우연히 케이지는 영화음악 감독 조수로 추천되었고, 그 덕분에 영화 분야 인사들과 만나게 된다. 영화 제작자 오스카 피싱거는 그에게 새로운 음악세계의 창문을 활짝 열어주었다. 오스카 피싱거는 케이지에게 "세상 모든 것이 정신을 가지고 있고, 우리는 그 정신의 소리를 들을 수 있다"고 말했다. 이 말로 인해 케이지는 비로소 자신 앞에 놓인 장벽을 뛰어넘을 수 있다는 자신감을 얻게 되었다.

케이지에게 또 한 명의 은인이 나타났다. 화가 마크 토비였다. 마크 토비는 "모든 것을 선입견 없이, 다른 것과 비교하지 말고 바라보라"고 조언했다. 케이지는 알듯 모를 듯한 이 말을 마음속에 담아두었다. 그러던 비오는 어느 날 뉴욕의 거리를 걷다가 어느 장면에 그는 충격

을 받았다. 신호등 옆에 서서 보행자 신호가 들어오기를 기다리던 그
는 비에 젖은 아스팔트를 바라보다가 소스라치게 놀랐다. 비오는 날,
신호등이 서 있는 거리의 풍경이 너무나 예술적이라는 사실을 깨달았
던 것이다.

커닝엄과의 운명적 만남

케이지는 1946년 먼로 가(街) 326번지에 작은 아파트를 샀다. 비로
소 뉴욕에 자신만의 보금자리를 마련한 것이다. 이즈음 케이지는 머
스 커닝엄과 재회했다. 커닝엄은 이미 마사 그레이엄 문하에서 6년간
춤을 배운 뒤였다. 두 사람은 똑같이 지독하게 가난했지만 열정만큼
은 누구보다도 뜨거웠다.

두 사람은 첫 번째 공동 작업을 했다. 작품명은 〈미국의 크레도
(Credo in USA)〉. 1947년 케이지는 '뉴욕 발레 소사이어티'로부터 위촉

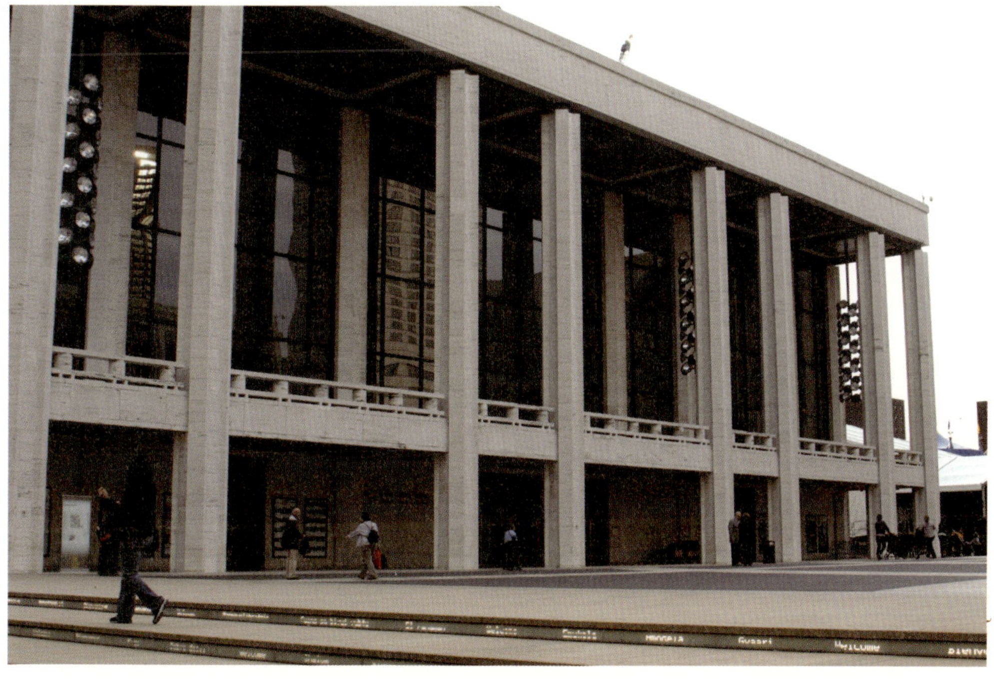

뉴욕 발레 소사이어티.
링컨 센터 안에 있다.

을 받아 커닝엄의 안무로 발표한 〈계절〉을 작곡했다. 뉴욕 발레 소사이어티는 조지 발란신이 창립한 발레단. 1948년 뉴욕시립발레단으로 이름을 바꿨고 해외 순회공연으로 명성을 쌓아갔다. 링컨센터 내에 발레 전용극장이 있다. 〈계절〉은 인도 철학의 영향을 받은 작품으로, 그가 동양 철학에 대한 관심이 높아지고 있다는 사실을 보여준다. 이 작품은 전통적인 교향악단용으로 작곡된 곡이었다.

동양철학에 대한 케이지의 관심은 1945년 무렵으로 거슬러 올라간다. 케이지는 컬럼비아 대학에서 일본인 선불교 학자 스즈키 다이세츠(Suzuki Daisetz's)의 선불교 강좌를 들었다. 당연한 이야기지만 선불교에 대한 관심은 그의 작품에 심오하고 지속적인 영향을 미쳤다. 〈계절〉에서 그는 인도인의 관점에서 침잠(겨울), 창조(봄), 보존(여름), 쇠락(가을)을 표현하고자 시도했다.

머스 커닝엄은 케이지의 음악 인생에서 가장 중요한 사람이다. 커닝엄에게 무용단을 만들라고 권유한 사람도 케이지였다. 커닝엄은 1953년 자신의 이름을 딴 무용단을 만들었다. 케이지는 커닝엄 무용단이 창단된 이후 작곡가와 음악감독으로 커닝엄과 함께 순회공연을 하게 된다.

1970년부터 1992년 눈을 감을 때까지 케이지와 머스 커닝엄은 함께 살았다. 케이지는 양성애자였다. 정확히 말하면 이성애자에서 아주 자연스럽게 동성애자로 바뀐 케이스라고 해야 할까.

케이지는 사실 예술계 여성들에게 인기가 많은 남자였다. 그는 1954년 여름 맨해튼을 떠나 뉴욕 주의 스토니 포인트로 이주했다. 스토니 포인트에는 히피들의 공동체가 있었다. 헝가리 출신의 한 여성 미술가가 케이지가 게이인 줄도 모르고 쫓아다니다 결국 스토니 포인트의 히피 공동체에까지 들어오게 되었다. 이 여성은 결국 히피 공동체에 사는 영국 수학자와 결혼했다.

20세기 무용계는 머스 커닝엄을 빼놓고는 이야기할 수 없다. 커닝엄은 무용계의 전설인 마사 그레이엄 문하에서 무용의 기본기를 다졌다. 그는 현대무용에 우연성과 즉흥성을 접목시켰다. '우연성과 즉흥성'은 다른 장르에의 개방과 융합을 의미한다.

커닝엄은 케이지 외에도 추상표현주의 화가 프란츠 클라인, 윌렘 드 쿠닝 같은 예술가들과도 공동작업을 즐기곤 했다. 무용은 음악, 미술, 디자인 등 다른 예술 장르와의 협력이 필수적이다.

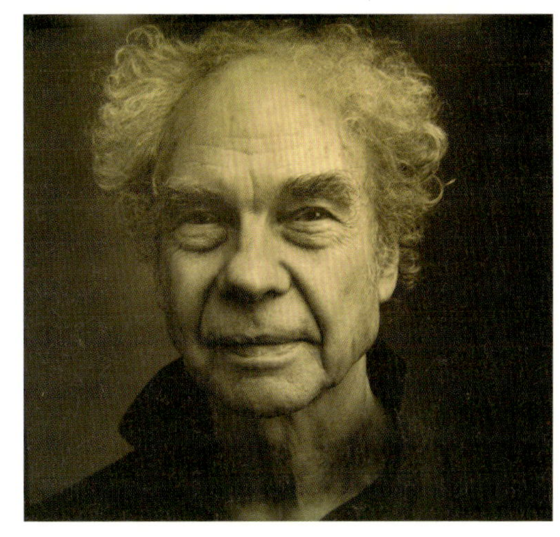

머스 커닝엄

커닝엄은 과거의 무용가들과 달랐다. 그는 음악이나 미술을 무용의 보조적 장치로 간주하지 않았다. 백남준과도 45년 동안 우정을 나누며 공동작품을 발표했다. 이런 인연으로 커닝엄은 생전에 두 번 한국을 찾았다. 1984년에 케이지와 함께 한국을 방문했고, 2004년에는 음울하고 서늘한 사운드로 유명한 록밴드 '라디오헤드'와 함께 내한 공연을 가졌다.

커닝엄과 케이지의 한국 공연 중 일부를 DVD로 감상했다. 나는 춤에 관해 문외한이나 다름없지만 한 가지는 분명하게 느꼈다. 어떻게 사람의 몸짓에 음악이 저렇게 완벽하게 합일(合一)할 수 있을까. 마치 케이지의 음악에 맞춰 커닝엄이 안무를 창조해 낸 것 같았다. 호흡이 맞는다고 말하는 것은 바로 케이지와 커닝엄의 관계를 두고 하는 말 같았다.

선불교와 《주역》의 영향

　선불교에서 촉발된 동양사상에 대한 케이지의 관심은 자연스럽게 《주역》과 인도 음악에 대한 관심으로 그 영역이 확장되었다. 작품에서 우연성을 중시하게 된 것도 동양사상에 대한 연구와 맥락을 같이한다.

　케이지는 1948년 〈조작된 피아노를 위한 소나타와 간주곡〉을 썼다. 이 작품과 관련, 케이지는 "영웅적인 것, 애욕, 놀라움, 명랑함, 슬픔, 두려움, 노여움, 증오와 이들 모두가 공통으로 지향하는 평온함까지, 인도 전통의 '영구한 감정'을 표현하려 했다"고 말했다. 《케이지와의 대화》의 저자 리처드 코스텔라네츠는 〈조작된 피아노〉에 대해 이런 평가를 했다. "건반이라는 맥락에 리듬과 조성적 범위를 확장시켰다는 점에서 〈조작된 피아노〉는 전자 피아노의 선구적 전조였다."

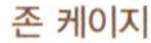

존 케이지

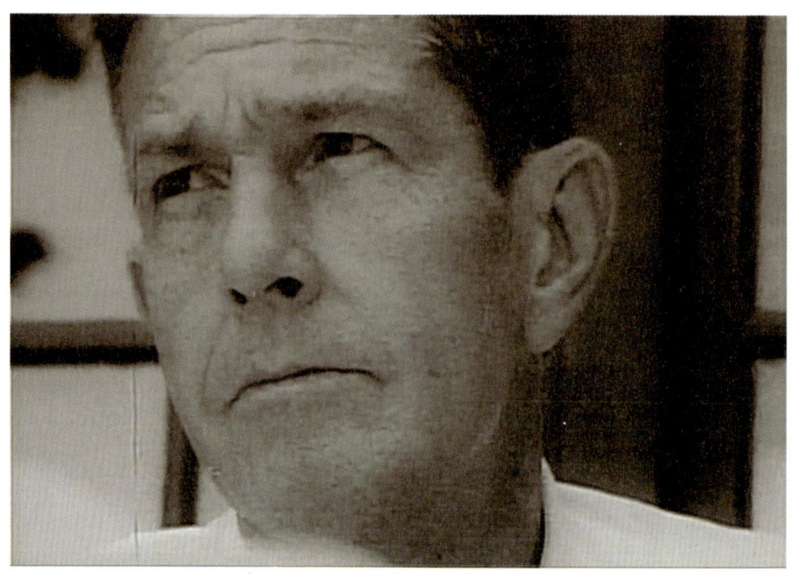

천재는 결코 홀로 성장하지 못한다. 천재는 다른 천재와의 만남을 통해 자극과 영감을 주고받는다. 20세기 중반의 뉴욕은 세계의 그 어떤 도시보다도 많은 예술적 천재들을 품고 있었다. 케이지는 1949년 로버트 라우센버그라는 작가를 알게 된다. 라우센버그는 당시 독특한 표현법으로 팝아트를 이끌던 화가 중 한 명이었다. 라우센버그는 작품에서 색(컬러)을 배제하려고 노력했고, 그 결과 그의 작품은 흑과 백으로만 이뤄졌다. 라우센버그는 아무것도 그려지지 않은 캔버스를 전시하기도 했다. 그는 흰 캔버스가 결코 텅빈 공간이 아니며 '공기의 거울'이 될 수 있음을 강조했다. 케이지는 침묵의 흰 캔버스를 보고 어떤 영감을 얻었다.

1950년은 케이지의 사상적 편력에서 매우 중요한 해로 기록된다. 머스 커닝엄과 유럽 여행에서 돌아온 이후 케이지는 우연히 《주역》을 접하게 된다. 케이지의 회고를 직접 들이보자.

"어느 날 크리스티안 볼프가 작곡을 배우고 싶다며 나를 찾아왔다. 그는 상당한 실력을 갖춘 사람이었다. 그가 내게 배운 것보다 내가 그에게 배운 것이 더 많았다. 그는 수업료를 낼 필요가 없었다. 그의 아버지는 독일에서 미국으로 망명해 와 출판사를 차린 출판인이었다. 크리스티안은 감사의 표시로 자기 아버지가 펴낸 책 몇 권을 선물했다. 그 중에 《주역》이 있었다. 《주역》에 나오는 표를 보았을 때 나는 바로 마방진과 비슷하다고 생각했다. 아니, 마방진보다 더 나아 보였다. 그 순간부터 《주역》은 내 머릿속을 떠나지 않았다. 나는 실제로 원고를 쓰거나 작곡을 할 때, 모든 것에 그 표를 자주 이용했다."

케이지는 《주역》을 읽다가 중국의 승려이자 여행가인 의정(義淨, I Ching)을 알게 된다. 케이지는 주역의 원리를 통해 '우연 프로세스'를 터득했다. 삶이 동전을 던지는 우연에 의해 지배를 받게 된다면 왜 작곡은 그렇게 할 수 없는가, 라고 케이지는 의문을 품었다. 결국 '우연적'인 작곡의 개념에 눈을 뜨게 된다.

케이지의 예술철학은 동양사상의 종합이라고 할 수 있다. 그에게는 많은 동양의 스승들이 있었다. 인도철학가 지타 사라바이는 케이지를 힌두교의 세계로 이끌었다.

케이지의 초기 작품 중에서 《주역》의 우연성 원리를 도입한 작품이 피아노를 위한 〈역(易)의 음악〉(1951)이다. 작곡 과정에서 동전 던지기에 따라 음악적 진행을 결정했다. 평론가 폴 그리피스는 〈역의 음악〉과 관련, "음악을 악보로부터 해방시켜 완전히 우연성에 의한 작품에 이르는 길은 거기서 불과 몇 걸음밖에 떨어져 있지 않았다"고 평가했다. 〈상상의 풍경 4〉(1951)는 또다른 방법으로 우연적 과정을 시험한 작품이다. 12개의 라디오 앞에 24명의 연주자가 자리잡고 있는 상황에서 한 사람은 주파수를 변화시키고, 다른 한 사람은 음량을 조절했다. 청중들은 연주 중에 라디오에서 흘러나오는 드라마, 스포츠중계, 실황음악, 뉴스를 우연적으로 들으며 '여러 단편적인 음향의 종합'을 감상했다.

우드스탁 세대의 등장

〈4분 33초〉가 연주된 우드스탁의 매버릭 콘서트홀을 찾아가 보자. 뉴욕 맨해튼에서 87번 고속도로를 탔다. 1시간쯤 지나 28번 도로로 들어서자 뉴욕 주의 한적한 시골 풍경이 뒷걸음질 친다.

나는 우드스탁을 존 케이지가 아닌 1969년의 우드스탁 록페스티벌로 먼저 알았다. 우드스탁 록페스티벌은 반전(反戰)과 인권과 반문화의 상징이다. 우드스탁 록페스티벌의 메시지가 태평양을 건너 한국에

도 상륙했다. 우드스탁은 1970년대 장발, 미
니스커트, 청바지, 통기타로 상징되는 청년
문화의 맹아가 되지 않았던가.

우드스탁의 한 농장에서 3일 동안 열린
록음악 축제를 즐기려 50만 명의 젊은이들
이 몰려들었다. 그레이트풀 데스, 지미 헨드
릭스, 재니스 조플린과 같은 로커들이 무대
에 등장했다. 이들은 무대에서 웃통을 벗고
미친 듯 연주했다. 록밴드가 만들어내는 강
렬한 비트가 광활한 농장에 모인 청춘들을
열광시켰다.

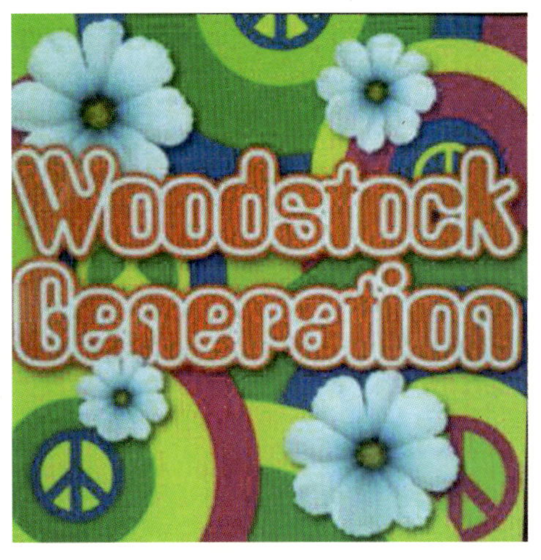

스콧 맥켄지의 샌프란시
스코 앨범 재킷

이때 모습을 담은 흑백 동영상을 보면 입이 다물어지지 않는다. 50
만 명은, 마치 월드컵 때 거리응원을 나온 사람들처럼 빼곡히 어깨
를 맞대고 공연을 즐겼다. 모두들 자유와 해방의 분위기에 취했다. 록
의 비트에 취하고 마리화나에 취한 청년들은 거리낄 게 없었다. 여자
들은 브래지어를 풀어 불에 태웠다. 아무렇게나 풀어헤친 긴 머리, 천
연 염료를 사용한 티셔츠, 청바지와 미니스커트, 그리고 맨발. 전쟁을
반대하고(플라워 피플), 인권을 존중하고(블랙 팬더), 기성 문화를 거부
하며 자연으로 돌아가자(히피)고 주장한 젊은이들.

이들은 2차 대전 후 경제적 풍요를 바탕으로 미국 사회에 형성된 엄
격한 청교도 윤리와 위선적 삶을 거부했다. 우드스탁 록페스티벌 이
후 처음 만난 미국 젊은이들 사이에는 다음과 같은 인사말이 유행했
다. "당신은 우드스탁에 갔었나요?" 이는 우드스탁 페스티벌의 반전
과 인권 메시지에 동의하느냐는 암구호였다.

한국인이 좋아하는 올드 팝 중에 〈샌프란시스코〉가 있다. 스콧 맥

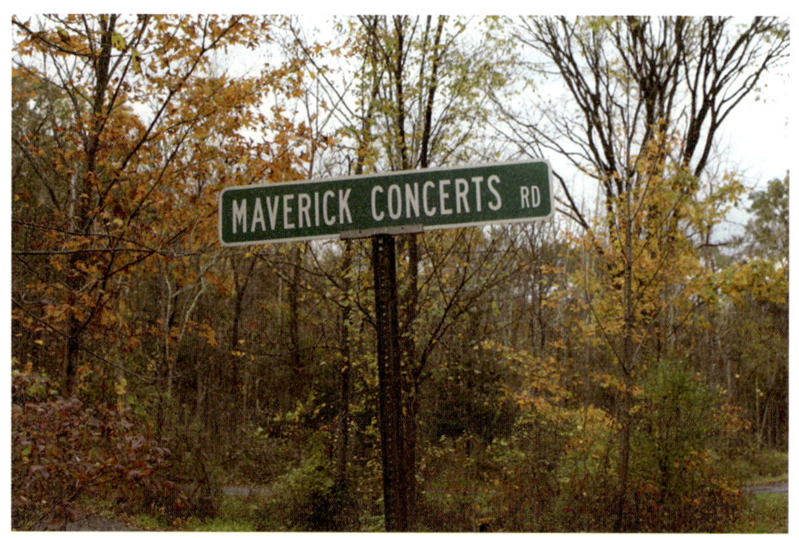

매버릭 콘서트홀 이정표

켄지가 1967년에 발표한 노래로, 밴드 '마마스 앤 파파스'의 존 필립스가 작사·작곡했다. "샌프란시스코에 가면 / 잊지 말고 머리에 꽃을 꽂으세요 / 샌프란시스코에 가면 / 평화를 사랑하는 이들을 만나게 될 거예요 / 샌프란시스코에 오시는 이들을 위해 / 여름철의 러브 인(love in) 모임이 있어요 / 샌프란시스코 거리에서는 / 평화를 사랑하는 이들이 머리에 꽃을 달아요 / 신기한 설렘은 온나라에 가득하고/ 사람들이 움직이고 있어요 / 새로운 생각을 가진 / 새로운 세대가 탄생했어요 / 사람들이 움직여요 / 사람들이 움직여요."

샌프란시스코는 반문화운동과 반전운동의 발상지다. '러브 인(love in)'은 히피들의 모임을 뜻한다. 샌프란시스코에서 지펴진 반전·평화의 불길이 〈샌프란시스코〉로 인해 시골 농장에서 폭발한 것이 우드스탁 페스티벌이었다. 〈샌프란시스코〉를 부르며 우드스탁 페스티벌 이야기를 하는 사람을 '우드스탁 세대'라고 부른다.

버스가 40여 분을 달리자 '우드스탁'이라는 이정표가 보였다. 얼스

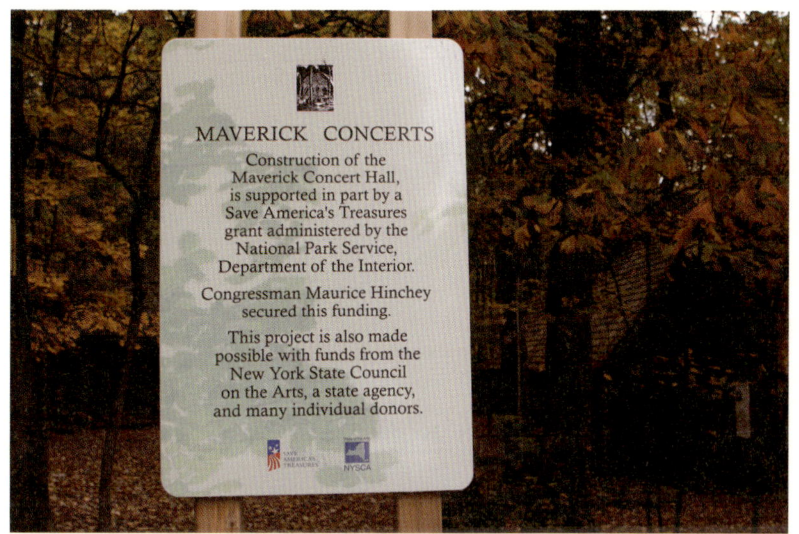

매버릭 콘서트홀 안내문

터 타운을 지나니 매버릭 로의 표지판이 보였다. 자동차 두 대가 겨우 비켜갈 만한 이진 길이 나타난다. 마주 오는 차도 거의 없었다. 매버릭 로는 뱀처럼 구불구불 이어졌다. 이 길을 달리면서 과연 이런 시골에서 역사적인 공연이 치러졌을까, 왜 케이지는 이렇게 깊은 산중에서 콘서트를 하기로 기획했을까, 하는 의문이 연쇄반응을 일으켰다.

뮤즈 로가 나타났다. 제대로 왔구나. 마음이 놓였다. 곧이어 '매버릭 콘서트 로드'라는 작은 표지판이, 길이 도저히 있을 것 같지 않아 보이는 숲속을 가리켰다. 낙엽이 마치 카펫처럼 도로 위를 뒤덮고 있었다. 몇 미터 안으로 들어가자 빈 공터가 나타났다. 그리고 20~30미터 높이의 나무숲에 가려진 목조건물이 보였다. 주차장으로 쓰이는 빈 공터에서 보니 공연장은 숲으로 은폐되어, 언뜻 숲인지 구조물인지 구분이 되지 않았다.

매버릭 콘서트홀은 공연장이라기보다는 수도원에 가까웠다. 어떻게 보면 창고 같기도 하고. 입간판이 보였다. 세이브 아메리카스 트레

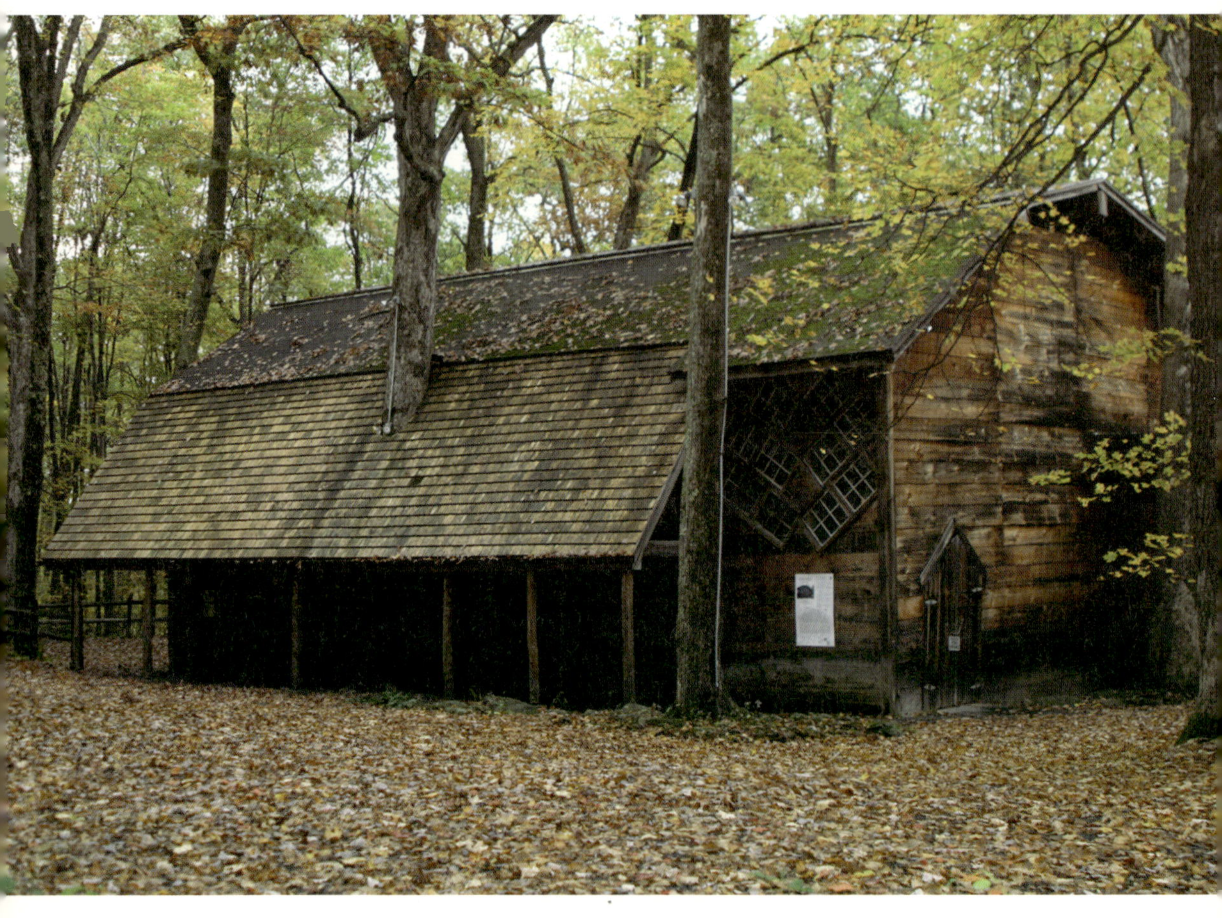

매버릭 콘서트홀

저(Save America's treasure)와 뉴욕 주에서 관리하고 있다는 내용이었다. 내가 갔을 때는 관리자도 없고 문이 닫혀 있어 안에 들어가볼 수 없었다. 구조물 지붕에는 낙엽이 쌓여 있었다. 공연장은 인공구조물이긴 했지만 자연에 조금도 해롭지 않게 완벽하게 동화되고 있었다.

그날 밤, 이 콘서트홀에는 전위예술 애호가와 지역 음악 마니아들로 가득 차 있었다. 프로그램의 첫 번째 레퍼토리는 '물의 음악(Water Music)'. 존 케이지가 얼마 전에 뉴욕에서 공연한 작품이었다. 청중들은 당혹했다. 튜더의 퍼포먼스는 마치 아무렇게나 하는 것처럼 보였다. 오리피리 소리, 라디오 주파수 맞추기, 카드 섞고 나눠주기. 청중의 반응이 가라앉자 튜더는 피아노 앞에 앉아 케이지의 18살 학생 크리스티안 월프와 케이지의 친구인 모튼 펠드만이 쓴 곡들을 연주했다. 프로그램의 끝에서 두 번째가 케이지의 최신작 〈4분 33초〉였다.

〈4분 33초〉에 담긴 유일한 소리는 자연발생적인 것이었다. 구조물은 연주자와 관객에게 비바람을 막는 최소한의 역할에 그치고 있었다. 구조물은 인간을 자연으로부터 차단하거나 격리하지 않았다. 자세히 보면 나무를 그대로 둔 채 건물을 지었다. 마치 나무가 지붕을 뚫고 나온 것 같다. 자연의 일부인 나무 하나조차도 훼손하지 않은 것이다. 〈4분 33초〉가 바로 이런 환경에서 초연되었다는 게 참으로 절묘하다.

사실상 객석의 관객은 자연에 그대로 노출된 것이나 마찬가지였다. 단풍나무 잎사귀가 바람에 흔들리는 소리, 살짝 잔기침 하는 소리, 일부 관객들이 당황해 웅성거리는 소리 등. 이런 소리들은 작곡가가 의도하지 않은 소리였다. 우연히 혹은 자연발생적으로 나는 음이었다. 케이지 이전까지 '소음'으로 간주되었던 일상의 소리들이 당당하게 무대 위에서 음악으로 대접받는 순간이었다.

그날 이 공연장에서 작은 소요가 발생했다. 당혹한 관객들은 웅성거렸고 거칠게 반응했다. 우드스탁에 사는 한 예술가는 결연히 일어서서 외쳤다. "우드스탁의 선한 사람들이여, 지금 이 사람들을 당장 마을에서 내쫓아버리자."

21세기를 사는 우리는 담담하게 〈4분 33초〉를 얘기하지만 〈4분 33초〉는 당시 미국 사회를 뒤흔든 일대 사건이었다. 케이지에게 박수를 치는 사람도 있었지만 타매(唾罵)하는 목소리가 훨씬 많았다. 그러나 찬사뿐만 아니라 악평도 유명세의 일종. 논란이 거듭될수록 그를 필요로 하는 수요도 증대되었다. 강사, 공연자로 케이지는 인기 초청자가 된다. 케이지는 튜더와 함께 유럽과 일본을 여행했고, 머스 커닝엄 무용단과 함께 수많은 투어를 함께 했다. 독일의 다름슈타트에서는 학생들에게 실험음악을 가르쳤다. 이때 스물여섯 살의 백남준과 처음 만났고, 두 사람은 평생 동안 예술적 동지가 된다.

지금 우리는 존 케이지의 〈4분 33초〉를 비롯한 그의 작품들을 아무렇지도 않게 감상한다. 유튜브에 들어가 보면 여러 음악가들이 공연한 〈4분 33초〉가 여러 편이 올라와 있다. 하지만 1950~60년대에 케이지의 음악이론과 작곡이론은 항상 논란을 불러왔다. 전통주의자들은 그를 까불어대는 사람, 사기꾼, 무정부주의자 등으로 폄훼했다. 1964년 링컨센터 내 에이버리홀에서 뉴욕필이 〈겨울〉을 공연했을 때였다. 청중의 3분의 1이 자리에서 일어나 나갔고, 심지어 오케스트라의 일부 단원조차도 작곡가인 케이지를 비난했다.

"나는 할 필요가 있다고 느끼는 것을 한다. 나의 필요는 창조의 느낌으로부터 나온다. 나는 내가 이미 아는 것을 다시 반복하려 하지 않는다."

버섯 채집 취미

　사람은 생업 외에 무언가 하나쯤에 빠지려는 본능이 있다. 무엇이든 몰입하는 것이 없으면 밥벌이의 지겨움을 견디기 어렵다. 평생을 진료실에 갇혀 사는 의사들이 여가시간에 과격한 취미활동을 갖는 것도 진료실의 스트레스를 떨쳐내기 위한 자기방어 수단이다.

　케이지의 평생의 취미는 버섯 채집이었다. 케이지는 균류(菌類)에 빠졌고, 취미를 넘어 '뉴욕 균류학회'를 창립하기까지 했다. 그는 버섯에 대한 지식을 자랑하기를 좋아했다. 1958년 이탈리아 텔레비전의 퀴즈프로그램에 출연해서 버섯에 관한 문제를 5주 연속 맞춰 상금으로 6,000달러를 받기도 했다. 뉴욕에 있는 뉴스쿨에서 버섯의 정체성에 관한 강의를 하기도 했다.

　1950년대 맨해튼 북서쪽 '스토니 포인트'에 히피 공동체가 조성되었다. 히피 코뮨은 존 케이지의 후원자인 건축가 안드레 윌리엄이 자신이 소유하고 있던 산에 집을 지어 만든 곳이다. 백남준의 아내 구보다 시게코가 첫 번째 남편인 데이비드 베어먼과 함께 히피 공동체에서 결혼해 한동안 살았다. 케이지 역시 이곳에 살고 있었다. 시게코는 케이지를 가까이서 볼 수 있었다. 시게코는 케이지의 버섯 따기 취미에 대해 《나의 사랑, 백남준》에서 이렇게 썼다.

　"케이지는 근처 산에서 버섯을 따다 공동체 식구들에게 버섯수프를 끓여주곤 했다. 버섯에 대한 케이지의 사랑은 유달라 그의 작품

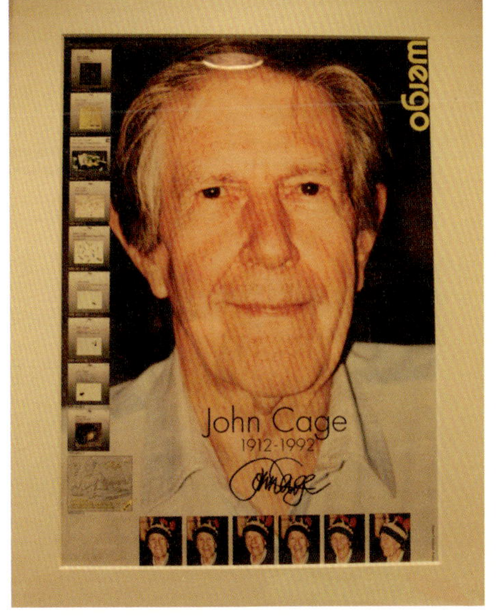

존 케이지

속에도 버섯이 자주 등장할 정도였다. 케이지가 스토니 포인트에 히피 공동체를 만든 것도 이 지역에서 버섯이 많이 자라기 때문이었다."

〈4분 33초〉의 후속곡은 1965년에 나온 〈0분 00초〉이다. 일본 여행에서 영감을 얻어 작곡한 곡으로, 선불교의 스승 스즈키와 재회한 후 〈0분 00초〉를 썼다. 이 곡의 부제는 〈4분 33초의 제2번〉이었다. 케이지는 이 작품을 제자인 이치야나기 토시와 그의 아내 오노 요코에게 헌정했다.

〈0분 00초〉의 무대에는 여러 대의 스피커가 연주회장에 설치되었다. 이 스피커를 통해서 비명소리, 침 삼키는 소리, 찰각거리는 소리 등이 증폭되어 나왔다. 케이지가 객석 2층에 앉아 타자기로 편지를 쓰고 물을 마시고 의자를 삐걱거리는 소리였다. 작곡가는 악보에 "주어진 조건들을 최대한 증폭시켜 훈련된 행위를 공연한다"고 적어놓았다.

케이지는 작곡가로 이름을 날렸지만 저자로서도 그 못지않은 명성을 얻었다. 1961년 코네티컷 주에 있는 웨슬리언 대학 출판부는 케이지의 강연과 기고문을 묶어 《침묵(Silence)》을 출판했다. 《침묵》은 케이지의 첫 번째 책이었다. 그는 이후 다섯 권의 책을 더 썼다. 물론 지금까지 케이지의 저서 중 가장 널리 읽히고 영향을 끼치는 책은 《침묵》이다.

〈4분 33초〉 이후 우리가 기억해야 하는 케이지의 피아노곡은 〈값싼 모방(Cheap Imitation)〉이다. 흔히 '마르셀 뒤샹에 대한 찬가'로 불리는 이 곡은 케이지가 처음부터 끝까지 악보에 기록한 첫 작품이다. 프랑스 다다이즘 작곡가 에릭 사티의 〈소크라테〉에서 영감을 얻었다. 그래서 제목도 〈값싼 모방〉이라고 붙였다.

총체적으로 보면, 〈값싼 모방〉은 케이지의 음악에서 중대한 변화로 기록된다. 케이지는 이후 전통적인 악기를 위한 곡들을 써냈다. 〈값싼 모방〉은 작곡가이자 연주자인 케이지가 마지막으로 대중 앞에서 연주한 곡이다.

인물과 업적에 대한 객관적인 평가는 세월의 흐름을 전제로 한다. 천재 예술가의 경우, 그가 시대를 너무 앞서면 당대의 범인(凡人)은 그를 이해하지 못한다고 일찍이 간파한 사람은 니체였다. 함부로 천재를 타매하는 보통 사람이 천재의 경지에 대해 이해하려면 시간과 노력이 필요하다.

케이지가 만년에 이르자 세상은 그에 대해 정확한 평가를 하기 시작했다. 60회, 70회, 75회, 80회 생일 때마다 전세계에서 그의 생일을 축하하는 콘서트 시리즈와 찬사가 이어졌다. 케이지는 1978년 미국학술원 회원으로 선출되었다. 1981년에는 뉴욕시장으로부터 예술문화공로상을 받았고, 1982년에는 프랑스 정부로부터 훈장을 받았다.

자유로운 영혼의 소유자

케이지와 커닝엄. 두 사람이 살았던 집은 6번대로와 16번가 웨스트가 만나는 지점, 첼시 지역의 아파트이다. 현재는 다른 사람 소유로 집안 내부를 들여다볼 수가 없다.

두 사람의 삶과 예술을 다룬 다큐멘터리를 보면 집 내부가 자세히 나온다. 집은 아파트의 맨 위층으로 천장이 높은 로프트. 집안은 꼭 작은 식물원 같다. 케이지는 매일 아침 화분에 물을 주는 것으로 일과를 시작했다. 그리고 집안에 혹시 보자기만한 햇볕 조각이 차단되는 일이 없도록 창문을 한껏 열어두었다. 햇살은 마음놓고 자유롭게 집안을 왕래했다.

자유로운 것은 햇빛만이 아니었다. 케이지는 집안에 있을 때 겨울

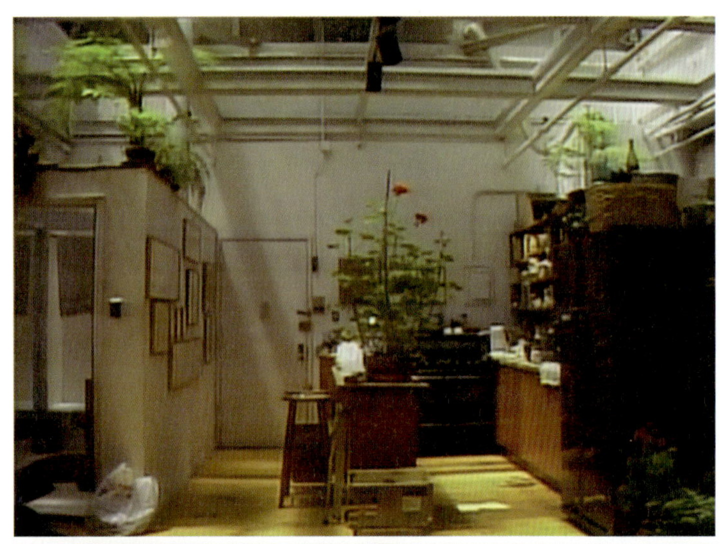
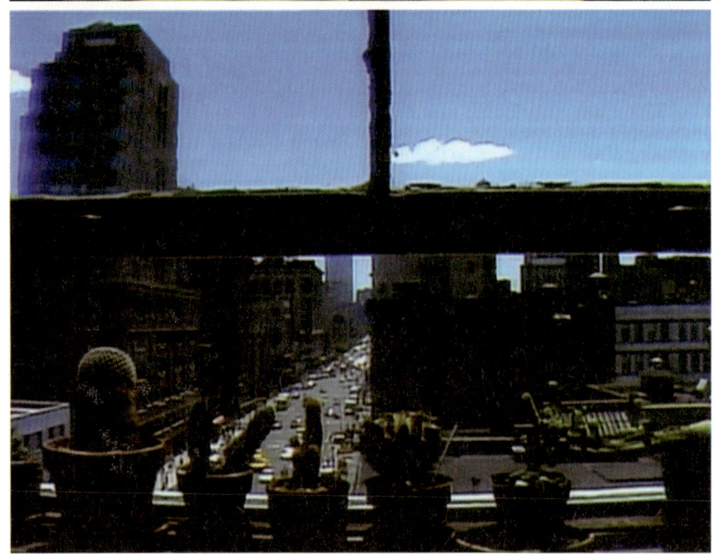

케이지와 커닝엄의 집 내부와 창밖으로 본 6번대로

철을 제외하고 창문을 닫아두는 법이 없
었다. 당연히 모든 '소음'이 집안에 가득
했다. 6번대로에서 자동차와 인간이 뒤엉
켜 만들어내는 모든 소리가 햇빛처럼 거
침없이 케이지의 삶에 파고들어 삶의 일
부가 되었다. 단속적으로 울리는 클랙슨
소리, 앰뷸런스의 다급한 경보음, 급브레
이크 밟는 소리……. "나는 음악보다 소
리를 더 좋아한다"고 말한 케이지의 철학
은 일상생활에서도 그대로 드러난다. 그는 잠자는 시간만 빼놓고 쉼
없이 소리를 들었다.

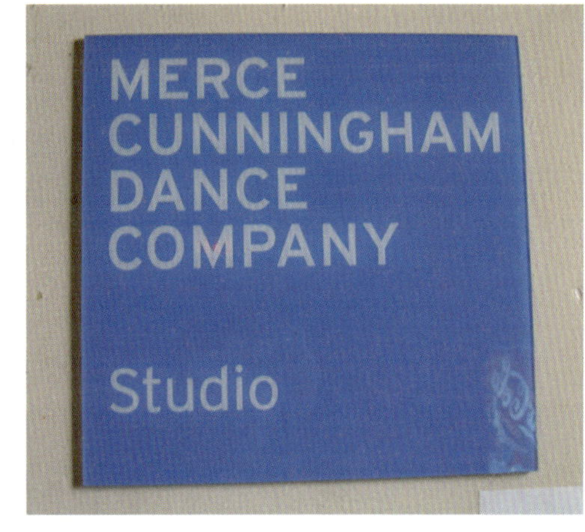

머스 커닝엄 댄스
컴퍼니 현판

　케이지와 커닝엄은 식사도 스스로 해결했다. 이미 대가의 반열에
올라선 두 사람이었지만 생활은 검박한 그 자체였다. 케이지는 청바
지에 청색 계열의 데님 셔츠를 즐겨 입었다. 두 사람은 집안에서 반려
동물로 검은 고양이를 키웠다. 탈권위 속의 권위와 위엄이 느껴졌다.
다큐멘터리 인터뷰 도중 케이지가 웃음보가 터진 것처럼 웃는 모습이
여러 번 나온다. 70대 노인이 꼭 다섯 살 어린아이 같다. 모든 천재들
은 어린아이의 마음을 갖고 있다더니 케이지가 꼭 그랬다.

　뉴욕에는 케이지의 흔적이 다른 인물에 비해 적은 편이다. 나는 머
스 커닝엄 무용단(Merce Cunningham Dance Company: MCDC)을 무작정
가보기로 했다. 22년간 예술적 동반자로 인생을 함께 한 두 사람이 아
닌가. MCDC에 가면 틀림없이 케이지의 흔적이 남아 있으리라.

　베순 가 55번지로 갔다. 1층 사무실의 투명 유리문을 밀고 안으로
들어갔다. 순간 나는 감전되는 듯했다. 왼쪽 벽에는 머스 커닝엄 사진
이, 오른쪽 벽에는 존 케이지의 사진이 서로 마주보며 시선을 교환하

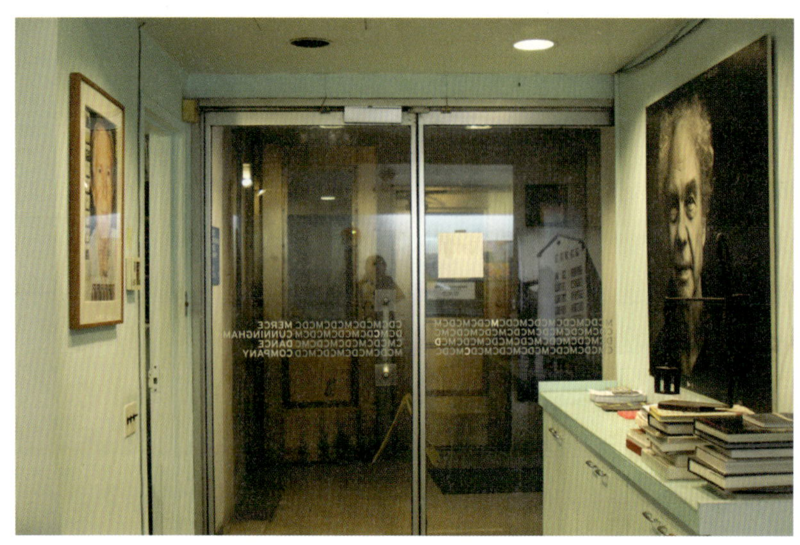

머스 커닝엄 댄스 컴퍼니

고 있는 게 아닌가. 나는 두 사람이 뿜어내는 강력한 포스에 그만 숨이 막히는 듯했다. 생애를 통해 영혼을 주고받은 두 예술가는 죽어서도 마주하고 있었다.

사무실 내부는 평범했는데, 안쪽 벽면에 강렬한 카리스마를 뿜어내는 커닝엄의 사진이 걸려 있다. 사무실 여직원은 한국에 대해 잘 알고 있었다. 물론 커닝엄과 케이지가 한국에서 공연한 사실도 알고 있었다.

연습실은 꼭대기층인 11층. 엘리베이터를 타고 11층 연습실로 올라갔다. 연습실 안내데스크 벽면에도 케이지와 커닝엄의 사진이 걸려 있다. 1992년 9월 12일 공연한 〈유로파 5〉 포스터 속에서 케이지가 아이처럼 천진스럽게 웃고 있었다. "연습실에서는 신발을 벗어주세요"라는 안내문이 보였다. 주 연습실에는 플로어가 있고, 그 옆에는 손때 묻은 긴 나무의자 세 개가 보였다. 플로어와 연결된 무대에는 일인용 철제의자가 여러 개 놓여 있다. 한쪽 구석에 피아노 한 대가 보였다. 주 연습실에는 마침 4~5명의 남녀 무용수들이 가볍게 몸을 풀고 있었다. 햇살이 창문을 통해 플로어에 쏟아졌다.

케이지는 어디 앉아서 무용을 지켜봤을까? 긴 나무의자일까, 아니면 무대 위일까? 나는 연습실에서 한 시간 이상 머물며 이곳저곳을 둘러보았다. 연습실을 나가려는데 안내데스크 직원이 뜻밖의 팁(tip)을 주었다. "저 피아노가 바로 케이지가 쓰던 거예요." 피아노 사진을 찍고 싶다고 하자 그는 연습에 방해가 된다면서 자신이 찍어주겠다며 카메라를 달라고 했다. 케이지가 영음(靈音)을 담아낸 피아노! 신시내티에서 제조한 볼드윈(Baldwin) 피아노였다.

모든 소리는 음악이다

80세가 되면서 케이지의 건강은 급속도로 나빠졌다. 관절염, 좌골신경통, 그리고 동맥경화가 케이지를 고통스럽게 했다. 그는 1985년 뇌졸중을 맞아 왼쪽 다리를 움직이기가 불편했다. 여기저기 몸이 아파오자 케이지는 대체의학에 집착했다.

1992년 8월 11일, 케이지와 커닝엄은 6번대로 아파트에서 저녁식사를 했다. 케이지가 차를 준비하던 중 또다른 뇌졸중이 기습했다. 케이지는 집에서 가까운 성 빈센트 병원으로 옮겨졌다. 그러나 이번에는 일어나지 못했다. 다음날 오전에 눈을 감았다.

케이지가 눈을 감은 성 빈센트 병원으로 가본다. 병원에 특별한 게 있을 거라고 기대한 것은 아니었다. 병원을 가보니 성 빈센트 병원은 폐쇄되었다. 그런데 외벽에 뜻밖의 안내문이 붙어 있었다. "우리는 비록 떠났지만 성 빈센트 병원 가족은 2001년 9월 11일을 결코 잊지 않을 것이다'(Although we are gone, the family of Saint Vincents will never forget 9/11/01)."

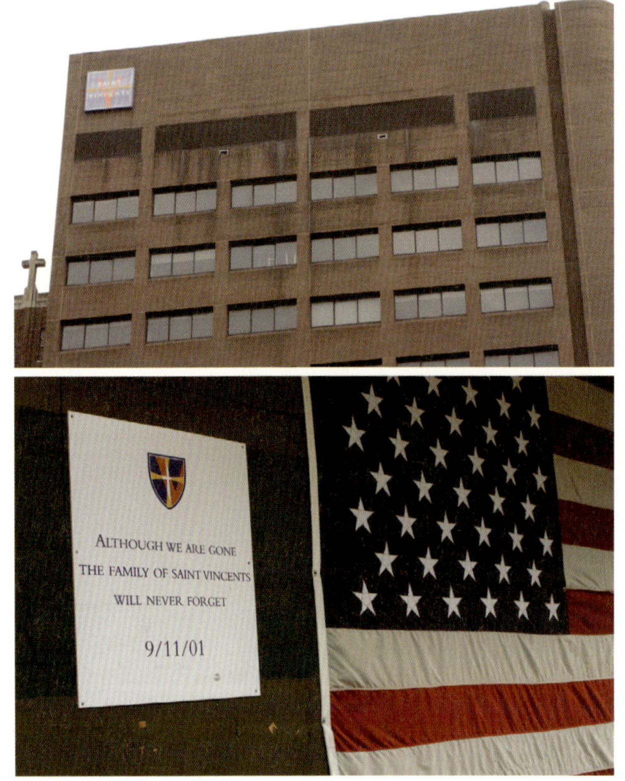

성 빈센트 병원

케이지가 마지막 숨을 몰아쉰 장소를 찾아왔다가 생각지도 못한 9·11과 맞닥뜨렸다. 성 빈센트 병원은 월드 트레이드 센터와 비교적 가까운 거리에 있다. 아마도 비극의 9·11 그날, 이 병원에서 많은 환자를 치료했던 게 아닌가 싶다.

케이지의 시신은, 생전의 희망대로 화장되어 스토니 포인트 근처의 라마포 산에 뿌려졌다. 그곳은 케이지가 수년 전 자신의 부모의 유해를 뿌린 장소였다.

케이지의 별세는 80회 생일을 불과 24일 남겨둔 시점이었다. 독일 프랑크푸르트에서는 케이지의 80회 생일을 축하하는 기념행사가 준비 중이었다. 작곡가 발터 침머만과 음악학자 슈테판 슈카들러가 기획한 기념행사는 주인공의 갑작스런 타계에도 불구하고 예정대로 진행됐다. 머스 커닝엄 무용단의 음악감독 자리는 데이비드 튜더가 승계했다. MoMA는 케이지를 위한 헌정 연주회를 열었다. 여름정원 연주 시리즈의 일환으로 〈유로파 5〉를 헌정 연주했다. 존 케이지는 죽기 한 달 전 인터뷰에서 이렇게 말했다.

"모든 음(音)은 그 성질상 조화롭다는 게 진리다. 소음은 없다, 오로지 음만 있을 뿐이다. 내가 다시 듣고 싶어하지 않는다고 여긴 음은 아

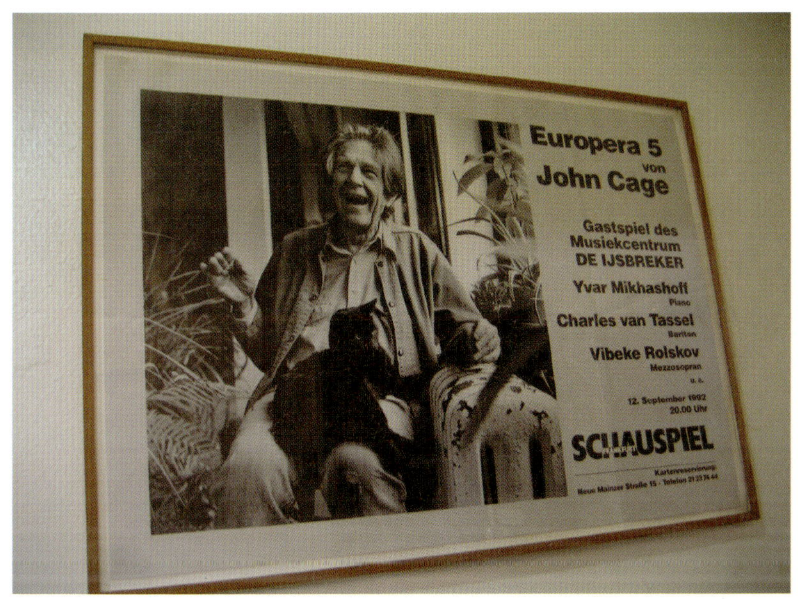

〈유로파 5〉 포스터

무엇도 없었다. 우리를 놀라게 하거나 고통스럽게 하는 예외적인 음을 제외하고 말이다. 나는 의미 있는 음을 좋아하지 않는다. 음이 의미가 없는 것이라면 나는 거기에 모든 걸 걸겠다."

머스 커닝엄은 케이지가 사망하고 나서도 17년을 더 살았다. 커닝엄은 2009년에 노환으로 눈을 감았다.

산책은 오래전부터 해온 나의 습관이다. 아주 특별한 경우를 제외하고는 산책 중에 휴대폰을 가지고 다니는 일이 없고 MP3로 음악을 듣지도 않는다. 이건 내가 존 케이지를 알기 훨씬 전부터 해온 습관이다. 온통 비였던 2011년 여름 어느 일요일. 나는 산책길에 비를 만났다. 우산을 쓰고 있지 않아 아름드리 은행나무 밑에서 잠시 비를 긋고 있는데, 그때 벌떼가 풀섶에서 웅웅거리는 소리를 들었다. 억센 빗줄기로부터 연약한 몸을 피하려 안간힘을 쓰는 벌의 몸부림. 나는 벌이 마지막 한 마리까지 다 비를 피할 때까지 지켜보았다.

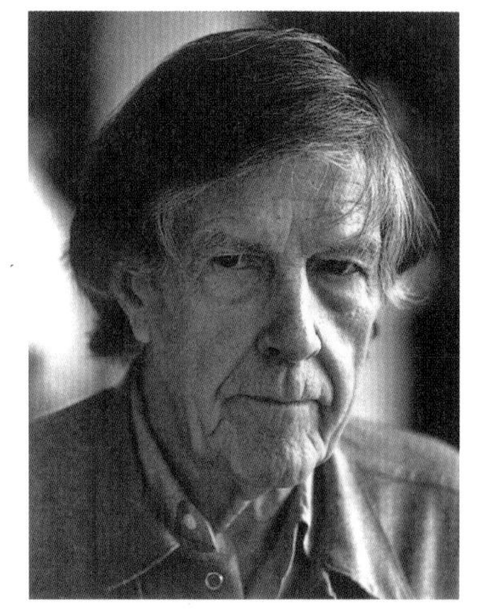

존 케이지

은행나무 숲으로 난 산책길은 하루도 같은 소리를 내는 일이 없다. 시간의 흐름에 따라 계절의 전령사들은 발을 내딛는 걸음 걸음마다 자연의 소리를 선사한다. 당연한 이야기지만 숲길은 매일매일이 다르고 아침과 저녁이 다르다. 이렇게 자연 속에서 우연히 만들어지는 모든 소리가 있는 그대로의 음악이 아닌가. 케이지는 일생을 통해 세상의 몰이해를 무릅쓰고 바로 이것을 보여주려 했던 것이다.

우리는 지금까지 침묵과 우연성으로 20세기 현대음악을 뒤흔든 존 케이지를 만났다. 그가 불멸의 천재가 된 요인을 다시 정리해 보자. 그것은 우연과 통섭과 자유다. 우연을 다시 세분해 보자. 발명가 아버지의 DNA를 타고난 것과 유럽이 아닌 미국에서 태어났다는 것은 개인의 의지가 개입될 수 없는 우연이다. 선불교와 힌두교를 알게 된 것도 우연이다. 동양사상을 파고들어 이것을 자신의 예술철학으로 발전시킨 것은 그의 자유의지였다. 동양사상과의 접촉은 뼛속까지 서양적인 그의 내면을 소용돌이치게 했다. 동양사상, 특히 《주역》과 만난 것은 기독교 문명의 결정론적 세계관과 문명 충돌을 일으켰다. 요즘 유행하는 통섭(通攝)이었다.

케이지는 평생을 자유롭게 살았다. 가족과 돈의 속박을 받지 않는 자유인의 삶을 구가했다. 이성과의 10년 결혼생활에서 아이가 없었고, 이후 동성친구인 머스 커닝엄과 평생을 살았다. 두 사람은 아이를 입양하지도 않았다. 가족이 없으니 축재에 집착할 까닭이 없었다. 그는 자유와 예술만을 탐닉했을 뿐 검박한 생활을 즐겼다. 청바지와 데님 셔츠가 패션의 전부였다. 케이지는 그것으로 충분했다.

케이지가 지구별에 머문 시간은 80년. 그가 지구별에 왔다감으로써

소리에 대한 우리들의 고정관념이 바뀌었다. 아무리 훌륭한 교향곡이
라도 계속 들으면 귀가 먹먹해지고 머리가 아프다. 그러나 아무리 들
어도 지루하다는 느낌이 들지 않는 소리가 있다. 새들의 지저귐, 풀벌
레소리, 바람소리, 갈대가 몸을 부대끼는 소리, 아이들의 재잘거림, 추
녀에서 떨어지는 낙숫물 소리, 해조음(海潮音) ……. 모든 소리는 그 자
체로 음악이다.

빌리 조엘,

뉴욕의 피아노맨

1949~

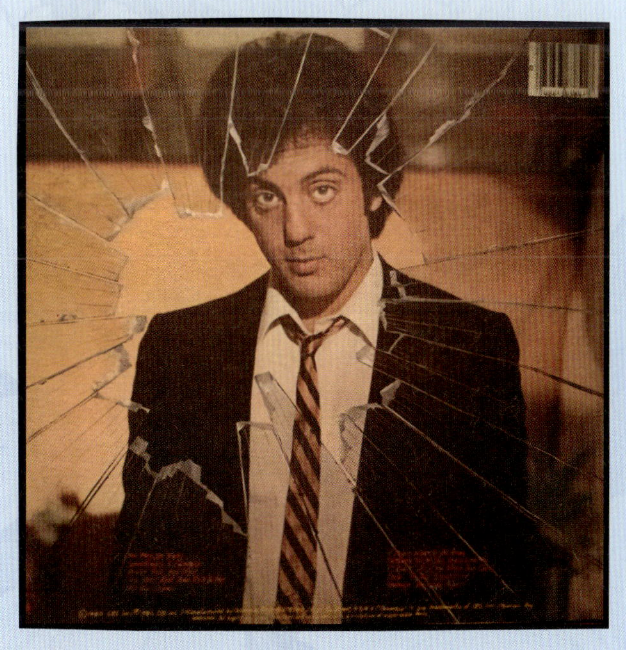

정동에 울려퍼진 뉴욕

2011년 1월 27일 밤, 중구 정동길의 한 저택에서 재즈음악이 흘러나왔다. 재즈 선율은 높다란 담장을 넘어 인적이 드문 덕수궁 돌담길을 어루만지며 밤하늘로 퍼져나갔다. 이 저택은 미국 대사관저 하비브 하우스다.

'덕수궁 돌담길'로도 불리는 정동길은 정동교회 앞에서 원형 교차로와 만난다. 한쪽 인도변에 〈광화문 연가〉의 작곡가 이영훈의 노래비가 보인다. 이 노래비를 왼편에 놓고 한적하고 운치 있는 산책길이 시작된다. 하비브 하우스는 이 산책길이 완만한 오르막을 시작하는 지점에 있다.

이날은 설날 연휴 직전이었다. 주한 미국 대사관의 청소년 리더십 프로그램 참가자 100여 명이 초청된 이날 콘서트의 초대가수는 김태우. 주한 미대사관 측은 이 콘서트를 언론에 알리지 않았다. 보름 뒤 캐슬린 스티븐스 주한 미국 대사가 직접 한국어로 쓰는 '심은경의 한국 이야기'에 올려 비로소 세상에 알려졌다.

가수 김태우는 레퍼토리 선택을 놓고 고심했다. 공연 장소가 다른

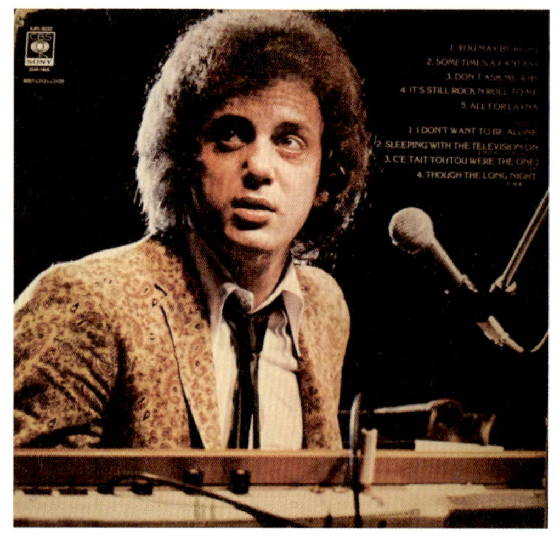

빌리 조엘

곳이 아닌 미국 대사관저 아닌가. 자신의 히트곡을 몇 곡 부른 김태우는 레퍼토리를 팝송으로 바꿨다. 스티비 원더의 대표곡 〈그녀가 사랑스럽지 않나요(Isn't She Lovely)〉와 빌리 조엘의 〈내 마음 속의 뉴욕(New York State of Mind)〉이었다.

선곡 기준은 미국인의 보편적 정서를 반영하는 노래여야 했다. 미국을 대표하는 도시는 뉴욕이다. 그렇다면 뉴요커의 향수를 자극하는 노래는? 먼저 프랭크 시나트라가 부른 〈뉴욕 뉴욕〉이 떠오른다.

20세기 미국에서 태어나 활동한 대표적인 가수로 음악평론가들은 대체로 다음 5명을 꼽는다. 밥 딜런, 엘비스 프레슬리, 루이 암스트롱, 빌리 조엘, 그리고 마이클 잭슨. 이들 중 현재 생존해 있는 사람은 밥 딜런과 빌리 조엘뿐이다. 김태우는 빌리 조엘을 택했고, 그의 수많은 히트곡 중에서 〈내 마음 속의 뉴욕〉을 골랐다.

술을 거의 못 하는 내가 가끔씩 들르는 바(bar)가 있다. 아무리 디지털 세상이라지만 음악은 LP판으로 들어야 제격이다. '지지직' 하는 소리와 함께 울려나오는 음악. CD나 음원이 아닌 LP판으로 듣는 음악의 매력이다. 서울 한남동 초입에 있는 LP바. 손님들이 메모지에 신청곡을 쓰면 DJ를 겸하고 있는 사장이 2만여 장의 LP판 중 몇 초 안에 정확히 음반을 찾아내 턴테이블에 올려놓는다.

하루는 LP바 주인에게 빌리 조엘 노래 중에서 가장 좋아하는 곡을 한 곡만 들려달라고 했다. 팝송 LP 수집에 평생을 바쳐온 장인의 심미안을 엿보고 싶었다. 팝송 전문가인 그가 선택한 빌리 조엘 곡은 과

연? 그는 〈피아노맨〉을 선곡했다. "빌리 조엘은 역시 피아노맨이죠"
라면서.

소년, 피아노에 빠지다

빌리 조엘은 1949년 뉴욕 브롱스에서 태어났다. 브롱스는 뉴욕 시
북동부의 서민층 주거지로 공장이 많다. 그의 부모는 조엘이 어렸을
때 뉴욕 롱아일랜드 힉스빌로 이사했고, 조엘은 여기서 유년기와 청소
년기를 보냈다. 힉스빌은 2차 세계대전 이후 조성된 전형적인 교외 지
역이었다. 광활한 벌판에 퇴역 군인들을 위한 조립식 주택이 들어선
신도시가 힉스빌이었다.

아버지는 독일계 유대인으로 독일에서 태어났다. 장사를 하던 조부
는 나치 정권이 출범한 직후 솔가해 독일을 탈출, 스위스를 거쳐 미국
에 정착했다. 어머니는 영국계 유대인이었다.

빌리 조엘의 어린 시절은 평범했다. 그의 유년기에서 눈여겨 볼 대목

뉴욕 브롱스 전경

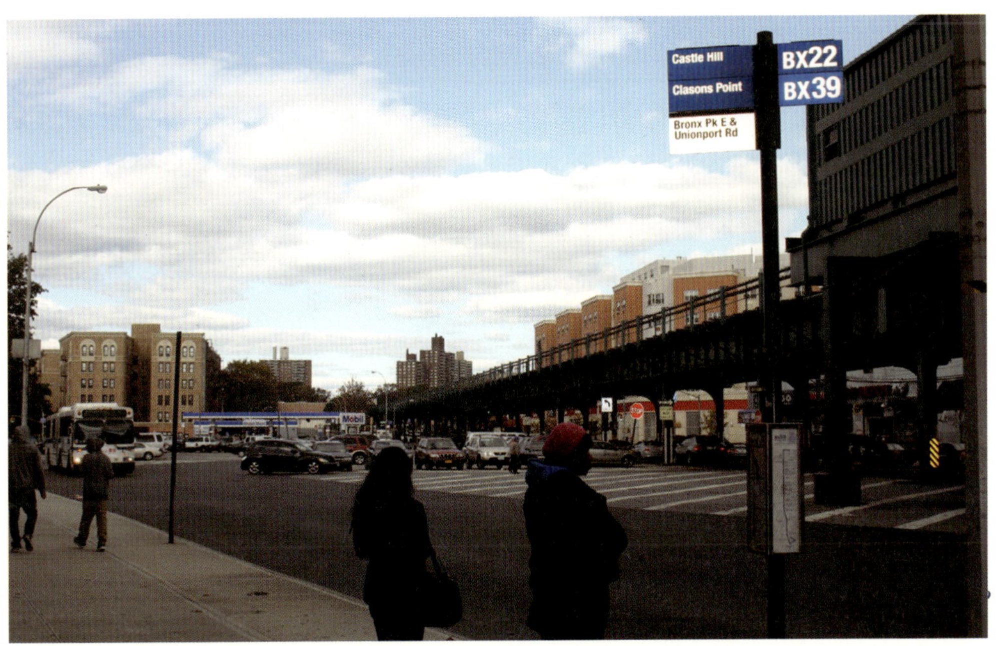

은 부모의 직업이다. 아버지는 직업 클래식 피아니스트였고, 어머니는 길버트 & 설리번 오페레타에서 코러스를 맡았다. 아버지는 지방 공연이 잦아 집을 비우는 날이 많았지만 집에 있는 날이면 으레 피아노 연주를 하곤 했다. 빌리 조엘은 훗날 인터뷰에서 아버지의 모습을 이렇게 회상했다.

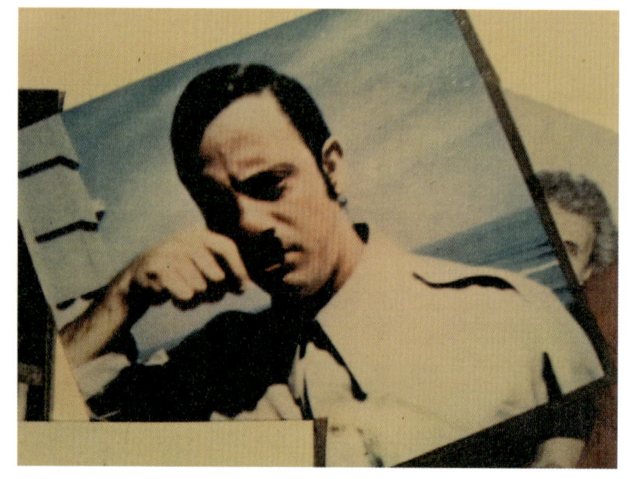

조엘의 아버지

"그 피아노는 지독하게 낡아빠진 것이었지만 그런 피아노로도 아버지는 맑은 음을 내셨습니다. 아버지는 바로크 음악이나 야상곡을 주로 연주하셨는데 아버지가 연주하실 때면 나는 옆에서 듣기를 좋아했습니다."

어머니는 빌리 조엘이 네 살이 되자 이웃의 피아노 강사에게 피아노 레슨을 받게 했다. 평범한 장난꾸러기 소년이었던 그는 피아노를 배우자마자 무서운 집중력을 보이기 시작했다. 너무 세게 건반을 두들기는 바람에 집에 돌아와서는 팔이 아프다고 말하곤 했다. 소년은 피아노 레슨을 마치고 집에 돌아오면 으레 아버지의 피아노를 연주하곤 했다. "어느 날인가, 베토벤의 소나타를 부기우기 풍으로 연주했는데 2층에서 아버지가 내려와 불같이 화를 내셨습니다." 클래식 피아니스트인 아버지는 록큰롤을 음악으로 여기지 않았다.

10대 시절 가장 큰 사건은 부모의 이혼이었다. 아버지는 이혼 후 오스트리아 빈으로 이민을 갔고, 어머니가 두 아들의 생계를 떠맡아야 했다. 다행인 것은 시대가 1960년대라는 사실. 1960년대는 2차 세계대전 후 미국 경제가 최고의 호황을 누리고 있던 때여서 일자리가 넘쳐났다. 어머니는 회사에 비서 겸 경리로 취직했다. 혼자서 두 아들을 키울 수 있는 만큼의 월급을 받았다. 어머니는 예술적 소양이 뛰어나 풍족하지 않은 생활에도 불구하고 문화생활 비용은 줄이지 않았다. 아들에게 피아노 레슨을 계속 시켰고, 가끔씩 아들을 뉴욕 브로드웨이로 데리고 가 오페라 공연을 보여주기도 했다.

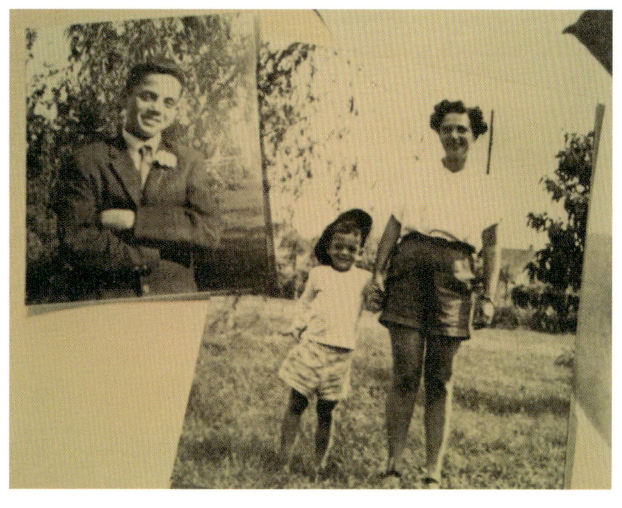

어머니와 함께

어린 시절 빌리 조엘의 유명한 일화 하니. 그가 힉스빌에서 다닌 중등학교는 '포크 렌 학교'. 당시 이 학교는 학생들에게 점심식사 후 30분간 체육관에 모여 노래를 부르고 춤을 추게 했다. 넘치는 성적 에너지를 자연스럽게 발산시키는 기회를 제공했다는 점에서 탁월한 교육 방침이었다.

어느 날 4학년생인 빌리 조엘이 무대에 올라갔다. 그는 반주도 없는 상태에서 엘비스 프레슬리의 히트곡 〈하운드 독〉을 멋지게 불렀다. "엘비스처럼 허리를 흔들며 노래하자 여학생들이 열광했습니다. 그러나 당황한 교사가 나를 무대에서 내려오게 했습니다."

소녀들의 환호는 소년의 가슴에 깊게 각인되었다. 당시 최고의 록큰롤 스타는 엘비스 프레슬리였다. 미국 전역뿐 아니라 세계의 청소년들이 모두 〈하운드 독〉에 열광했다.

할렘의 전설, 아폴로 극장

1962년은, 열세 살 소년에게 영원히 잊지 못할 기억을 남겼다. 소년은 처음으로 라이브 뮤직을 경험했다. 그는 친구 두 명과 함께 겁도 없이 뉴욕 할렘가의 아폴로 극장을 찾았다. 극장에는 제임스 브라운과 패뷸러스 프레임스가 공연을 하고 있었다. 말로만 듣던 할렘가! 롱아일랜드 힉스빌 출신의 소년 세 명이 떨리는 가슴으로 아폴로 극장 문을 열고 들어갔다.

내부는 칠흑처럼 캄캄한 가운데 무대만 조명을 받아 환했다. 아무것도 보이지 않았지만 극장 안이 사람들로 가득 차 있다는 것은 느낄 수 있었다. 잠시 후 주변이 서서히 눈에 들어왔다. 극장 안에는 모두 흑인밖에 없었다. 백인은 소년 세 명뿐. 순간 흑인들의 시선이 일제히 낯선 이방인들에게 쏠렸다. 소년들은 그 시선이 부담스러웠다. 더럭 겁이 났다. 소년들이 다시 나가려고 막 출입구 쪽으로 몸을 돌리려는 찰나에 쇼가 시작되었다. 그와 동시에 흑인들의 시선도 일제히 무대로 향했다.

빌리 조엘은 훗날 아폴로 극장의 느낌을 이렇게 회상했다. "제임스 브라운 곡은 모두 유치했지만 그의 연주에는 완전히 압도당하고 말았죠. 그 전까지는 팝뮤직에 별로 흥미가 없었는데 바로 그때부터 생각이 달라졌어요."

빌리 조엘이 팝뮤직에 대한 생각을 바꾼 아폴로 극장으로 가보자. 아폴로

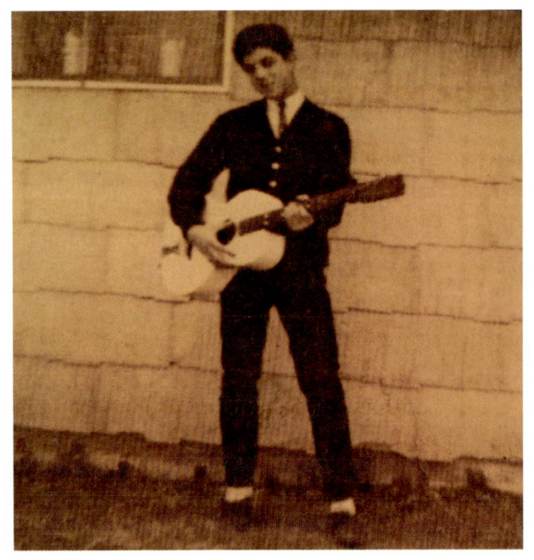

힉스빌 시절의 조엘

극장은 125번가 웨스트 253번지에 그대로 서 있다. 지하철 B라인을 타고 125번가 역에서 내렸다. 횡단보도를 건너 몇 걸음 옮기니 멀리 아폴로 극장 간판이 보인다. 극장 앞에는 사람들이 모여 있었다.

극장 안으로 들어갔다. 1층 로비에는 샹들리에 4개가 걸려 있다. 수십 년은 족히 되어 보였다. 1층에는 아폴로 극장을 거쳐간 흑인 가수들의 사진을 넣은 대형 액자 3개가 그림처럼 걸려 있다. 2층 객석으로 올라가는 계단실의 벽면에도 역시 가수들의 사진이 게시되어 있다. 전체적인 분위기는 화려함과는 거리가 멀었지만 전통과 역사의 향기를 내뿜고 있었다. 아폴로 극장은 블루스, 소울, 로큰롤, 팝 등 대중음악의 메카다운 긍지와 자부가 흘러넘쳤다.

아폴로 극장은 1913년 문을 연 이래 전설적인 가수들의 무대였다. 빌리 홀리데이, 마할리아 잭슨, 다이나 워싱턴, 엘라 피츠제랄드, 카운트 베시, 냇 킹 콜, 라이오넬 햄튼, 아레사 프랭클린, 루이 암스트롱…….

1930년 대공황이 시작되었을 때, 아폴로 극장 역시 대공황의 해일에서 안전지대가 아니었다. 서서히 쇠퇴하다가 흑인 가수들의 전용무대로 바뀌었다. 빌리 조엘이 1962년 아폴로 극장을 찾았을 때는 흑인 가수들이 주로 공연하던 때였다. 아폴로 극장은 1970년대 초에 경영난으로 잠시 문을 닫기도 했다. 현재 아폴로 극장을 유명하게 하는 것은 매주 수요일 밤 열리는 '신인의 밤'이다. 성공을 꿈꾸는 아마추어 가수들의 경연이 열린다.

아폴로 극장은 오전과 오후에 극장 투어 프로그램을 운영한다. 나는 일행과 함께 입장료로 20달러를 내고 극장 안으로 들어갔다. 극장 안에는 투어에 참여한 40~50명 정도가 무대 위와 객석에서 즐거운 시간을 보내고 있었다.

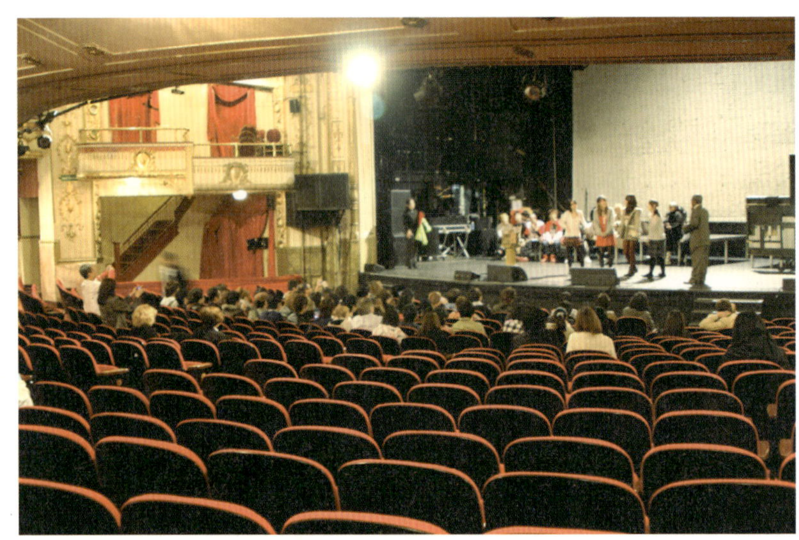

아폴로 극장 내부

'할렘 탐험가'들은 일본인이 다수였다. 이들은 사회자의 진행에 따라 무대 앞으로 나가 차례로 랩을 했다. 흑인음악의 성지인 아폴로 극장에 섰다는 사실에 감격한 표정이 역력했다. 어떤 흑인 여성은 반주 없이 노래를 불렀다. 나는 무대를 바라보다가 객석을 두리번거렸다. 힉스빌에서 온 열세 살 소년이 앉았던 곳은 어디였을까?

아폴로 극장에서 나온 나는 두 블럭 떨어진 '레드 루스터' 식당에서 점심식사를 했다. 오바마 대통령이 식사를 했다는 유명한 레스토랑이다. 식사를 하고 다시 아폴로 극장으로 되돌아오는데, 어떤 흑인 남자가 벽에 몸을 기댄 채 혼자 계속 뭐라고 중얼거렸다. 점심 먹으러 갈 때 본 사람이었다. 가만히 생각해 보니 멜로디가 귀에 익었다. 뜻은 알 턱이 없었지만 랩이었다. 랩은 할렘의 삶의 방식이었던 것이다.

아폴로 극장은 할렘의 살아 있는 전설이다. 아폴로 극장에 와야만 비로소 할렘 경험이 완성된다고 하지 않던가. "아폴로 극장, 그곳에서 스타가 태어나고 전설이 만들어진다"는 문장을 떠올리며 아폴로

극장을 뒤로 하고 다시 다운타운으로 발
길을 돌렸다.

엘비스와 비틀즈

조엘에게도 사춘기가 찾아왔다. 그는
사춘기의 반항 심리를 밴드 활동으로 풀
었다. 또래들과 함께 '파크웨이 그린
갱'을 조직했다. '파크웨이 그린 갱'은
불사조를 흉내내 의상도 불사조처럼 맞
춰 입었다. 그가 남자다움을 과시하려
복싱을 시작한 것도 이때였다. 그가 '파
크웨이 그린 갱'으로 우쭐대며 쏘다닐 때
감명 깊게 보았던 영화가 〈웨스트사이드
스토리〉였다. 그는 영화의 주인공들과
비슷한 의상을 입고 다니며 마지막 결투 장면을 흉내내기도 했다. "지
금도 〈웨스트사이드 스토리〉를 보면 가슴이 뜨거워집니다. 얼빠진 이
야기처럼 들릴지 모르지만 눈물까지 흘릴 정도로 감동했었습니다."

조엘은 복싱에 소질이 있었다. 그는 밴드 활동을 하면서 한동안 아
마추어 복싱 리그에도 출전했다. 아마추어 전적은 23전 21승. 하지만
24번째 경기에서 조엘은 상대방의 레프트 훅을 맞고 그만 KO패를 당
했다. 그는 코뼈가 부러진 것을 보고 충격을 받아 복싱을 포기했다.

10대 소년 조엘에게 깊은 영향을 미친 가수는 엘비스 프레슬리와
비틀즈였다. '에드 설리번 쇼'는 1950~60년대 일요일 밤 최고 인기
쇼 프로그램이었다. 진행자인 설리번은 머리를 올백으로 넘긴 60대였

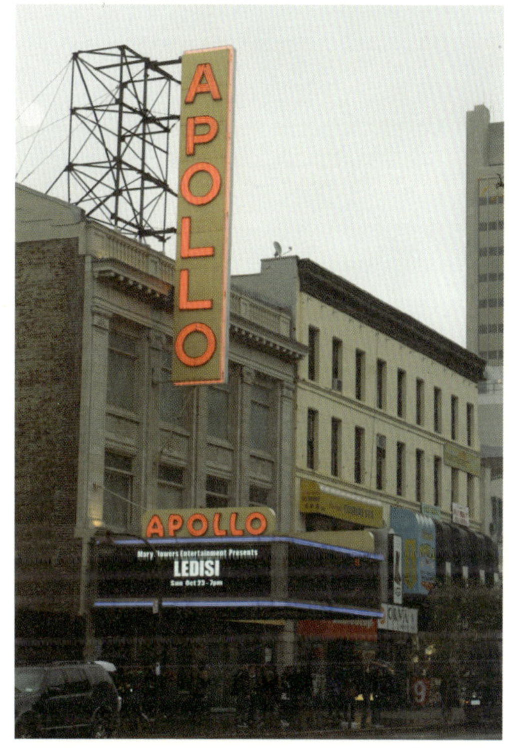

할렘가에 있는 아폴로
극장

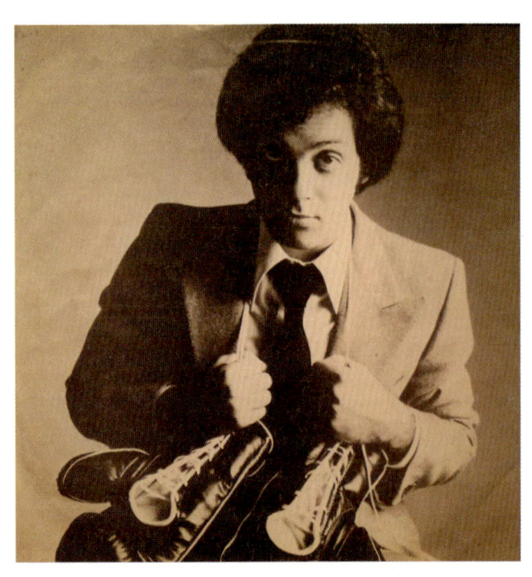

지만 능란한 말솜씨와 순발력, 까칠한 질문으로 인기를 끌었다. 에드 설리번 쇼는 세계적인 스타의 등용문이었다. 엘비스 프레슬리 역시 1956년 이 쇼에 출연해 대스타가 되었다.

1964년 대서양을 막 건너온 4인조 그룹이 뉴욕 53번가에 있는 CBS 스튜디오에 나타났다. 4인조 그룹은 에드 설리번 쇼에서 히트곡을 불렀다. 이 쇼를 7,300만 명의 미국인이 시청했다. 4인조 영국 그룹은 비틀즈였다. 미디어는 이 사건을 '영국 침공(British Invasion)'이라 명명했다. 비틀즈의 에드 설리번 쇼 출연이 얼마나 놀라운 사건이었는지를 증명하는 사례들이 많다. 7,300만 명 시청은 당시까지 최고 기록이었다. 이 쇼가 방영되는 동안 뉴욕에서 자동차 휠캡 도난사고가 단 한 건도 발생하지 않았으며 미국 전역에서 청소년 범죄 역시 단 한 건도 없었다.

이때 얼마나 많은 청춘들이 비틀즈를 보며 가수라는 직업을 선망했으며, 또 가수가 되겠노라고 다짐했을까. 미국의 젊은이들은 비틀즈에 완전히 넋을 빼앗겼다. 코뼈가 부러져 의기소침해 있던 조엘 역시 에드 설리번 쇼에 출연한 비틀즈를 지켜보았다. 그 역시 가수가 되기로 결심한다.

뉴욕의 음악은 '영국 침공' 이후 과거와는 완전히 다른 모습을 보였다. 우후죽순처럼 비틀즈를 모방하는 밴드가 생겨났다. 롱아일랜드의 10대 밴드 '에코스'도 이때 생겼다. 에코스는 파크웨이 그린 갱보다는 한 수 위였다. 에코스는 바람결에 파크웨이 그린 갱 멤버 중 한 명이 피아노와 노래를 잘한다는 이야기를 들었다. 1964년 봄 어느 날, 에코스 멤버들은 조엘이 다니는 학교로 찾아와 조엘에게 밴드에 들어와 달라고 제의했다. 조엘은 에코스에 들어가 오르간과 보컬을 맡았다.

에코스는 롱아일랜드 지역에서는 실력을 인정받았다. 힉스빌의 지역 교회에서 찬송가 연주를 부탁할 정도가 되었다. 첫 교회 연주가 끝났을 때 멤버들은 5달러씩을 개런티로 받았다. 조엘은 열다섯 살에 연주로 돈을 벌 수 있다는 것을 처음 알았다. "이것이 계기가 되었습니다. 다른 선택의 여지는 없었습니다. 그후 나는 뮤지션이 되었죠."

에코스는 프로 밴드를 모방했다. 멤버들은 벨벳 장식이 달린 재킷을 맞추어 입고 롤링 스톤즈, 프리티 식스 등의 히트곡을 연주했다. 에코스 밴드는 교회, 댄스파티 등에 초대받았다. 이즈음 조엘은 작곡에도 관심을 보여 몇 곡을 썼다. 대부분 비틀즈의 히트곡을 흉내낸 것이었다. 에코스가 비록 롱아일랜드의 지역 밴드에 불과했지만 보컬이 실력이 뛰어나다는 소문은 금방 뉴욕에 전해졌다. 1964년 가을, 조엘은 처음으로 레코딩 세션에 참여했다. 앨범 뒷면에 "피아니스트 빌리 조엘"이라고 처음 인쇄되었다.

좌절과 시련의 나날들

에코스는 이후 밴드 명을 '에머럴드 로즈'로, 다시 '로스트 소울즈'로 바꾸었다. 성공하기 위해 몸부림을 쳤다는 증표다. 빌리 조엘은 중등학교를 마치고 힉스빌 고등학교에 입학했다. 로스트 소울즈 시절 머큐리 레코드사와 계약을 맺고 빌리 조엘 작사·작곡의 두 곡을 데모 테이프로 녹음했다. 하지만 데모 테이프는 음반으로 태어나지는 못했다.

조엘은 1968년 힉스빌 고등학교를 졸업했으나 졸업장을 받지는 못했다. 영어 과목에서 낙제를 했기 때문이다. 영어 시험 전날, 술집에서 밤늦도록 공연을 하고 그만 아침에 일어나지 못했다. 그는 고등학교를 졸업했지만 졸업장이 없었다(조엘은 1992년 힉스빌 고교 졸업사정위원회에 에세이를 제출했고, 졸업 25년 만에 졸업장을 받을 수 있었다).

힉스빌 고등학교는 JFK공항에서 자동차로 20분 거리에 있다. 건물 안으로 들어가니 오른쪽 벽면에 졸업생 '명예의 전당'이 보였다. 빌리 조엘의 이름을 금방 찾을 수 있었다. 지나가는 학생에게 빌리 조엘과 관련된 장소를 보고 싶다고 하자 '작은 극장(little theater)'으로 안내했다. 이 학생은 문이 닫힌 극장을 가리키며 이렇게 말했다. "이 극장에서 빌리 조엘이 피아노 연주를 하곤 했다. 그가 연습하던 극장에서 우리가 매일 공연 연습을 한다는 사실이 자랑스럽다."

조엘이 로스트 소울즈 멤버로 활동할 당시 롱아일랜드 최고의 밴드는 '해슬스'였다. 해슬스의 리더 겸 보컬리스트 존 디제크가 조엘을 해슬스에 끌어들인다. 조엘은 로스트 소울즈의 한계를 잘 알고 있었

힉스빌 고등학교

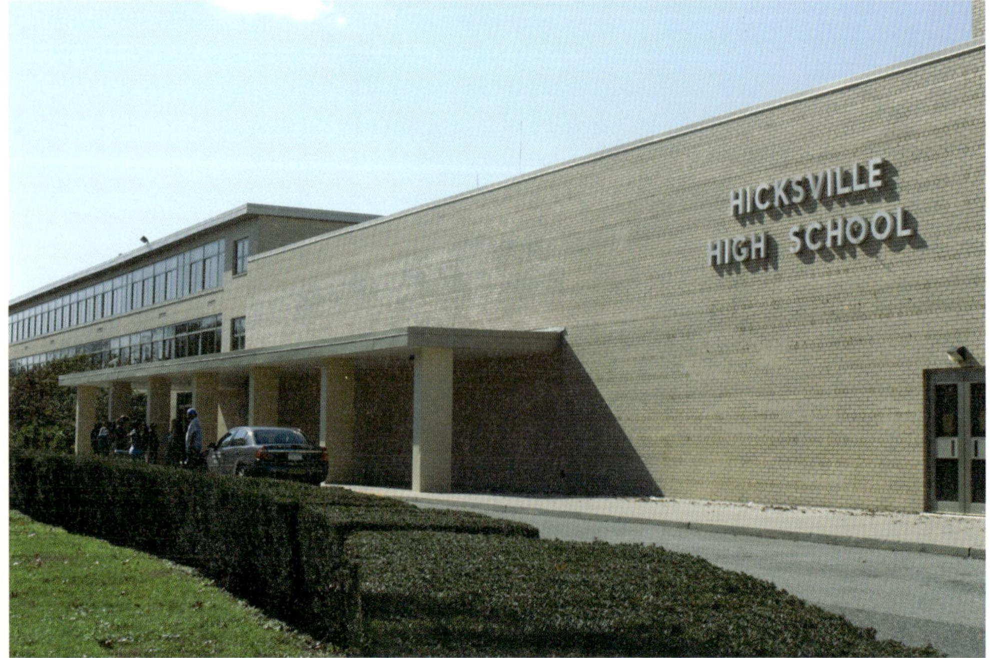

기에 더 이상 미련이 없었다. 해슬스에서 빌리 조엘의 음악적 상상력은 나날이 발전을 거듭했다. 해슬스는 마침내 뉴욕 '유나이티드 아티스트' 레코드사와 음반 계약을 맺었다. 샘 & 데이브의 오래된 곡을 편곡하여 녹음한 첫 싱글은 아무런 반응을 얻지 못한 채 사라졌다. 두 번째 앨범에는 트래픽 밴드의 히트곡을 리바이벌해 수록했다. 이 역시 롱아일랜드에서 조금 팔리다 이내 사라졌다.

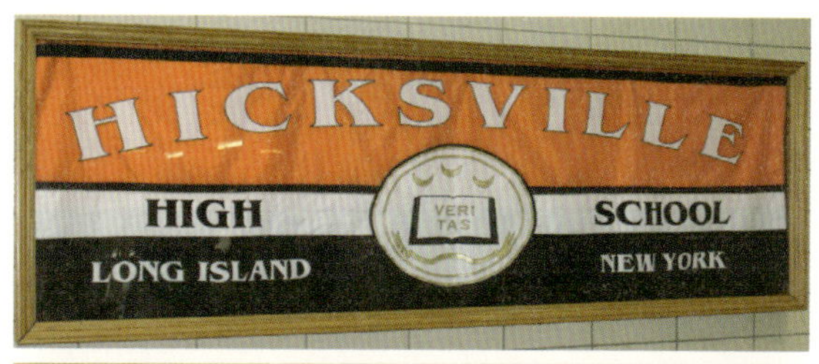

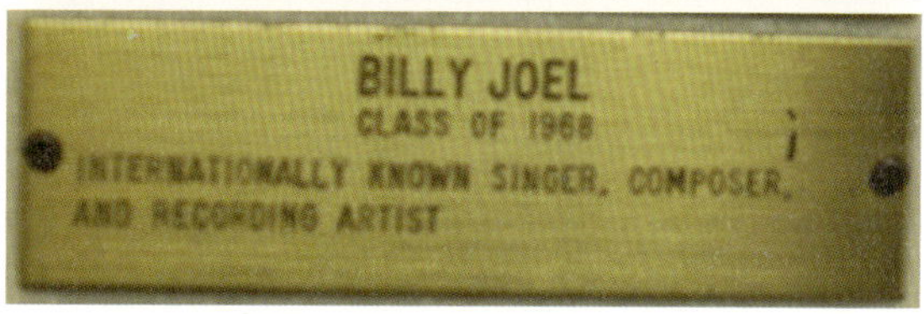

　　히피문화의 해일은 보수적인 동부에까지 밀어닥쳤다. 해슬스는 히피운동에서 새로운 기운을 한껏 들이마셨고, 마지막이란 각오로 6개월 동안 죽을 힘을 다해 녹음했다. 이렇게 나온 앨범이 '늑대의 시간'. 이 앨범은 시류에 편승한 덕에 초반에만 반짝 팔렸다. 해슬스는 더 이상 유지할 수 없게 되었고, 1969년 해산했다.

　　조엘은 드러머 존 스몰과 함께 듀오 '아틸라'를 결성했다. 나이들어 보이려 콧수염도 길렀다. 곧 같은 이름의 데뷔 앨범을 발표했다. 앨범 재킷에는 흉노족의 전사 복장을 한 조엘과 스몰이 막 정육한 거대한 고깃덩어리 사이에서 어색한 표정을 짓는 사진을 실었다. 엽기적인 사진이었다. 앨범 뒷면에 다음과 같이 썼다.

　　"5세기에 동유럽을 휩쓴 폭풍우는 모든 생물을 파괴시켰다. 괴성을 지르면서 몰려오는 그 무적의 부족에게 문명이 발달한 나라들도 굴복당하고 말았다. 그것은 불과 칼이었다. 그리고 그것은 거스를 수 없는 정복력과 동의어가 되었다. 그 이름은 아틸라. 아틸라는 흉노족이 유

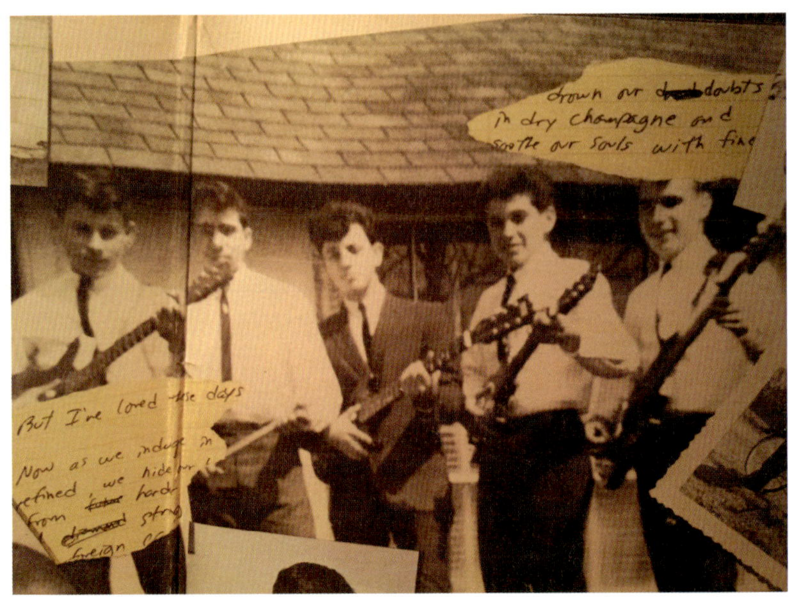

럽을 약탈한 이래 나타난 가장 주목할 만한 그룹이다.”

명분이 거창하면 결과는 초라한 법. 앨범은 실패했다. 설상가상으로 아틸라는 곧 해체되었다. 해체 이유는 음악 문제가 아니었다. 조엘이 스몰의 부인 엘리자베스와 사랑에 빠져버린 것이다(훗날 조엘과 엘리자베스는 결혼한다).

아틸라가 해체되자 조엘은 절망의 나락으로 추락했다. 벌써 몇 번째 겪는 좌절인가. 더 이상 버틸 힘이 없었다. 현실적으로 돈이 바닥나 더 이상 혼자 버틸 수가 없었다. 그는 어쩔 수 없이 어머니가 있는 고향 힉스빌로 돌아가야만 했다.

나이는 22살에 불과했지만 조엘은 7년 동안 산전수전 다 겪었다. 밴드를 세 개나 거쳤고 듀엣도 경험했다. 조엘은 모든 게 끝났다고 생각했다. 그는 어머니가 집을 비운 틈을 이용해 음독자살을 기도했다. 그는 1982년 《롤링스톤》지와의 인터뷰에서 그때의 심경을 이렇게 털어놓았다.

"지하실에 들어가니 두 종류의 약물이 있었는데 하나는 표백제였죠. 그것은 맛이 나빠서 그만두고 다른 하나, 가구 광택약의 뚜껑을 열었죠. 냄새만 맡아도 괴로웠는데 그것을 먹었을 때는 속이 메슥거렸습니다."

어머니가 지하실에서 신음하는 아들을 발견해 병원 응급실로 옮겨 목숨을 건졌다. 조엘은 한동안 정신과 병동에 갇혀 치료를 받았다. 정신병동 경험은 그를 강하게 단련시켰다.

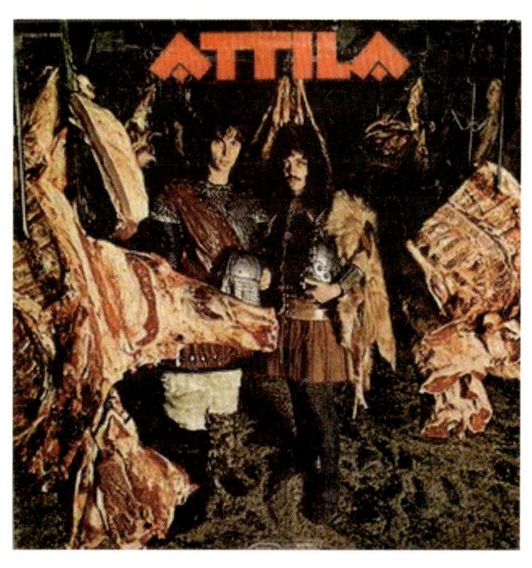

듀오 아틸라의
데뷔 앨범 재킷

"병원을 나서면서 나는 다시는 그런 비참한 생각을 하지 말자고 다짐했죠. 아주 좋은 경험이었어요. 그후 나는 어떤 일이 일어나도 비참하다는 생각은 하지 않게 되었습니다. 어떤 문제가 발생해도 그것은 정신병원에서 본 사람들의 고통에 비하면 아무것도 아닌 것이 되곤 했습니다."

절망의 끝에서 희망이 움텄다. 조엘은 다시 음악을 할 수 있다는 자신감이 생겼다. 이제는 연주와 노래보다는 작곡에 집중하고 싶었다. 비틀즈 시대가 이런 결심에 영향을 주었다. 비틀즈 등장 이전에는 작곡하는 사람과 노래하는 사람이 나뉘어 있었다. 비틀즈가 등장하면서 이른바 싱어송라이터의 시대가 활짝 열렸다. 캐롤 킹, 닐 세다카, 닐 다이아몬드, 엘튼 존, 조니 미첼, 잭슨 브라운이 바로 이때 혜성처럼 등장했다. 조엘은 미친 듯이 곡을 썼다. 문제는 그 시대에는 뛰어난 싱어송라이터가 많았다는 점이다. 대형 레코드사는 롱아일랜드의 무명 가수의 데모테이프를 들어줄 만큼 한가하지 않았다.

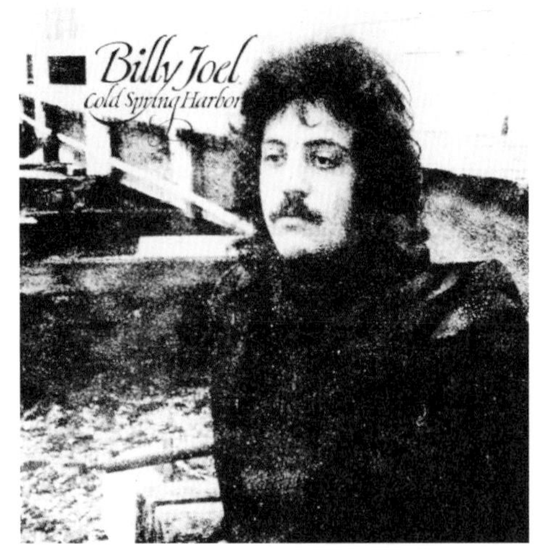

빌리 조엘 데뷔 앨범

1971년 조엘은 로스앤젤레스에 있는 패밀리 프로덕션과 자신의 첫 솔로 앨범 계약을 맺었다. 솔로 앨범을 녹음하기 위해 서부로 날아갔다. LA에서 나온 앨범이 '콜드 스프링 하버'였다.

그러나 이 앨범은 정상 속도보다 빠르게 녹음되었다. 결정적인 하자가 있는 상태로 출시된 레코드판에서 가수의 목소리는 이상하게 들렸다. 실패는 이것으로 끝나지 않았다. 패밀리 프로덕션과의 불평등 계약으로 인해 빌리는 앨범 판매 수익금을 만져보지 못했다.

피아노바의 피아노맨

조엘은 1971년 거주지를 LA로 완전히 옮긴다. 나이는 스물세 살이었지만 음악 경력은 벌써 10년째였다. 성공의 문은 좀처럼 열리지 않았다. LA는 롱아일랜드보다 자유로웠지만 무명 가수를 대접해 주는 곳은 어디에도 없었다.

조엘은 먹고 살기 위해 피아니스트를 구하는 술집을 찾아나섰다. 처음에는 코키스 바에서 2주일간 일하다 해고되었다. 두 번째로 잡은 직장이 윌셔 가에 위치한 피아노바 '이그제큐티브 라운지'. 그는 LA의 밤무대에 데뷔하면서 빌 마틴이라는 예명을 사용한다. 밤 9시부터 새벽 2시까지 손님들의 신청곡을 연주했다. 매일 야밤에 5시간씩 피아노를 치는 일은 여간 중노동이 아니었다.

술집 피아노 가수로 그는 세상을 배워 나갔다. 피아노바에 가면 보통 피아노 위에 팁을 받는 유리컵이나 작은 유리단지가 놓여 있다. 그는 팁을 자연스럽게 받아내는 요령을 익혔다. 이탈리아계가 보이면 영화 〈대부〉의 주제곡을 연주했고, 아일랜드계로 보이는 손님이 있으면 〈대니 보이〉를 쳤다. 미국은 이민자로 이뤄진 나라. 이민자들은 떠나온 고향을 추억하게 하는 노래가 흘러나오면 누구나 향수에 빠져 저절로 지갑을 열었다.

술집의 피아니스트는 손님의 비위를 거스르면 곤란하다. 조엘은 손님이 권하는 술을 받아 마셔 취하지 않는 날이 없었다. 월급과 팁 수입으로 그런대로 생활은 유지했지만 미래는 캄캄했다. 이러다 영원히 술집 피아니스트로 남지 않을까, 하는 불안감이 불쑥불쑥 엄습했다. 그럴수록 그는 미친 듯 작곡에 매달렸다. 피아노바에서 경험한 다양한 인생 이야기를 노랫말로 쓰고 곡을 붙인 것이 〈피아노맨〉이다.

조엘은 1972년 6월 말 푸에르토리코 마리솔 축제에 초대받았다. 조엘이 이끄는 밴드는 J. 게일즈 밴드, 비치 보이스, 타즈 마할 등과 같은 슈퍼스타 공연의 오프닝 파트를 맡았다. 그는 축제에서 청중들을 감동시켰고, 가수 인생에서 가장 뜨거운 호응을 받았다.

컬럼비아 레코드사 사장이 마리솔 축제에서 조엘을 눈여겨보았다. 사장은 조엘이 LA의 밤무대에서 활동하고 있다는 사실을 알고는 축제가 끝난 후 직접 '이그제큐티브 라운지'를 찾아왔다. 마침내 메이저 레코드 회사인 컬럼비아 레코드사와 계약이 성사되었다. 신인가수라면 누구나 꿈꾸는, 성공이 보장되는 사건이었다. 1973년 10월 〈피아노

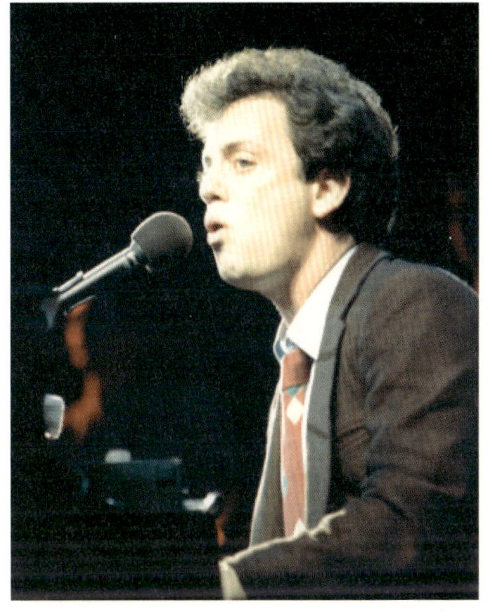

〈피아노맨〉으로 데뷔할 때의 빌리 조엘

맨〉이 세상에 나왔다. 이듬해 봄, 〈피아노맨〉이 빌보드 차트에 오르기 시작해 '빌보드 핫 100차트' 25위까지 상승했다. 〈피아노맨〉의 가사를 음미해 본다.

"토요일 밤 9시, 규칙적인 서민의 생활. 한 노인이 내 곁에 앉아 진 토닉을 마시며 말했네. '여보게 젊은이, 나를 위해 추억의 노래를 연주해 주겠나? 나는 그것이 어떻게 시작되었는지 확신할 수는 없지만, 그것은 슬프고 달콤하다네. 그리고 내가 젊은이의 옷을 입고 있었을 때는 그것은 완전한 것이었다고 생각했다네.' 라라라 라라라 라라라라라 라 라라 우리에게 노래를 불러주오. 당신은 피아노맨. 우리에게 노래를 불러주오. 우리 모두 하나의 멜로디에 감싸이네. 당신은 우리를 멋진 기분으로 인도하네……."

피아니스트가 있는, 담배 연기 자욱한 술집의 풍경이 머릿속에서 그려진다. 노랫말에서 느낄 수 있는 것처럼 〈피아노맨〉은 무명 시절의 초상인 동시에 인생에 대한 깊은 성찰이 스며 있다. 〈피아노맨〉이 빌보드 차트 25위에 랭크되었지만 그는 여전히 신인 대접을 면치 못했다. 〈피아노맨〉으로 인한 수입도 변변치 못했다. 여전히 그에게는 비치 보이스 공연의 오프닝 밴드 역할만이 주어졌다.

두 번째 앨범 '스트리트라이프 세레나데'를 작곡하고 있을 즈음 아내 엘리자베스가 그의 매니저가 된다. LA의 음악적 분위기는 더 이상 그에게 창조적인 영감을 불러일으키지 못했다. LA에 머물 이유가 없어졌다.

드디어 스타 탄생

조엘은 1976년 뉴욕으로 돌아가기로 결심했다. 그는 뉴욕의 하일랜드 포즈에 집을 얻었다. 이 집에 들어간 직후였다. 어떤 멜로디가 조엘의 머릿속을 거칠게 휘저었다. 조엘은 짐 정리를 미뤄두고 오선지 노트를 꺼내 신들린 듯 머릿속의 곡을 옮겨 썼다. 30분도 안되어 작곡한 곡이 〈내 마음 속의 뉴욕〉이었다.

"목구멍에서부터 솟아나듯 아주 자연스럽게 멜로디가 떠올랐습니다. 레이 찰스가 〈성조가〉 대신 이 곡을 월드시리즈 오프닝으로 부르는 모습을 상상했을 정도였습니다."

5년 만에 다시 맛보는 뉴욕의 공기였다. 고향은 누구에게나 그리움의 대상이지만 특히 예술가에게는 마르지 않는 영감의 원천이다. 조엘은 뉴욕에서 살기 시작한 지 몇 주 만에 10여 곡을 썼다. 앨범 앞뒤를 다 채우고도 남을 만한 곡이었다. 〈내 마음 속의 뉴욕〉은 빌리 조엘이 태어나고 자랐고 현재 살고 있는 뉴욕에 대한 헌정곡이다. 오션사이드, 리버사이드 드라이브 등이 무대가 되었다.

조엘은 새 앨범 제작에 들어갔다. 실패의 쓴맛은 맛볼 만큼 맛보았다. 공간도 달라졌으니 앨범 제작 방식도 더 이상 과거의 것을 고집할 **앨범 턴스타일**
이유가 없었다. 그는 직접 앨범 프로듀싱을 하기로 하고 세션맨들을 뽑았다. 앨범 '턴스타일(Turnstile)'이 세상에 나왔다. 이 앨범의 오프닝 곡 〈세이 굿바이 투 할리우드〉에서 그는 로스앤젤레스를 떠나 뉴욕에 온 기쁨을 노래했다. '턴스타일'은 전체적으로 성공하지 못했지만 〈내 마음 속의 뉴욕〉만이 꾸준하게 반항을 불러일으켰다. 1977년 같은 레코드사 소속인 바브라 스트라이샌드가 이 노래를 토니 베넷과 듀엣으로 다시 취

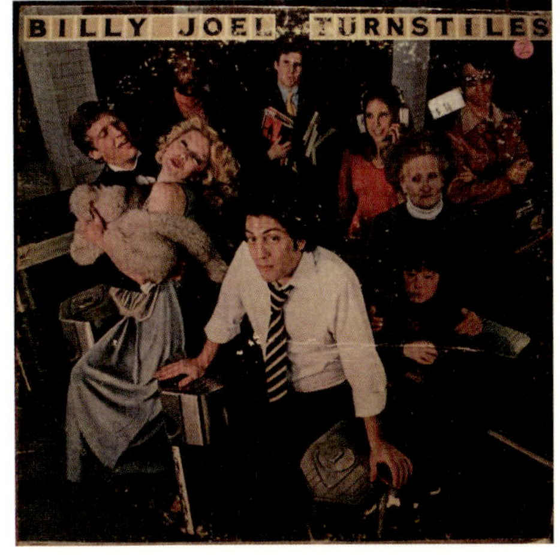

입하면서 널리 알려지게 되었다. 〈내 마음 속의 뉴욕〉의 가사를 보자.

"어떤 이들은 떠나려 하지. 이웃을 떠나 여행을 가려 하지. 비행기를 타고 마이애미 해변이나 할리우드로 말이야. 나는 허드슨 강을 따라 그레이하운드를 타고 가지. 나는 마음 속의 뉴욕에 있어……. 리듬과 블루스 없이 하루하루를 살아가는 것은 어려운 일이 아니지만 《뉴욕타임스》나 《데일리 뉴스》는 조금 필요한 것 같아……."

롱아일랜드와 뉴욕에서 청춘의 대부분을 보낸 조엘. 그는 팬시카도 리무진도 부럽지 않았다. 허드슨 강을 볼 수만 있다면, 매일 《뉴욕타임스》와 《데일리 뉴스》를 읽을 수만 있다면 그것으로 행복했다. 뉴요커에게 허드슨 강 없는 뉴욕은 상상도 할 수 없다. 허드슨 강의 거칠고 빠른 물결. 뉴요커들은 센트럴파크 하나만으로도 행복에 겨워하는데, 신은 그들에게 허드슨 강을 덤으로 안겨주었다.

컬럼비아 레코드사는 세 번째 앨범 '스트레인저'를 제작했다. 이번에는 폴 사이먼의 프로듀서였던 필 라몬이 프로듀싱을 맡았다. 필 라몬은 조엘의 밴드에 대해 불평하지 않았다.

허드슨 강.
멀리 보이는 다리가
조지 워싱턴 다리다.

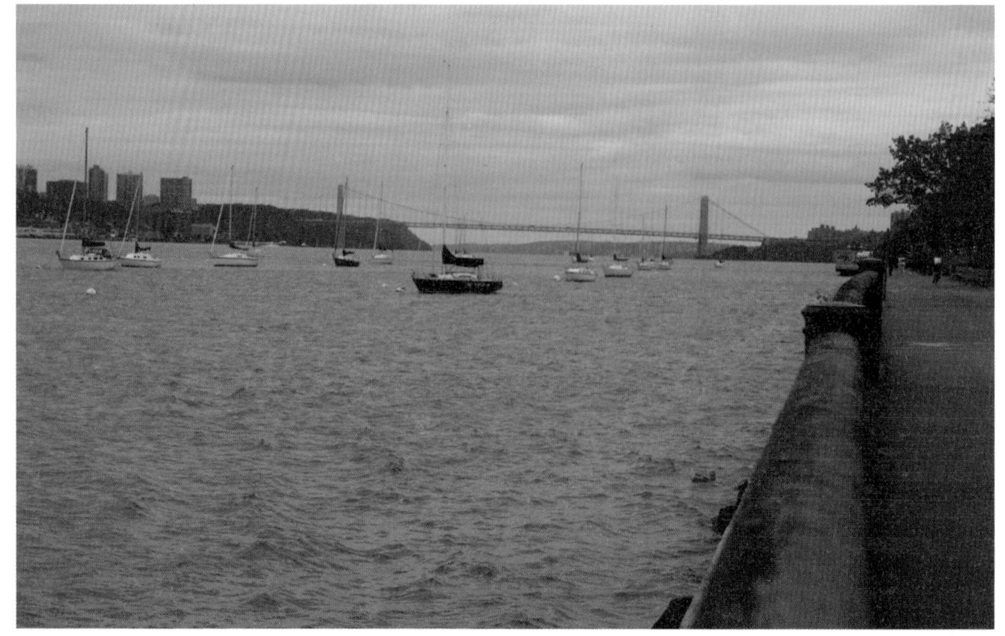

“다른 프로듀서와 일을 시작할 때마다 밴드는 그 프로듀서의 테스트를 받아야 했어요. 그러나 필 라몬은 처음부터 밴드를 마음에 들어했어요. 그들이 연주하는 것을 듣고 '순회공연 때와 마찬가지로 연주하면 된다. 로큰롤의 거친 사나이들 그대로 좋아'라고 말해주었지요. 덕분에 밴드는 더욱 잘 연주할 수 있었습니다.”

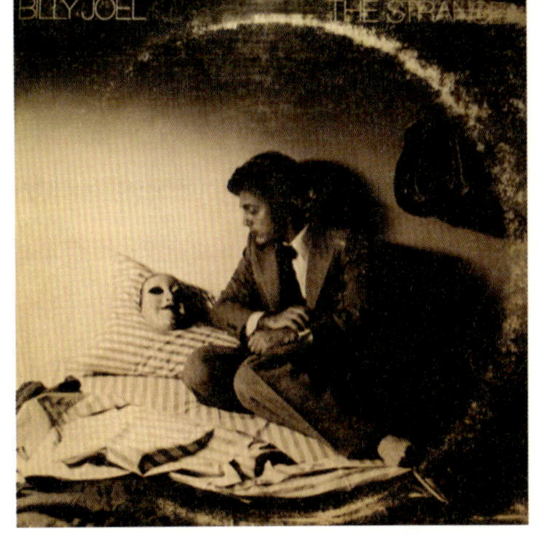

앨범 스트레인저

조엘은 곡을 녹음한 뒤에 그 위에 보컬을 녹음하는 '오버 더빙' 방식을 선호하지 않았다. 그는 언제나 피아노를 치면서 보컬을 녹음했다. 타이틀곡인 〈더 스트레인저〉를 보자. 노래의 도입부에 바람에 실려오는 쓸쓸한 휘파람 소리! 언제 들어도 압권이다. 휘파람 소리가 페이드 아웃(fade out)되면서 나오는 피아노 선율. 이어서 터져나오는 베이스 기타. 낯선 사람, 이방인을 뜻하는 'the stranger'와 기막히게 어울린다. 알려진 것처럼 휘파람은 빌리 조엘의 아이디어로 곡이 완성된 뒤에 덧붙여졌다.

“이 곡은 어딘가 허전하고 부족한 느낌의 사운드를 목표로 했습니다. 레인코트를 걸친 험프리 보가트 같은 인물이 비에 젖은 어느 길모퉁이를 걷고 있는, 그런 분위기를 표현하려 했습니다.”

평론가들은 〈지금 그대로의 당신(Just The Way You Are)〉은 프로듀서 필 라몬이 아니었다면 평범한 록발라드가 되었을 것이라고 평가한다. 그만큼 필 라몬의 탁월한 음감이 곡에 생명력을 불어넣었다는 뜻이다. 조엘의 말을 들어보자.

“필이 스튜디오에 들어와 이 곡을 듣자 리버티 데이비스를 향해서 '삼바풍으로 연주해 보면 어떨까'라고 말했습니다. 리버티는 정통 로

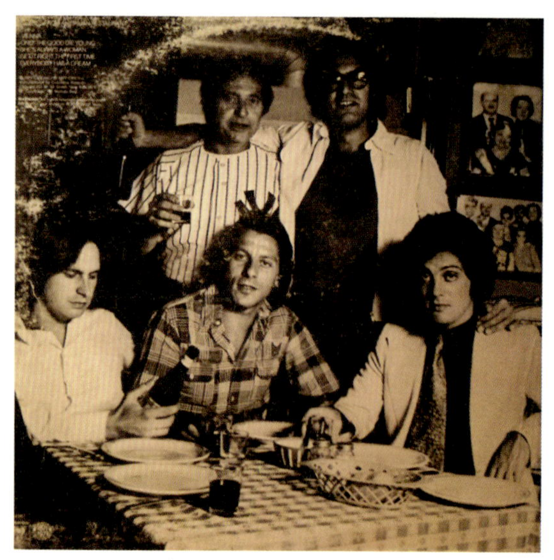

스트레인저 앨범
세션맨들과 함께.
윗줄 왼쪽이 필 라몬이다.

큰롤 드러머였기 때문에 삼바의 비트를 두드리는 데는 익숙하지 않았어요. 하지만 그는 잘 해냈습니다.”

‘스트레인저’ 앨범은 빌보드 차트 톱 25에 무려 4곡이나 올렸다. 〈지금 그대로의 당신〉, 〈무빙 아웃〉, 〈선한 사람만 일찍 죽는다〉, 〈그녀는 언제나 여자〉.

당대의 히트곡은 많다. 그런 히트곡 중 상당수는 가수가 살았을 때만 불리고 끝나는 경우가 많다. 가수가 죽고 나서 더 이상 불리지 않는 곡은 명곡의 선반에 놓이지 않는다. 〈지금 그대로의 당신〉은 다이아나 크롤 등 여러 가수에 의해 계속 불려진다. 노래는 다음 세대의 가수에 의해 꾸준히 리메이크될 때 비로소 ‘불후(不朽)’라는 대관을 받는 법. 세계의 청춘에게 〈지금 그대로의 당신〉은 프러포즈할 때 부르는 최고의 노래로 통한다. 작사·작곡자의 입장에서 보면 이보다 영예로운 일이 있을까. 실제로 이 노래는 그가 아내 엘리자베스를 위해 선물로 쓴 곡이었다.

〈지금 그대로의 당신〉이 명곡으로 평가받는 또 다른 이유가 있다. 이 곡이 나온 시대상황을 알고 나면 이 앨범의 가치에 대해 새롭게 눈뜬다. 당시 미국 대중음악은 디스코가 대세였다. 디스코 열풍이 휩쓸고 있던 상황에서 진지한 노랫말에 삼바풍 재즈 리듬의 〈지금 그대로의 당신〉이 발표됐다. 유행에 뒤처진 듯한 재즈 리듬! 그런데 이 곡이 폭발적인 인기를 얻었다. 이것은 그의 노래가 시류를 타지 않고 대중과 소통하고 대중을 공감시키는 힘을 지녔다는 것을 의미한다. 노랫

말은 또 어떤가. 쉽지만 대단히 철학적이다. 삶을 통찰하는 혜안이 번득인다. 음미할수록 그 의미가 새로워지는 곡이다.

1977년 9월, 그는 최고 인기 텔레비전 프로그램인 '토요일 밤 라이브'에 출연한다. 그는 2,000만 명의 미국 시청자들 앞에서 자작곡 〈지금 그대로의 당신〉을 불렀다. 마침내 빌리 조엘이라는 스타가 탄생했다.

'스트레인저' 앨범은 컬럼비아 레코드사의 신기록을 갈아치웠다. 이전까지 최다 판매량 기록을 보유한 앨범은 '사이먼 & 가펑클'의 〈험한 세상에 다리가 되어〉였다. '스트레인저' 앨범은 1977년 미국에서만 500만 장이 넘게 팔렸다. '스트레인저'의 대성공 이후 프로듀서 필라몬은 1989년에 발매된 '스톰 프론트'까지 그의 모든 앨범을 프로듀싱하게 된다. '스트레인저' 앨범으로 조엘은 그래미 상 '올해의 레코드상'괴 '올헤의 노래'를 석권했다.

경이적인 기록 행진

'스트레인저'가 대히트하자 신문들은 조엘의 차기 앨범과 관련된 예상 기사를 쏟아냈다. 조엘의 팬들은 다음 앨범이 나오기만을 손꼽아 기다렸다. 막상 그토록 갈망하던 성공을 하고 나자 그는 생각지도 못한 중압감에 미칠 지경이었다. 1978년 초, 그는 밴드와 함께 다시 A&R 레코딩 스튜디오에 들어갔다. '52번가'는 이런 강박 속에서 탄생했다.

'52번가'는 발매되자마자 불티나게 팔려나가기 시작했다. 이 앨범에는 록과 발라드가 골고루 섞여 있다. 대중은 〈마이 라이프〉, 〈빅 숏〉, 〈어니스티〉에 열광했다. 한 달 동안 무려 300만 장이 팔려나가는

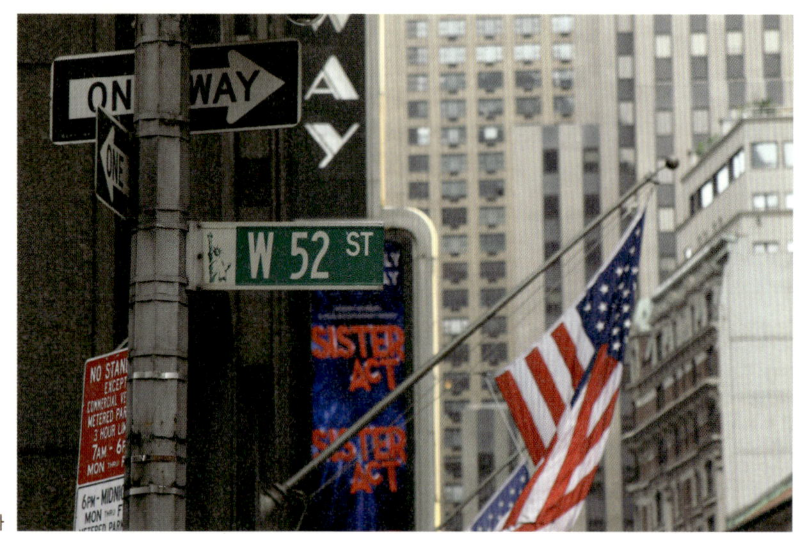

맨해튼 브로드웨이 52번가

경이적인 판매고를 기록했다. '52번가'는 그의 판매량 1위 앨범으로 기록된다. 이어 그는 미국 순회공연을 시작했고, 방문하는 도시마다 매진 행렬을 이어나갔다.

앨범 '52번가'는 맨해튼 52번가에서 영감을 얻었다. 52번가는 1930 ~50년대에 세계의 수많은 재즈공연이 초연된 장소였다. 지금 이곳에는 재즈클럽이 거의 남아 있지 않다. 블루노트, 커튼클럽, 뱅가드 등은 모두 집세가 싼 다운타운 지역으로 옮겨갔다. '52번가'의 인기를 보여주는 단적인 사례 하나. 톰 행크스가 신인배우 시절 출연한 텔레비전 시트콤 '버섬 버디'의 주제곡이 바로 〈마이 라이프〉였다. '52번가' 역시 조엘에게 그래미 상을 또 한 번 안겨주었다.

이 앨범은 과학기술의 역사에서도 하나의 기념비가 되었다. '52번가'는 콤팩트디스크에 녹음된 첫 앨범이다. 1982년 10월 1일 일본에서 소니사가 사상 최초로 개발한 CD 플레이어 CDP-101이 시장에 나왔다. '52번가'는 LP판의 종언을 알리는 신호탄이었다.

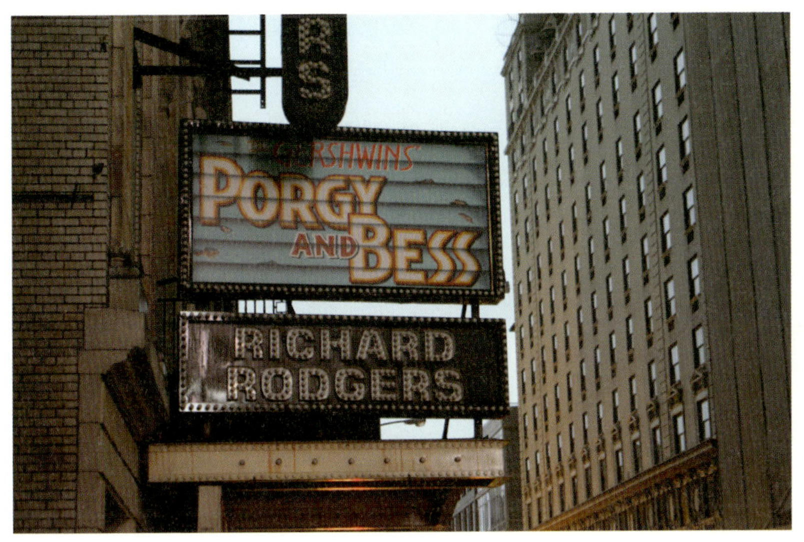

52번가 리처드
로저스 극장

　LP판 '52번가' 재킷에는 조엘이 청바지에 재킷을 입고 블록 벽에 기댄 채 트럼펫을 들고 있는 사진이 실렸다. 그는 트럼펫을 불 줄 모른다. 청바지에 재킷을 걸치고 넥타이를 느슨하게 맨 빌리 조엘. 그는 순회공연에서도 역시 앨범 재킷과 같은 의상으로 무대에 섰다. 어디서나 흔히 볼 수 있는 평범한 의상. 그는 엘비스 프레슬리, 비지스 등이 즐겨 입은 화려한 무대의상을 따로 맞춰 입지 않았다. 그의 패션은 1980년대 세계 20대의 패션 아이콘이 되었다.

　앨범 '나일론 커튼' 작업은 1981년 가을에 시작되었지만 다음해 7월에야 세상 빛을 보았다. 이전의 앨범 작업에 비하면 시간이 몇 배 더 걸렸다. 왜 그랬을까. 1982년 들어 우환이 겹쳐 찾아온 결과였다. 오토바이를 타고 가다 교통사고를 당했지만 운이 좋아 손가락만 부러지는 경상에 그쳤다. 매니저를 겸하는 아내 엘리자베스와의 관계가 악화되었고, 결국 두 사람은 이혼했다. 녹음 작업이 지연된 것은 당연했다.

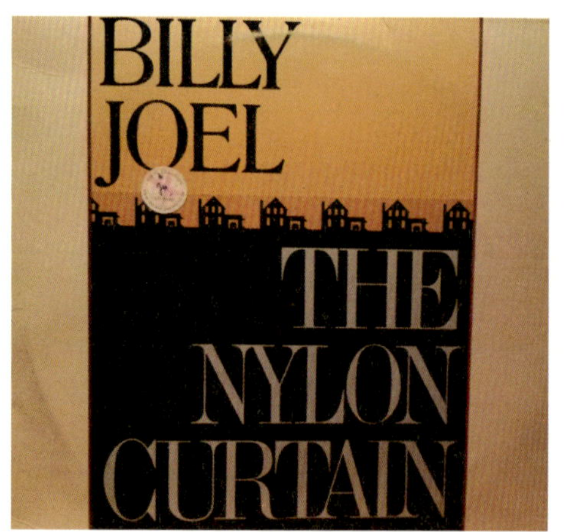

앨범 나일론 커튼

정신적 고통 속에 만들어진 '나일론 커튼'은 재킷부터 이전 것과 달랐다. 이 앨범에는 조엘의 사진이 재킷에 나오지 않는다. 차고가 달린 미니어처 같은 집들이 줄지어 서 있는 모습. 미국 서민층의 주거지역임을 금방 알 수 있다. 재킷 속에는 뉴욕의 '블라이언 페와라' 거리를 촬영한 사진이 인쇄되어 있다. 그 이유가 궁금해진다.

"이 앨범은 냉전시대를 겪으며 성장한 우리와 같은 세대들에 관한 노래입니다. 우리의 인생에 대한 자세와 우리가 느끼는 죄의식, 중압감, 동료의식, 그리고 베트남전쟁에 관해서 말입니다."

'나일론 커튼'은 상업적으로나 음악적으로 모두 성공을 거두었다. 이 앨범은 그의 가수 인생에서 전환점이 되었다. 평론가들은 가장 담대하고 야망이 넘치는 곡들이라고 평했다. 이 앨범은 지금까지도 조엘이 자신의 앨범 중 가장 좋아하는 것으로 언급된다.

또다른 사랑에 빠지다

1983년 9월에 발매된 앨범이 '이노센트 맨'. 이 앨범을 히트시킨 노래가 〈업타운 걸〉이다. 알려진 대로, 이 노래는 슈퍼모델 크리스티 브링클리를 위해 쓴 곡이다.

첫부인 엘리자베스와의 관계가 악화되기 시작한 것은 1980년부터였다. 결혼생활은 10년간 유지되었지만 자녀는 없었다. 엘리자베스는 아내의 역할에 만족하지 않았다. 스스로 남편의 매니저 역할을 자처

하고 나섰다. 그는 '매니저 아내'가 두 사람의 관계를 갈라놓게 될 줄을 알지 못했다.

"나는 비즈니스에 적합한 성격이 아니기 때문에 그쪽 일에는 전혀 흥미가 없었습니다. 그래서 모든 것을 그녀에게 맡겼지요. 그런데 엘리자베스는 내 사생활까지 간섭하려 했어요. 하나에서 열까지 일일이 체크했습니다. 그런 그녀의 태도는 나를 하나의 상품으로 여기는 듯했지요. 나는 나를 팝뮤직의 상품으로 여기는 사람은 싫습니다. 특히 아내가 그런 태도를 보이는 것은 더욱 견디기 어려웠습니다."

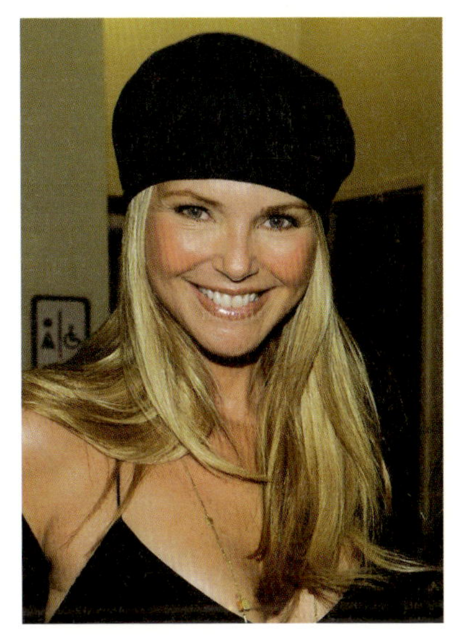

모델 크리스티 브링클리

1983년 1월, 조엘은 카리브 해안으로 휴가를 떠났다. 저녁 식사 후 호텔 바에 들어갔다. 기분이 좋아진 그는 피아노 앞에 앉았다. 손님들은 세계적인 가수가 눈앞에서 신청곡을 받는다는 사실에 흥분을 감추지 못했다. 조엘은 신청곡 중에서 몇 곡을 피아노로 연주했다. 그런데 손님들 중에 모델 크리스티 브링클리가 있었다. 잡지 《스포츠 일러스트레이티드(SI)》 모델로 데뷔한 브링클리는 당시 최고의 개런티를 받는 모델이었다. 브링클리는 조엘의 연주에 맞춰 즉흥적으로 노래를 불렀다. 박수와 환호가 터졌다. 즉흥적인 무대와 우연한 만남. 사랑은 그렇게 영화처럼 시작되었다.

앨범 '이노센트 맨'의 수록곡들은 브링클리와 연애하면서 영감을 받은 작품들이다. 브링클리는 조엘의 뮤즈였다. 그녀는 뮤직비디오 〈업타운 걸〉에도 출연했고, 〈키핑 더 페이스〉의 뮤직비디오에도 쉐보레 자동차의 빨강머리 여성으로 등장했다. '이노센트 맨'은 1983년 그래미 상 앨범 후보에 올라갔지만 이번만큼은 운이 따르지 않았다. 경합 상대는 마이클 잭슨의 '스릴러'였다.

조엘과 브링클리는 1985년 허드슨 강 요트 위에서 결혼식을 올렸다. 두 사람의 결혼은 세계의 톱뉴스를 장식했다. 곧이어 딸이 태어났다. 조엘은 딸의 이름을 알렉사 레이 조엘이라고 지었다. 중간 이름 '레이'는 가수 레이 찰스에서 따온 것이다. 레이 찰스는 조엘의 젊은 날 우상의 한 명이었다. 조엘과 브링클리는 10년간 살다가 결국 결별했지만 현재까지 친구 관계로 남아 있다. 조엘은 한 인터뷰에서 사랑이 예술가에게 얼마나 중요한지를 이렇게 말했다.

"나는 그 동안 세상의 여러 얼굴을 모두 보아왔고 나름대로 경험도 풍부하여 두 번씩이나 사랑에 빠지는 일은 없을 거라고 생각했습니다. 어떻게 그런 믿음을 갖게 되었는지 생각하면 참 우스워요. 이따금 인생이 적막하게 느껴지는 순간이 누구에게나 있는 모양이에요. 그러나 그것은 지극히 한순간의 감정에 지나지 않습니다. 지금이라면 저는 몇 번씩이라도 사랑을 할 수 있고, 또 그것이 언제나 아름답다는 것을 믿게 되었습니다. 30대의 사랑도 16세의 사랑과 마찬가지로 푹 빠져버리는 것이라는 데는 다른 점이 없습니다."

조엘은 순수한 사람이었고, 자기감정에 솔직한 뮤지션이었다.

"곡이 저절로 샘솟아 7주 동안 10곡이나 작곡했습니다. 소년 시절에 즐겨 들었던 소울과 리듬앤블루스, 팝뮤직 등 1950~60년대의 라디오에서 흘러나왔던 사운드로 되돌아간 듯했지요. 퍼지 슬레이지의 〈남자가 여자를 사랑할 때(When A Man Loves A Woman)〉를 못 듣고 사춘기를 보낸다는 것은 불행한 일입니다. 사춘기 때 그 곡을 들으며 받았던 느낌을 나의 이번 앨범에서 살려보려 했습니다."

'이노센트 맨'은 조엘의 젊은 날의 자서전이다. 다시는 돌아갈 수 없는 그리운 시간에 대한 헌사였다. 학교 체육관 무대 위에 올라가 엘비스 프레슬리의 〈하운드 독〉을 부르고, 밴드를 만들어 좌충우돌하며

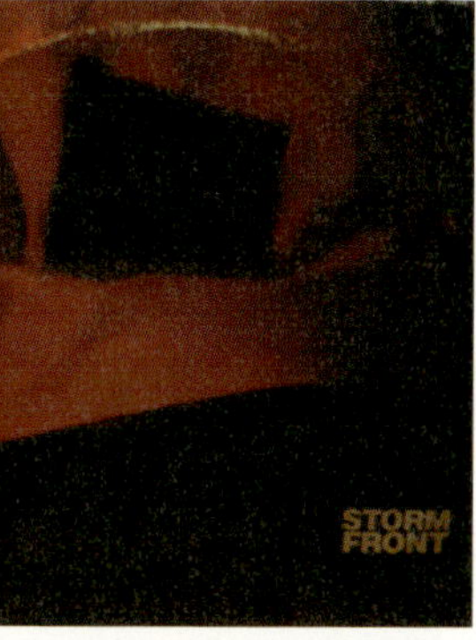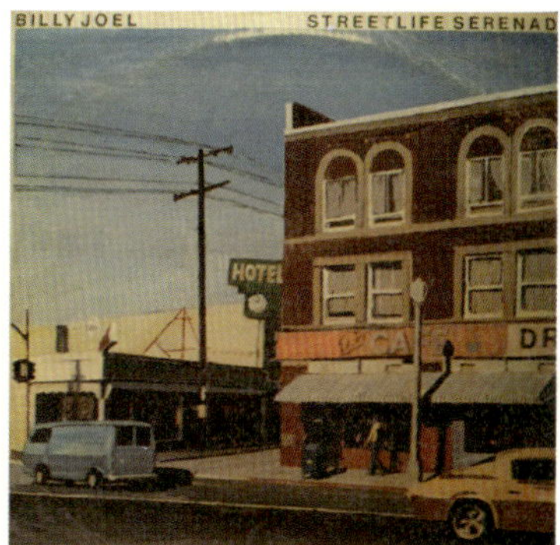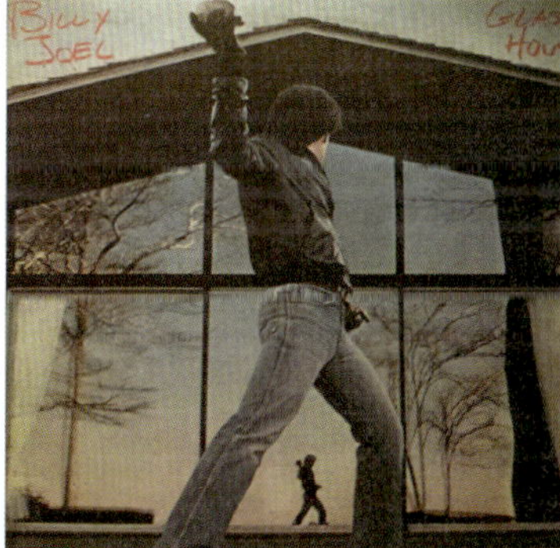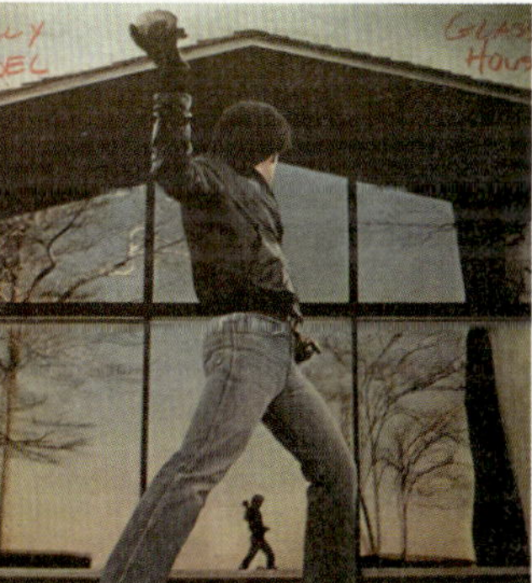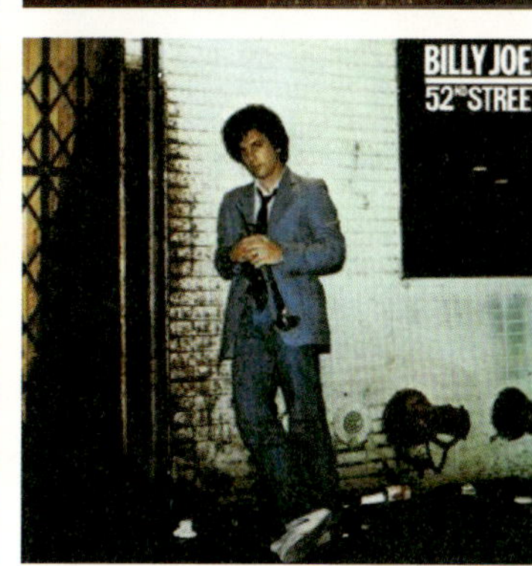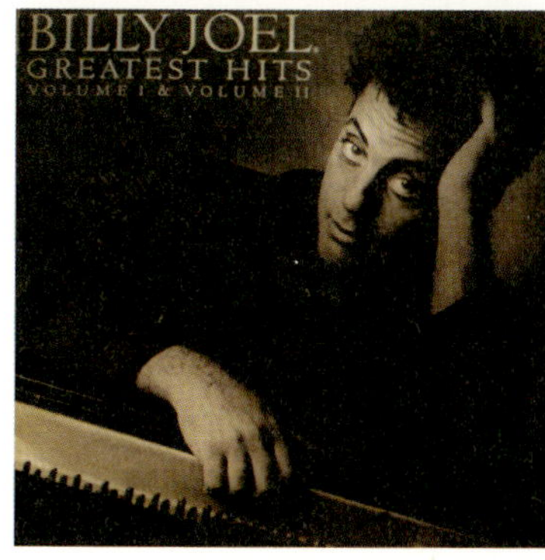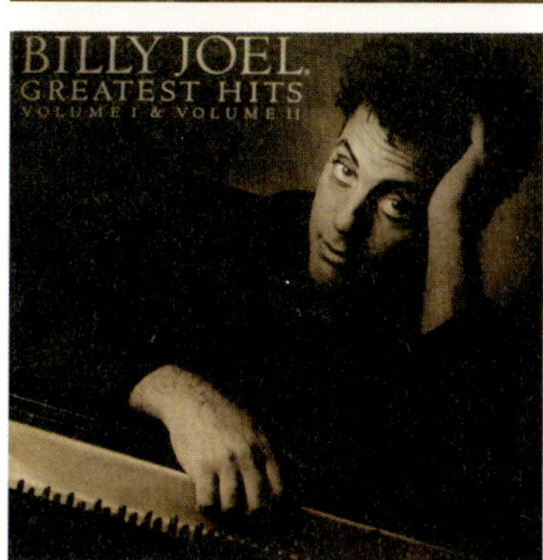

빌리 조엘의 앨범들

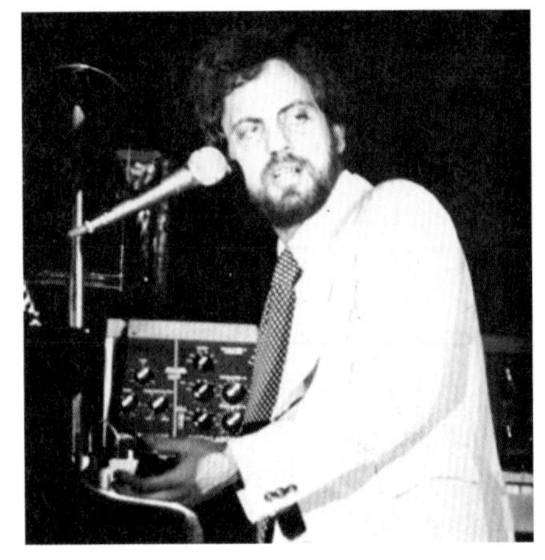

빌리 조엘

롱아일랜드를 휘젓고 다니던 청춘 시절. 라디오에서 흘러나오던 닐 세다카, 포 시즌스 등의 노래에 푹 빠져 밤을 잊곤 했던 청춘의 감성이 그대로 살아 있었다.

1987년은 뮤지션 빌리 조엘에게 역사적인 해였다. 미국과 소련이 1985년 문화교류협정을 체결했다. 조엘과 그의 매니저들은 소련 공연을 계획했다. 공연이 성사된다면 조엘은 베를린 장벽이 세워진 이래 소련에서 최초로 공연하는 미국 가수가 되는 것이었다. 조엘과 그의 가족과 밴드는 1987년 6월 소련 투어 공연을 했다. 이 공연은 텔레비전과 비디오로 촬영되었고 나중에 비디오로 발매되어 여행경비를 상쇄했다. 소련 공연은 라디오로 전세계에 위성으로 동시 중계되었다.

그러나 모스크바는 달랐다. 청중 대부분은 조엘의 파워 넘치는 공연에 더디게 반응했다. 이는 지금까지 조엘이 공연했던 다른 나라에서는 결코 일어나지 않았던 일이다. 강한 조명이 비칠 때마다 소련 젊은이들은 감정을 표현하지 못하고 얼어붙은 듯한 모습이었다고 조엘은 말했다. 조엘은 소련 공연으로 100만 달러의 손해를 보았다.

공백 후의 빅히트

1989년에 나온 앨범 '스톰 프론트'. 이 앨범은 프로듀서 필 라몬이 프로듀싱하지 않았다. 이 앨범에서 조엘은 새로운 사운드를 원했고, 이를 위해 드러머를 제외한 나머지 멤버는 새 얼굴로 채웠다.

이 앨범을 가장 유명하게 한 곡은 〈레닌그라드〉. 이 곡은 조엘이 소

런 공연 중 레닌그라드(현 페테르스부르크)에서 광대를 만난 후에 쓰여
졌다. 〈뉴잉글랜드 사람 알렉사〉는 롱아일랜드 어부들의 곤궁한 삶을
배경으로 탄생했다. 〈뉴잉글랜드 사람 알렉사〉에는 롱아일랜드와 뉴
잉글랜드의 장소들이 등장한다. 블록 아일랜드 사운드, 마르타의 포
도밭, 난터켓, 가디너스 베이……. 젊은 시절의 고독이 추억으로 남아
있는 현장들이다.

'스톰 프론트'는 오랜 공백에도 불구하고 빅히트를 기록했다. 이 앨
범에서는 〈I Go To Extremes〉와 〈We didn't Start The Fire〉가 대중의
사랑을 받았다. 〈We didn't Start The Fire〉는 강력한 록 비트에 세계사
와 관련된 인물들을 열거하는 곡이다. 물론 한국 관련 부분도 나온다.
판문점, 코리안 워, 노스코리아, 사우스코리아, 승만 리. 마치 초등학
생들이 즐겨 부르는 〈한국을 빛낸 100명의 위인들〉을 연상시킨다. 그
의 정신세게에 한국은 6·25전쟁과 분단이라는 이미지로 남아 있다.
한국 사람의 입장에서는 속상한 일이지만 88서울올림픽까지 세계인
에게 한국은 그런 부정적 이미지가 강했다.

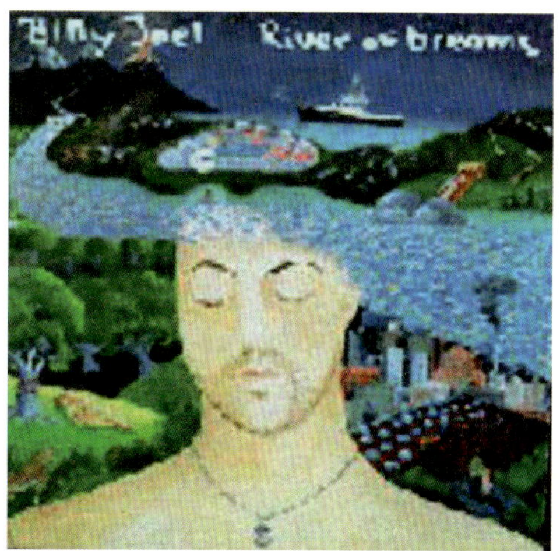

앨범 '꿈 속의 강'

1994년 조엘은 앨범 '꿈 속의 강(The
Rivers of Dream)'을 내놓았다. 브링클리가
앨범 재킷의 일러스트를 그리고 디자인했
다. 그러나 앨범이 나왔을 때 브링클리는
조엘 곁에 없었다.

〈꿈 속의 강〉을 처음 들었을 때 나는 놀
라지 않을 수 없었다. 44세의 싱어송라이
터가 쓴 곡이라기엔 너무도 감각적이었다.
이 곡은 지금도 들을 때마다 나도 모르게
어깨가 들썩여진다. 마치 삶의 무게로 묵

중했던 육신이 새털처럼 가벼워져 꿈 속의 강물 위에 오월의 햇살을
받으며 떠내려가는 것 같다.

젊은 날 반짝 광채를 발하는 천재들이 있다. 천재성은 일종의 광기
와 같아서 오랫동안 지속되기 힘든 속성이 있다. 광기와 흡사한 영감
의 소용돌이가 오랜 기간 지속된다면 그 천재는 불멸이 된다. 음악가
도 예외가 아니다. 우리가 이름을 기억하는 천재 음악가도 대부분 20
대에 폭풍처럼 곡을 써낸 이후론 소강상태에 들어간 경우가 많다. 20
년 동안 마르지 않은 영감의 샘물을 갖는다는 것은, 모든 예술가가 희
망하지만 현실에선 지난(至難)하다. 그런데 빌리 조엘은 1973년 〈피아
노맨〉을 쓰고 20년 뒤에 전혀 다른 리듬의 〈꿈 속의 강〉을 써냈다.

조엘은 엘튼 존과 함께 '페이스 투 페이스(Face to Face)' 공연도 시
작했다. 엘튼 존과의 듀오 공연은 팝 음악사상 최장 기간, 가장 성공적
인 공연으로 기록된다. 두 사람은 각각 자신의 히트곡을 불렀고 서로
의 히트곡을 듀오로 부르기도 했다.

클래식 작곡가 조엘

조엘은 브링클리와 이혼한 이후 9년간 딸 알렉사를 키우며 혼자 살
았다. 그러던 2004년 9월, 55세의 조엘은 22세의 케이티 리와 결혼하
게 된다. 케이티 리는 PBS쇼의 레스토랑 통신원으로 일했고, 유명 요
리사로 케이블 텔레비전에서 쇼를 진행하기도 했다. 조엘의 세 번째
결혼은 롱아일랜드에 있는 조엘의 저택에서 성대하게 치러졌다. 딸
알렉사 레이는 그때 18세로 아버지의 재혼에 들러리를 섰다. 브링클
리 역시 조엘의 재혼에 참석해 축하했다. 33세 연하와의 사랑과 결혼!
찰리 채플린과 네 번째 부인 우나 오닐의 나이 차이가 34세였다. 채플

린은 어린 부인과 아이를 8명이나 두었고 죽을 때까지 해로했다. 그러나 세상 남자들의 부러움을 받았던 조엘의 결혼은 5년 만에 파경을 맞았다.

조엘은 2006년 1월, 전미 투어를 시작했다. 13년간 신곡을 쓰지도 않고 음반을 발매하지도 않은 조엘이었다. 매디슨 스퀘어 가든 콘서트에서 조엘은 전대미문의 12회 매진이라는 기록을 세웠다. 같은 장소에서 뉴저지 주 출신의 브루스 스프링스틴이 갖고 있던 10회 연속 매진의 기록을 깬 것이다. 스포츠 경기가 아닌 이벤트에서 12회 매진은 지금까지도 깨지지 않아 영구 결번 숫자(12)가 되었다. 그는 2006년 남아공, 호주, 일본, 하와이에서 공연했고, 2008년 11월에는 서울을 찾아와 처음으로 한국 공연을 했다.

팝 칼럼니스트 윤하정은 빌리 조엘 전문가다. 윤하정은 2008년 빌리 조엘의 음악에 대해 이런 칼럼을 썼다.

"2008년, 그가 첫 앨범을 발표한 지 어언 32년, 그의 음악적 기록들

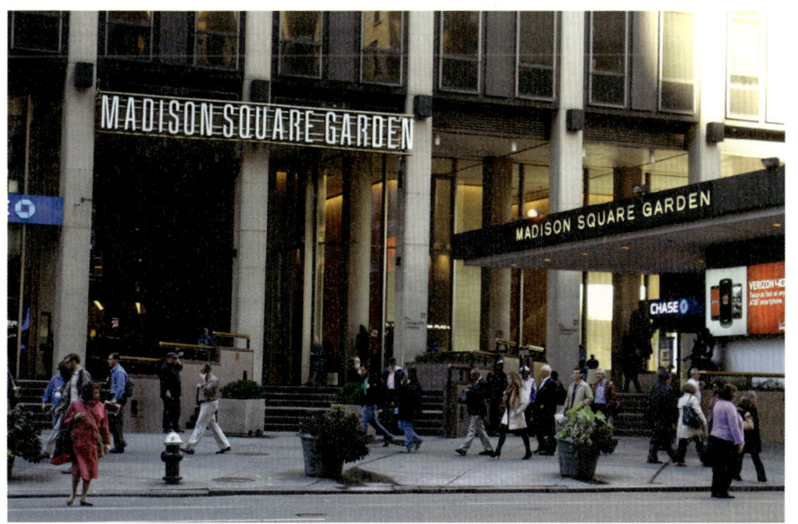

매디슨 스퀘어 가든

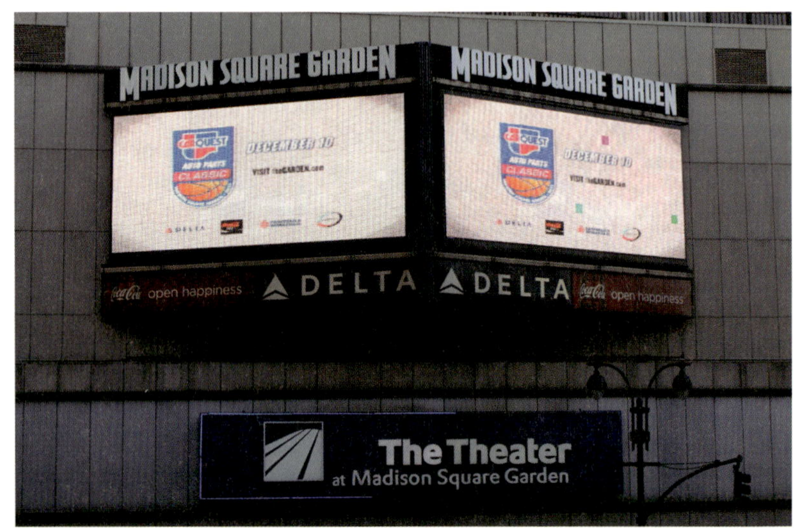

매디슨 스퀘어 가든

의 한 조각이자 시작이었음에도 불구하고 수많은 팬들의 가슴 속에 빌리 조엘은 '피아노맨'으로 남아 있다. 때로는 발라드의 왕자로, 때로는 흥겨운 로큰롤 스타로 다양한 방식을 통해 인간성 회복의 주제를 노래해 온 조엘. 진솔하면서도 풍족함이 넘치는 음악, 천진스러우면서도 주제의식이 강한 그다운 팝이라면 그것으로 충분했던 것이다. 그를 팝의 전설이라고 부르는 이유는 앞서 나열된 수많은 이력 때문이 아니다. 언제 들어도 그 느낌 그대로인, 세월이 지날수록 더 깊어가는 그 노래가 지닌 매력 때문일 것이다."

조엘은 현역 활동을 마감한 60대 가수다. 머리가 벗겨져 숱이 얼마 남지 않았으며 주름살이 많다. 외모지상주의가 만연한 우리나라에서는 한물 간 늙다리 가수라고 부를 수도 있겠다. 하지만 그의 노래는 다음 세대의 가수들에 의해 끝없이 리메이크되고 사랑받는다. 왜 우리는 모두 세대를 초월해 조엘을 좋아하는 걸까?

조엘의 노랫말과 멜로디에 그 답이 있다. 조엘은 승자(勝者)의 삶만을 노래하지 않는다. 삶의 밑바닥까지 내려가 본 사람만이 깨달을 수 있는 인생에 대한 깊은 사랑과 통찰이 스며 있다. 인생은 버티고 살아남아야 한다는 숭고한 진리와 인간애, 진정한 사랑을 추구하는 솔직한 태도. 빌리 조엘은 우리가 단 한 번뿐인 인생을 살아가야 하는 이유, 살면서 추구해야 하는 가치를 노래한다.

아서 밀러,

세일즈맨의 아버지

1915~2005

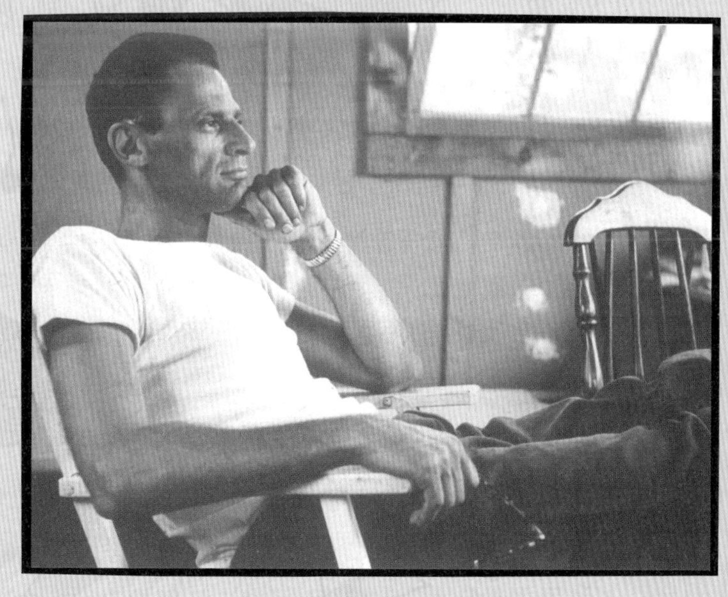

"사람은 과일 나부랭이가 아니다"

하워드 : (나가면서) 다른 약속이 있어서 이만.

월리 : (붙잡으며) 사장님 아버지 얘기라니까요! 바로 이 책상 위에서 약속을 했단 말입니다. 저는 이 회사에서 34년을 봉직했는데 지금은 보험료조차 낼 수 없는 형편입니다. 오렌지 속만 까먹고 껍데기는 내다버리실 참입니까? 사람은 과일 나부랭이가 아니지 않습니까! (잠시 후) 관심을 좀 기울여주세요. 사장님 아버지는……. 1928년에 저는 큰 성공을 거두었어요. 주당 평균 커미션만 170달러에 달했으니까요."

아서 밀러의 희곡 《세일즈맨의 죽음》의 일부분이다. 이 중 가장 널리 인용되는 대목은 "오렌지 속만 까먹고 껍데기는 내다버리실 참입니까? 사람은 과일 나부랭이가 아니지 않습니까!"라는 대사이다.

아서 밀러는 이 희곡을 1948년에 썼고, 1949년에 뉴욕 브로드웨이에서 막을 올렸다. 주인공 월리 로만의 대사에서 짐작할 수 있는 것처럼 희곡의 배경은 1930년대의 대공황이다.

줄거리는 이렇다. 세일즈맨 월리 로만은 대공황 직전 회사 외판원으로 그런대로 가정을 꾸릴 수 있었다. 60세가 되면서 삶에 지칠 대로

지쳤다. 대공황이다 보니 이곳저곳을 뛰어다녀도 영업은 신통치 않다. 세일즈맨은 판매량의 커미션으로 먹고사는 직업. 주택, 자동차, 냉장고 등의 할부금 고지서는 쌓여만 간다.

윌리는 아들만 둘을 두었다. 서른이 넘은 큰아들 비프는 일정한 직업이 없이 집에 얹혀산다. 둘째아들 해피는 말단 사원이다. 두 아들은 아버지의 기대와 달리 성공적인 인생을 살지 못한다. 그럼에도 윌리는 두 아들에 대한 희망을 버리지 못한다. 현실을 인정하지 않은 채 몽상에 빠져 산다.

가족들은 갈수록 윌리의 정신상태가 악화되고 있음을 느낀다. 가족들은 윌리가 일부러 접촉사고를 내 보험금을 탔다는 사실을 알게 된다. 또한 윌리가 생활고로 인해 자살을 꿈꾸고 있다는 사실을 알고는 불안해 한다.

윌리는 아내 린다의 간청에 못 이겨 나이 어린 창업자 2세 하워드를 찾아간다. 수입이 일정치 않은 외판원에서 내근 관리직으로 옮겨달라고 하워드에게 비굴하게 간청하지만 호통만 듣는다. 큰아들 비프 역시 과거에 일했던 스포츠용품 회사를 찾아가지만 아무도 그를 기억하지 못한다.

비프는 윌리에게 집안 사정이 어떻게 돌아가는지 알려달라고 말한다. 그리고 자신의 모습을 있는 그대로 받아들여 달라고 한다. 윌리는 끝까지 현실을 인정하려 들지 않는다. 윌리는 자신이 유능한 사람이라는 것을 가족들에게 증명하기 위해 한밤중에 차를 몰고 나간다. 의미 있게 최후를 마침으로써 가족이 최소한 생명보험금을 탈 수 있게 하기 위해서였다.

장례식이 치러지는 날 아내 린다는 이렇게 독백한다.

"여보, 윌리, 눈물이 나오지 않아요. 왜 그랬어요? 생각하고 생각하고 또 생각해 봐도 알 수가 없어요. 여보, 오늘 주택할부금 다 갚았어요. 오늘 말이에요. 그런데 이 집에는 아무도 없어요. (린다의 목구멍에서 흐느낌이 솟아오른다) 이제, 우리는 빚진 것도 없이 자유로운데. (더 큰 흐느낌이 풀려 나온다) 자유롭다고요. (비프가 천천히 린다에게 다가온다) 자유롭다고요. 자유…….”

아서 밀러는, 연극에 특별한 관심이 없는 사람에게도 두 가지로 기억된다. 하나는 연극 〈세일즈맨의 죽음〉의 극작가로, 다른 하나는 섹스 심볼 마릴린 먼로의 전 남편으로. 사람의 일생은 결국 한 문장으로 압축된다. 아서 밀러는 〈세일즈맨의 죽음〉을 쓴 작가이다. 이 작품이 그를 20세기 미국을 대표하는 극작가의 반열에 올려놓았다. 아서 밀러의 등장으로 미국 연극계는 테네시 윌리엄스, 유진 오닐과 함께 위

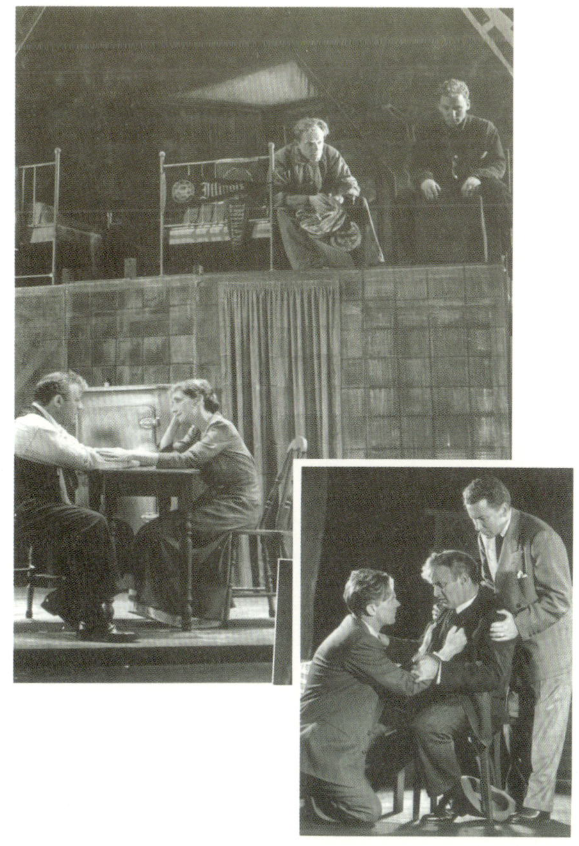

연극 〈세일즈맨의 죽음〉

대한 극작가 트리오를 보유하게 된다. 세 사람으로 인해 미국 연극계는 식민지적 특성을 벗어던지고 변화무쌍한 연극의 신세계를 열었다는 평가를 받는다.

밀러는 89년의 생애 동안 모두 17편의 희곡을 썼다. 《세일즈맨의 죽음》은 그의 나이 불과 서른세 살에 발표한 작품이다. 밀러는 이 작품을 1930년대 대공황 시대를 배경으로 썼다. 그러나 21세기를 살아가는 모든 월급쟁이들은 《세일즈맨의 죽음》이 자신의 이야기를 하는 것으로 받아들인다. 시대

배경은 대공황이지만 독자들은 현재의 이야기로 받아들인다. 불멸의 고전이 갖는 현재성이다. 꿈을 이루지 못한 소시민! 마지막 희망인 자식들마저 기대를 저버린 윌리 로만. 그런 윌리 로만은 자기자신과 자식에 대한 허상을 키운다. 허상 속에서만 자신의 존재 가치가 보존되기 때문에.

〈세일즈맨의 죽음〉은 우리나라에 1950년대 후반에 초연되었다. 지금까지 매년 무대에 올려지고 있고, 여전히 연출가와 배우들이 탐을 내는 작품이다. 흥행이 보증되고 언론이 주목하는 작품이기 때문이다. 물론 브로드웨이에서도 마찬가지다.

영문과 교수로 있는 친구는 대학 시절 보았던 〈세일즈맨의 죽음〉을 잊을 수가 없다고 했다. 한 무대 공간에서 무대가 바뀌지 않은 상태에서 투명한 얇은 막을 경계로 과거와 현재를 오가며 극을 이끌어가는 방식에 충격을 받았다고 했다. 비록 대학 연극반에서 올린 아마추어 작품이었지만 말이다. 무대를 바꾸지 않은 채 투명한 커튼과 조명만으로 플래시백(과거의 회상 장면으로의 전환) 효과를 거둔 것은 아서 밀러가 처음이었다.

대공황, 10대 시절을 강타하다

아서 밀러는 1915년 10월 17일 뉴욕 맨해튼에서 태어났다. 부모는 유대계 폴란드 이민자였다. 우리는 밀러의 집안 내력에서 또 한 번 미국이 20세기 들어 세계 제국을 건설하게 된 배경을 확인하게 된다.

유대인은 탄압과 차별을 피해 19~20세기 미국으로 건너왔다. 이렇게 자유를 찾아 미국 땅을 밟은 유대인과 이민자들이 전 분야에 걸쳐 미국의 인적 자원이 됐다. 미국은 세계의 인재를 빨아들이는 블랙홀

이었다. 유럽에서 수백 년 동안 모진 차별을
받던 유대인들은 비로소 자유의 땅 미국에
서 공정한 대우를 받았다.

아서 밀러는 3남매 중 둘째로 태어났다.
아버지 오거스터 밀러는 배우지 못했지만
직원이 400명이 넘는 의류 회사를 경영하는
사업가였다. 밀러 가족은 맨해튼의 110번가
웨스트 45번지에 살았다. 맨해튼 웨스트 지
역은 부촌에 속했다. 그의 아파트에서는 센
트럴파크의 북쪽 잔디밭과 호수가 펼쳐졌
다. 아버지는, 당시 부유층이 그랬던 것처럼
퀸즈 지역에 여름 별장이 있었고 전용 운전
기사까지 두었다.

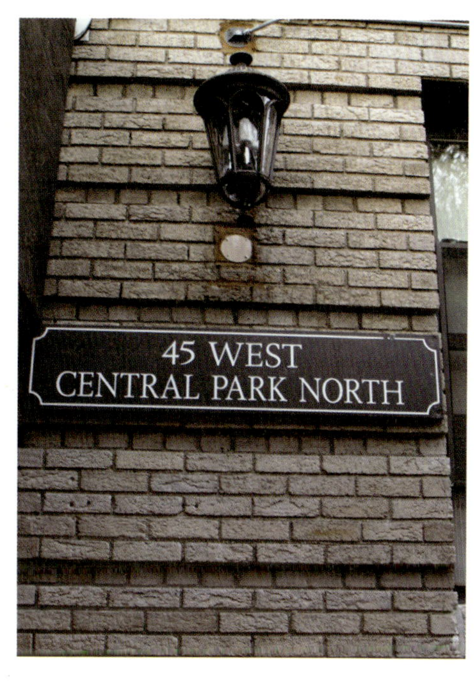

밀러 가족이 살던 아파트

밀러는 회고록 《시간의 굴곡(Timebend)》에서 어린 시절의 편린을
이렇게 회고했다. "인생은 경이로운 일과 대부분 좋은 소식으로 가득
한 일종의 두루마리 편지처럼 펼쳐졌다."

브로드웨이에 가본 것도 '좋은 소식으로 가득한 두루마리 편지'의
하나였다. 밀러는 여덟 살 때 브로드웨이의 슈베르트 극장에서 난생
처음 연극을 보았다. 슈베르트 극장의 연극 관람도 어린 마음에 '경이
로운 일'의 하나로 각인되었을 것이다.

1929년, 아버지는 월가 대폭락으로 재산의 상당 부분을 날렸다. 대
공황은 밀러 집안을 송두리째 흔들어놓았다. 가장은 집안 형편이 어려
워지면 먼저 집을 줄인다. 아버지는 집을 팔고 집값이 싼 동네로 이사
하기로 결심했다. 밀러 가족은 맨해튼에서 브루클린 다리를 건너 그레
이브센드로 이사했다.

아서 밀러가 풍족한 어린 시절을 보낸 110번가 웨스트 45번지로 가보자. 지하철 '110번가 센트럴 파크 노스' 역에서 내려 길 하나만 건너면 살던 집이 나온다. 6층 B에서 창문을 열면 센트럴파크의 녹음과 호수가 펼쳐진다. 아파트 현관에서 길을 건너 센트럴파크로 들어갔다. 호수와 잔디밭, 그리고 산책길. 한 시간 이상 벤치에 앉아 뉴요커들의 여유를 관찰했다. 엎어지면 코 닿는 위치에 센트럴파크가 있는 밀러는 얼마나 행복했을까. 어린 시절의 인생은 회고록에 쓴 것처럼 센트럴파크에 소풍 나온 사람들처럼 마냥 분홍빛이었을 것이다.

밀러 집안이 선택한 브루클린 그레이브센드는 가난한 유대인 동네였다. 당시 동네의 대부분은 비포장 상태였다. 동네 외곽은 공터였고, 개활지나 공동묘지, 심지어 농장도 있었다. 아버지는 경비를 줄이기 위해 자동차를 팔고 맨해튼에 있는 회사까지 지하철로 출퇴근해야 했다.

센트럴파크 북쪽의 아파트를 가본 다음날 이른 아침 나는 브루클린의 유대인 동네 그레이브센드로 길을 잡았다. 그날따라 뉴욕에는 추

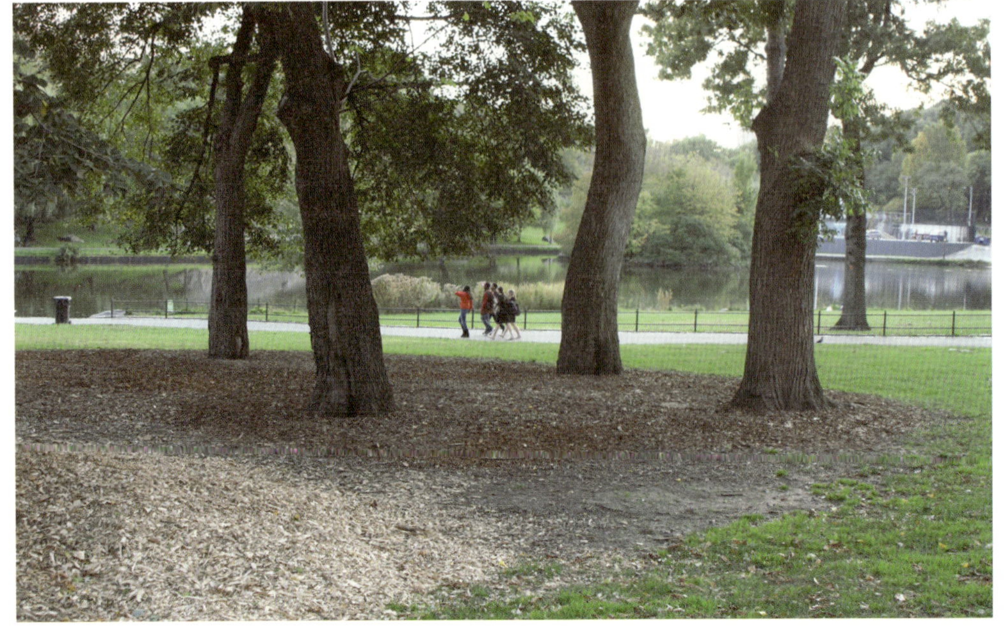

적추적 가을비가 내리고 있었다. 지하철로 가려면 1시간 30분 이상이 걸리는 거리여서 택시를 불렀다.

그레이브센드는 지금도 스산하고 남루하다. 센트럴파크 북쪽 지역과 같은 활기와 웃음은 보이지 않았다. 밀러 가족은 이곳으로 이사를 오면서 얼마나 참담했을까. 집은 1930년대처럼 지금도 막다른 골목에 그대로 있었다.

밀러는 제임스 매디슨 고등학교에 진학했다가 '오션 파크웨이'에 새로 개교한 에이브러햄 링컨 고등학교로 전학했다. 집에서 가깝기 때문이었다. 오션 파크웨이는 아름답고 널찍한 대로이다. 특이한 점은 보도 또한 편도 1차선 도로 넓이만큼 되었다. 밀러는 등하교 때 이 보도를 껑충껑충 뛰면서 다녔다. 밀러는 열다섯을 넘겼을 때 이미 키가 180센티미터를 넘었으나 체중은 55킬로그램에 불과했다. 팔이 길고 호리호리한 체격의 밀러는 미식축구팀 선수로 발탁되었다. 그의 두루미 같은 신체조건은 농구에도 적합했다. 그는 미식축구와 농구에서 두각을 나타냈다.

밀러는 학과 공부에서는 고등학교 내내 하위권을 맴돌았다. 대수학에서는 몇 번 낙제를 하기도 했다. 심지어 짧은 기간 동안 퇴학조치를 당하기까지 했다. 그는 이때까지 글쓰기와 관련된 어떤 재능도 드러내지 않았다. 위대한 작가의 경우, 대개가 일찍부터 문재(文才)를 드러내는데 밀러는 이 점에서 예외적이었다. 너무도 평범한 학생이어서

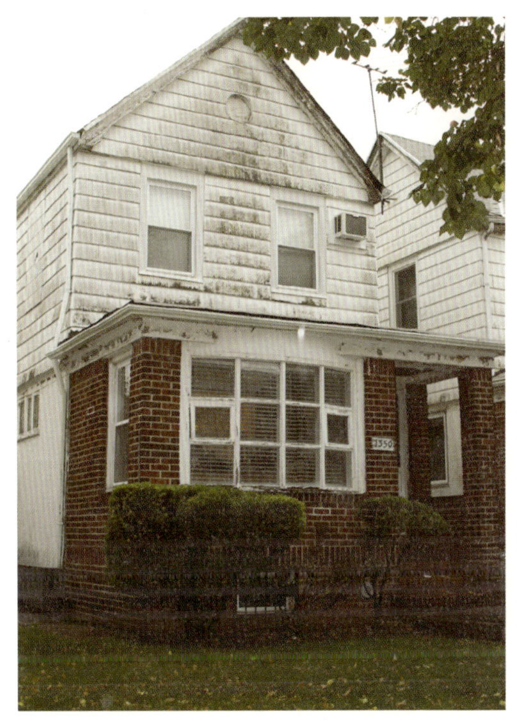

브루클린 그레이브센드
3번가 이스트 1350번지

담임교사를 포함한 어떤 교사도 그를 기억하지 못했다. 굳이 연극과의 연관성을 찾아내자면, 학교 연극반에서 공연한 셰익스피어의 〈헨리 8세〉에서 단역으로 한 번 나왔다는 것이다.

오션 파크웨이에 있는 에이브러햄 링컨 고등학교로 향했다. 정문에는 정복을 입은 여성 경비원이 당당하게 지키고 있었다. 링컨고 정문를 바라보면서 생각했다. 미국인은 단 하루도 링컨을 만나지 않고는 살 수 없다는 이야기가 있다. 무슨 뜻인가? 5달러 지폐의 인물은 링컨이다. 최고급 리무진 승용차의 이름은 링컨 컨티넨털이다. 링컨 컨티넨털은 전세계에서 가장 고급차로 인정받는다. 그래서 국가원수의 장례식 때 운구차로 쓰이는 리무진이다. 북한의 김일성 장례식 때도 링컨 컨티넨털이 등장했다. 지금은 없어진 1센트짜리 동전에도 링컨의 얼굴이 들어가 있었다. 모든 도시는 최소 2~3개의 거리에 링컨 이름을 붙였다. 링컨 가, 링컨 공원 하는 식이다.

뉴요커에게 링컨은 더더욱 떼려야 뗄 수 없다. 맨해튼에서 뉴저지

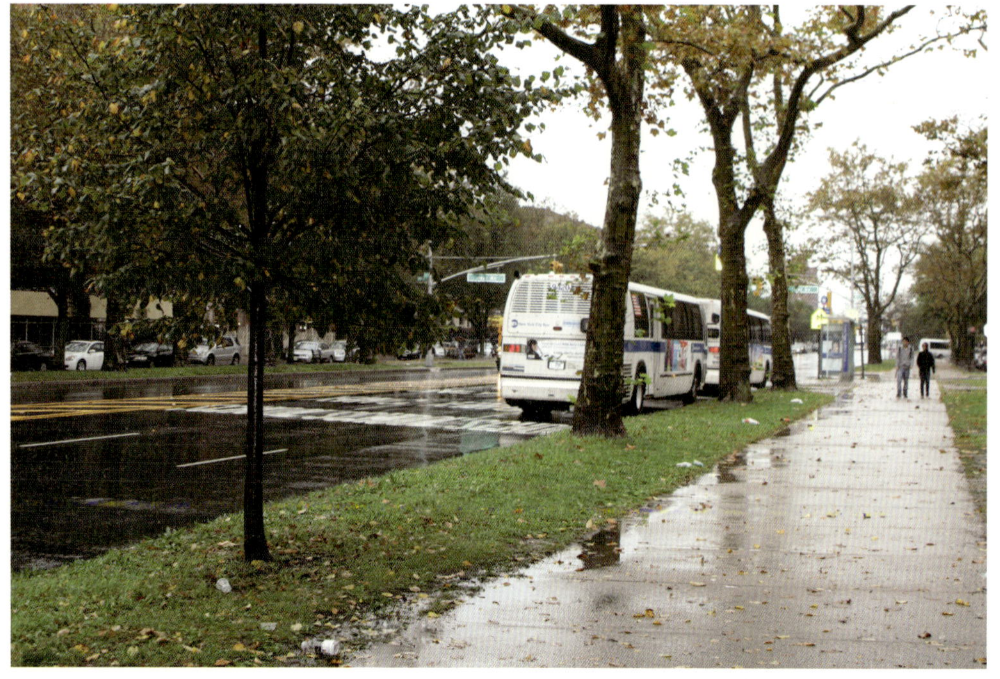

링컨 고등학교 앞의
오션 파크웨이

주를 강바닥 밑으로 연결하는 링컨 터널
에서 예술의 메카인 링컨센터까지. 한
사회는 그 사회가 배출한 인물을 어떻게
기리는가로 자신의 정체성을 드러낸다.
뉴욕 시는 도시생활의 하부구조와 인간
정신의 상부구조에 링컨의 이름을 부여
했다. 링컨은 도시 생활의 알파요 오메
가였다.

　열여섯 살이 되면서 밀러는 집안이 처
한 상황을 객관적으로 인식하게 된다.
어머니는 생활비에 보태기 위해 보석과
모피를 전당포에 맡겼다. 화려했던 옷차
림은 점점 히름해져 갔다. 어머니는 아
버지를 욕할 때만 기운이 나는 것처럼 보
였다. 부부는 독기 서린 관계로 변해갔

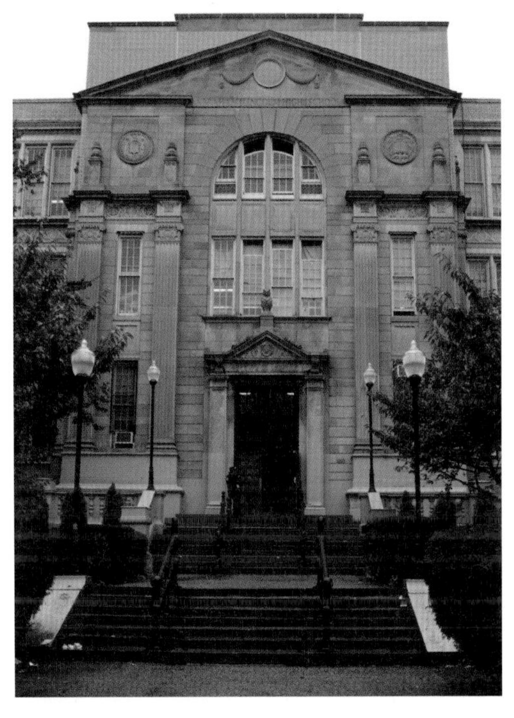

링컨 고등학교

다. 아버지는 끝없이 어리석은 실수를 되풀이했고, 집안 살림은 점점
바닥을 향해 추락했다. '바보천치'라는 단어는 집안에서 가장 자주 들
리는 말이었다. 아서 밀러는 아버지의 모습을 보면서 아버지에 대한
경멸, 찬미, 분노, 사랑의 뒤엉킨 감정을 갖게 되었다. 이런 느낌은 그
의 정서에 각인돼 훗날 그의 작품에 변주(變奏)되었다. 대공황은 밀러
에게 치유되기 어려운 트라우마가 되었다.

절망의 밑바닥에서

1931년 여름, 밀러는 사촌과 함께 아버지 회사를 다니게 되었다. 맨

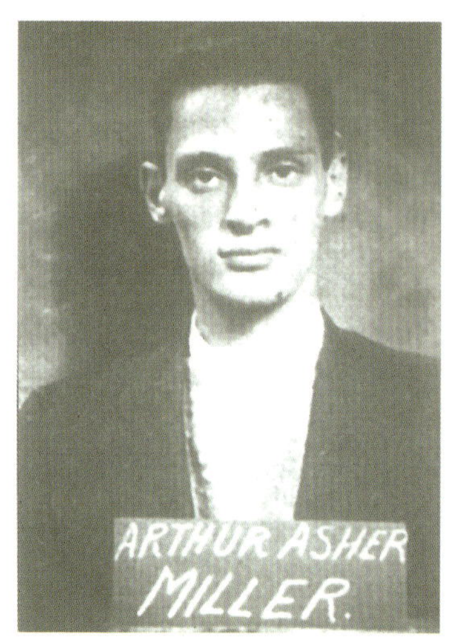

젊은 시절의 아서 밀러

해튼에 있는 아버지 회사에 출근하기 위해 매일 찜통 같은 지하철을 타야만 했다. 밀러는 매일 거리에서 문을 닫는 가게가 늘어나는 것을 눈으로 보았다. 아버지는 회사 세일즈맨들에게 지하철비로 5달러도 지급하지 못했다. 밀러는 세일즈맨들이 비참해지는 모습을 적나라하게 관찰했다. 링컨고로 복교한 밀러는 성적은 보통 이하였지만 대학 진학을 결심한다. 그는 퇴락하는 집안 분위기에서 하루빨리 탈출하고 싶었다.

밀러가 절망의 밑바닥에서 허우적거리던 그레이브센드 집은 소시민의 남루함이 집 외관에서부터 뚝뚝 흘렀다. 물론 지금은 집 근처 어디에도 빈터가 없다. 그 공간에 공장이나 집들이 들어섰다. 하지만 동네 분위기는 21세기의 눈으로 봐도 침울했다. 지금도 이런데, 대공황 한복판인 1930년대 분위기는 어땠을까. 하루빨리 탈출하고 싶어했던 밀러의 마음을 알 것만 같다. 대학은 유일한 비상구였다.

밀러는 고등학교를 졸업한 후 맨해튼에 있는 자동차 부품 공장에 주급 15달러의 점원으로 취직한다. 자동차 부품 공장은 링컨 광장에서 아주 가까웠다. 브루클린 집에서 지하철을 이용해 회사까지 가는 데 1시간 30분이 걸렸다. 이 지루한 출근시간을 보내려 집어든 책이, 제목만 보고 탐정소설로 착각한 도스토예프스키의 《죄와 벌》이었다. 자동차 부품 공장의 환경은 열악하기 짝이 없었다. 창문이 모두 밀폐되어 한낮에도 침침해 전등을 켜놓아야 했고 실내는 찜통 같은 열기로 푹푹 쪘다.

밀러가 앞이 캄캄한 시기를 보냈던 링컨광장 부근의 자동차 부품 공장은 '66번가 링컨센터' 역에서 내리면 된다. 1930년대 이곳에는 공장들이 즐비했다. 밀러가 다녔던 자동차 부품 공장도 그 중 하나였다. 공장들이 문을 닫거나 교외로 옮겨가면서 이 일대는 슬럼가로 변했다. 슬럼가는 1950년대까지 계속됐다.

뉴욕 시는 이 슬럼가를 철거해 문화공간으로 재개발한다는 계획을 세웠다. 1959년 슬럼가에 있던 180개 건물을 철거하고 문화공간을 꾸미기 시작했다. 가장 먼저 문을 연 곳이 1962년 '에이버리 피셔홀'이다. 이어 뉴욕스테이트 극장(1964년), 메트로폴리탄 오페라하우스(1966년)가 차례로 개관했다.

뉴욕에 처음 온 문화예술 애호가라면 엠파이어 스테이트 전망대는 올라가지 않아도 링컨예술센터는 반드시 방문한다. 뉴욕에서 가장 중요한 문화예술 공간이며, 규모면에서도 세계 최대다. 링컨예술센터 내에 있는 실내공연장은 오페라하우스, 콘서트홀, 연극 전용극장, 영화관 등이다. 이 넓은 공간에서 자동차 부품 공장이 있던 곳은 오페라하우스 뒤편에 있는 연극 전용극장. 극장 이름은 비비안 뷰몽. 내가 찾았을 때 이곳에서는 영화 〈워 호스(War horse)〉가 상영 중이었다.

링컨예술센터

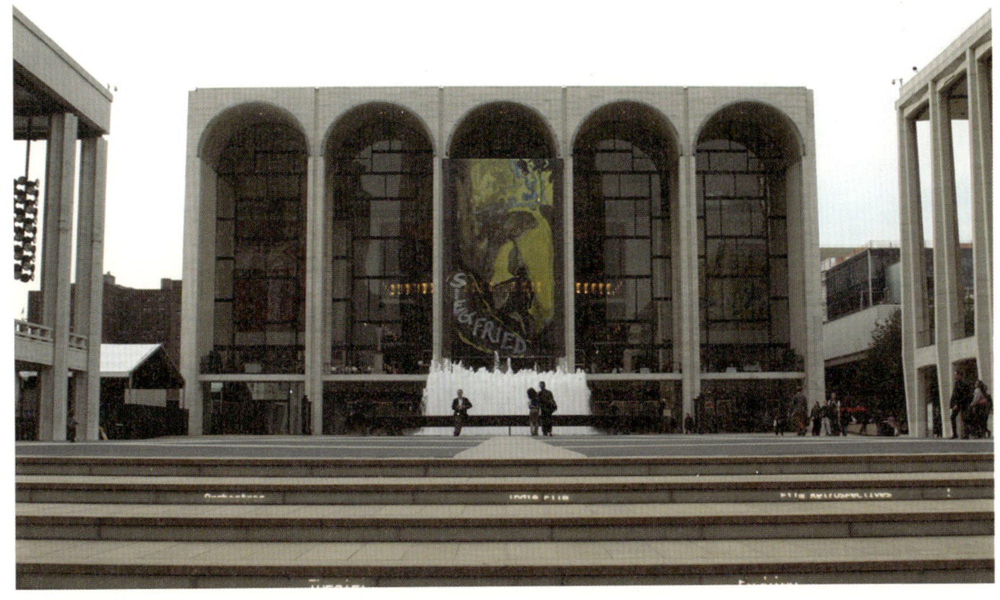

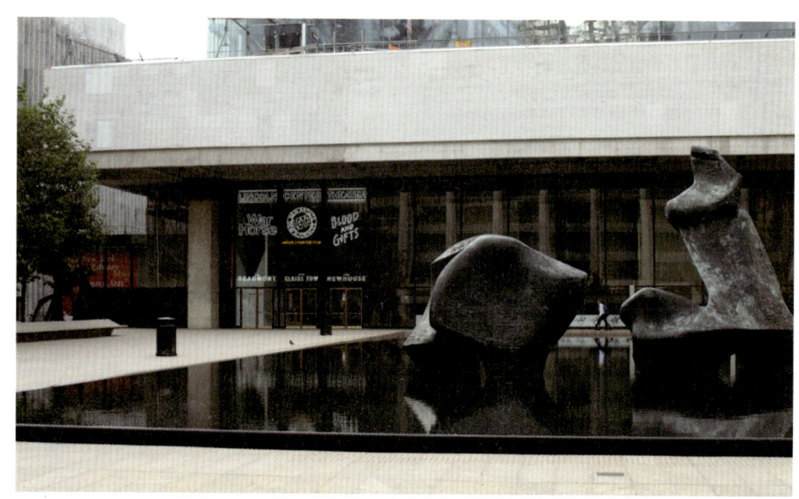

링컨센터 연극 전용극장

나는 밀러가 학비를 벌기 위해 절박하게 일했던 그 장소에 연극 전
용극장이 들어섰다는 사실에 박수를 쳤다. 우연의 일치겠지만, 얼마나
절묘한 행운인가. 생전의 밀러는 링컨예술센터에 올 때마다 이곳에서
일했던 키가 껑충하게 컸던 청년의 모습을 발견하곤 했을 것이다.

희곡 인생의 시작

1934년 9월, 밀러는 마침내 미시건 주 앤아버 행 버스를 탔다. 미시
간 대학에 입학한 것이다. 뉴욕의 칙칙한 분위기에 비하면 대학생활
은 낙원처럼 화사했다. 자유로운 대학생활은 내면에 깊이 잠들어 있
던 지적 욕망을 거칠게 휘저었다.

기숙사 룸메이트는 우연하게도 뉴욕 출신의 유대인이었다. 밀러는
룸메이트에게서 대학 당국이 매년 말 시상하는 홉우드 문학상에 대해
듣게 된다. 이 대학 출신인 유명 극작가 애버리 홉우드가 재산의 5분
의 1을 기증해 만들어진 상이 홉우드 상. 분야는 희곡, 소설, 시, 산문

4개 분야로 상금은 250달러. 이 상금은 1년 기숙사 비와 학비로 쓰고 도 남는 금액이었다. 밀러는 훗날 홉우드 상이 희곡을 쓰게 된 원초적 동기가 되었다고 회고했다. 밀러는 또한 학교 신문《미시간 데일리》의 신참 기자가 되어 글 쓰는 법을 배운다.

2학년이 되면서 밀러는 전공과목 외에 창작 수업을 수강했다. 수업 이 끝나면 생활비를 벌기 위해 학교 카페테리아에서 접시를 닦았고, 대학 암연구센터에서 청소를 하고, 수천 마리의 실험용 쥐를 돌보는 일을 했다. 밀러는 대학신문 기자 생활을 포함해 대학생활의 모든 것 을 즐겼다. 이 과정에서 그는 자연스럽게 노동운동에도 관심을 갖게 되었다. 당시 미시간 대학은 좌익운동으로 떠들썩했다. 밀러 역시 자 연스럽게 좌익 성향으로 기울었다.

밀러는 한 파티에서 심리학과에 다니는 1년 후배 매리 슬래터리를 알게 되다. 첫 데이트에서 두 사람은 영화를 보았다. 밀러가 돈이 없어 슬래터리가 영화비를 냈다. 두 사람은 종교를 포함한 모든 분야에 걸 쳐 생각을 공유했다.

홉우드 문학상의 마감이 임박하자 밀러는 희곡을 선택했다. 다른 문학 장르보다 구체성이 있어 보였다. 물론 그는 희곡에 대한 기초가 전혀 없었다. 독학으로 희곡을 공부했고 매리 슬래터리가 빌려준 타 자기로 희곡을 쓰기 시작했다. 밀러가 자신의 첫 희곡을 쓰기 시작한 지 엿새가 지나서 그는 120쪽의 원고를 완성했다. 제목은 〈악당은 없 다(No Villain)〉. 처음으로 쓴 희곡으로 그는 홉우드 상을 받았다. 이 수 상으로 그는 희곡 작가의 길을 걷기로 결심했다. 밀러는 극작가로 이 름을 얻게 된 이후에도 처음 써본 작품으로 홉우드 문학상을 받았다는 사실을 자랑하곤 했다. 3학년에 올라가면서 밀러는 전공을 저널리즘 에서 영문학으로 바꾼다. 또한 학교 신문《미시간 데일리》의 야간 편

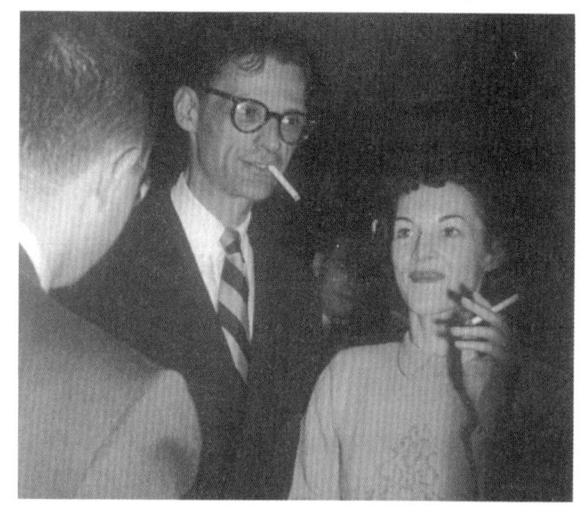

아내 슬래터리와 함께

집인이 된다.

밀러에게 미시간 대학은 다른 학생들과는 그 의미가 달랐다. 그는 대학이 줄 수 있는 거의 모든 것을 경험했다. 밀러는 훗날 미시간 대학과 관련해 이렇게 말했다. "모든 나의 편견, 나의 신념과 무지, 그리고 내 삶의 영역을 설계하는 데 도움을 주었다."

대학을 졸업한 밀러는 다시 브루클린으로 갔다. 부모님의 궁색한 집에서 작은 방을 할아버지와 함께 썼다. 집안 분위기는 끔찍했지만 밀러는 돈벌이가 없었기에 독립할 수도 없었다. 그는 브로드웨이의 수많은 무명 희곡작가 중 한 명에 불과했다. 밀러는 가끔씩 브루클린 하이츠에 사는 애인 슬래터리의 작은 아파트에서 밤을 지내는 것을 위안으로 삼곤 했다.

밀러는 1940년 8월, 슬래터리의 고향인 오하이오에서 결혼식을 올렸다. 보험 세일즈맨인 장인은 딸이 가난한 유대인과 결혼하는 것을 못마땅하게 여겼다. 이로 인해 결혼은 예정보다 조금 늦어졌다. 하지만 슬래터리는 밀러가 지금은 빈털터리지만 희곡작가로 반드시 성공할 거라는 확신을 갖고 있었다. 두 사람은 결혼 후 브루클린에 신혼집을 얻었다. 슬래터리는 직장인 '하퍼 앤 브라더스' 출판사에서 의학서적 책임자로 일하며 생계를 책임졌다.

일본의 진주만 공습이 신혼부부의 삶을 바꿔놓았다. 2차 세계대전에 중립적인 입장을 보였던 미국은 자동적으로 개입하게 되었다. 미국의 참전은 대서양과 태평양에서의 전쟁을 의미했다. 미국은 빠른 시간 안에 많은 전함을 건조해야만 했다. 조선창에는 일손이 절대 부족했다. 밀러는 미해군 조선창에서 조립공 일자리를 얻었다. 미해군 조선창은 브루클린 다리 바로 아래의 네이비 가와 클린턴 로가 만나는 지점에 있었다.

밀러는 8개월간 낮에는 라디오 방송국 원고를 쓰고, 밤에는 조선창에서 일하는 생활을 계속했다. 밀러는 조립공으로 성실하게 일했다. 그는 조선소 노동자들의 단순한 의사소통 방법을 관찰했고, 자신도 이를 즐겼다. 작가에게 쓸모없는 경험이란 이 세상에 하나도 없다.

2차 세계대전 당시 조선창이 있던 플러싱 대로 63번지를 찾아가보자. 현재는 더 이상 조선창으로 쓰이지 않고 브루클린 뉴욕 산업단지로 바뀌었다. 산업단지 정문에 붙어 있는 안내판의 글귀가 눈길을 사로잡는다. "We used to launch ship, now launch business(우리는 한때 선박을 진수시켰지만 지금은 비즈니스를 진수시킨다)". 운율을 맞춘 문장에 나는 흐뭇한 미소를 지었다. 밀러가 일했던 곳이라 그런지 평범한 문장으로 써도 무방한 것을 꽤나 신경을 쓴 듯했다. 저 멀리 정박된 선

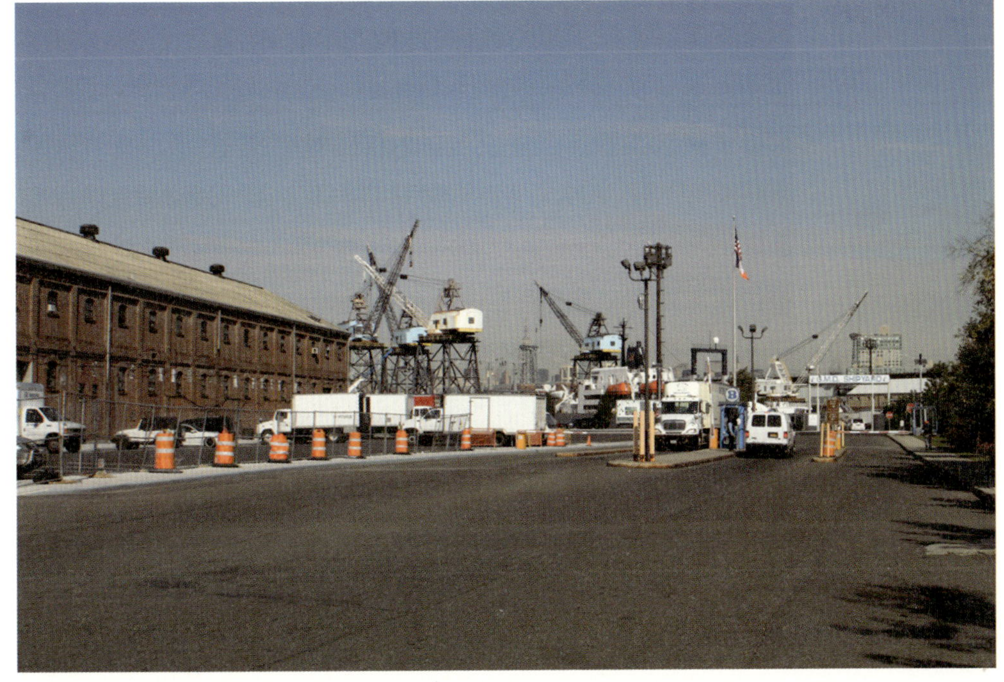

미해군 조선창이 있던 브루클린 산업단지

박들이 몇 척 보였다. 가난한 무명작가가 선박 조립공으로 일하며 성공을 꿈꾼 공간. 같은 시기 로스앤젤레스 미해군 조선창에서도 한 여성이 조립공으로 일했다. 열여섯에 결혼한 마릴린 먼로였다.

카잔 감독과의 만남

대학 졸업 후 6년 동안 밀러는 6편의 희곡을 썼다. 잇달아 다섯 작품이 모두 브로드웨이에서 퇴짜를 맞았다. 여섯 번째 작품 〈억세게 운 좋은 남자〉가 마침내 1944년 브로드웨이 포레스트 극장에서 막을 올렸다. 그토록 기다려온 첫 번째 브로드웨이 공연은 불과 4회 막을 올리는 것으로 끝났다. 6년 만에 찾아온 데뷔전에서 밀러는 패배의 쓴잔을 들이켰다.

1944년 딸 제인이, 1947년 아들 로버트가 출생한다. 아들 로버트는 아버지의 피를 이어받아 훗날 작가 겸 영화감독이 되었다(1996년 아버지의 희곡 〈가혹한 시련〉을 영화로 만들 때 이를 연출했다.)

밀러는 1947년 일곱 번째 희곡 〈모두가 나의 아들(All My Sons)〉을 완성했다. 이 작품은 입센의 영향을 받은 작품이었다. 입센은 그리스 비극을 현대 연극에 차용한 극작가였다. 밀러는 원고를 연출가 엘리아 카잔과 제작자 해롤드 클러맨에게 보냈다. 두 사람은 '씨어터 그룹'의 영웅으로 칭송받고 있는 사람이었다.

카잔은 타고난 마술가이자 연출가였다. 카잔은 원고를 훑어보자마자 연출하겠다고 말했다. 당대의 연출가 카잔이 작품을 무대에 올린다는 것은 어느 정도의 성공이 보장된 것이나 마찬가지였다.

영화감독 겸 연극연출가 엘리아 카잔은 극작가 밀러의 인생에서 중요한 인물이다. 카잔은 또한 영화감독으로서 뚜렷한 족적을 남긴 인물이다. 예일대학교 연극과를 졸업한 카잔은 '씨어터 그룹'에 들어가 배우 및 연출가로 활동했다. 2차 대전 직후 스트라스버그 등과 함께 '액터스 스튜디오'를 만들어 재능 있는 배우를 양성했다.

영화감독으로서 카잔은 〈욕망이라는 이름의 전차〉, 〈혁명아 사파타〉, 〈워터 프론트〉, 〈에덴의 동쪽〉, 〈초원의 빛〉 등을 연출했다. 40대 이상은 청춘의 시기에 한번

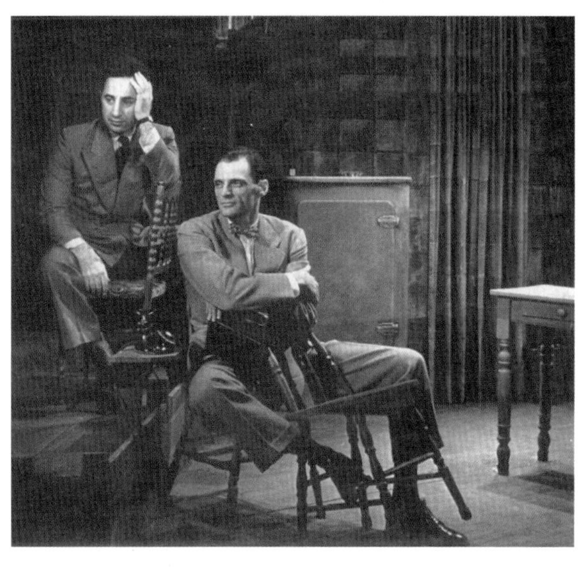

엘리아 카잔과 밀러

쯤은 카잔이 연출한 영화를 보고 충격과 감동으로 불면의 밤을 보낸 기억이 있을 것이다. 나의 청춘 시절 〈초원의 빛〉이 그런 영화였다. 니탈리 우드의 검은 눈썹과 눈동자는 내 청춘의 로망이었다. 밀러는 카잔의 명석함, 사회의식, 통찰력, 상업적 감각, 인간적 매력에 빠져들었다. 두 사람은 사회의식도 공유했다. 당시 카잔은 공산당 활동을 그만둔 상태였지만 사고방식은 여전히 좌파적이었다.

노련한 연출가는 신예 작가에게 수없이 원고 수정을 주문했고, 밀러는 카잔의 요구를 모두 받아들였다. 〈모두가 나의 아들〉은 1947년 1월 브로드웨이의 코로네 극장에서 막을 올렸다. 평론가들로부터 호평을 받았고 그해 10대 희곡에 선정되었다. 밀러는 생애 첫 토니 상과 함께 뉴욕 연극비평가협회상을 받았다. 뉴욕비평가협회상 최종 경합에 오른 작품은 유진 오닐의 〈빙하인간 오다〉였다.

밀러를 브로드웨이에서 출세시킨 코로네 극장에 가보자. 극장은 49번가 웨스트 230번지, 그러니까 7번대로와 8번대로 사이에 있다. 1925

년 문을 연 극장은 1945년에 코로네 극장으로 이름이 바뀌었다. 극장
에 거의 다다랐을 때 사람들이 진을 치고 있는 모습이 보였다. 그런데
극장 이름이 코로네가 아니었다. 유진 오닐 극장! 보도에 앉아 진을 치
고 있는 사람들은 이 극장에서 공연 중인 뮤지컬 〈몰몬의 책〉의 표를
구하지 못해 혹시나 환불되는 표가 있으면 사려는 사람들이었다. 밀
러를 브로드웨이 스타로 만들어준 극장의 이름이 한때 경쟁자였던 유
진 오닐로 바뀌다니! 우연치고는 절묘하지 않은가.

유진 오닐 극장. 맨해튼에는 남북으로 길게 뻗은 브로드웨이 41번
가와 53번가 사이에 극장이 70여 개가 몰려 있는 '극장 지구(The
Theater district)'가 있다. 흥미로운 사실은 유진 오닐처럼 배우, 극작가,
제작자, MC 등의 이름이 극장명으로 붙어 있다는 점이다. 헨리 밀러,
리처드 로저스, 사무엘 베케트, 에드 설리번, 헬렌 하예스, 줄리아 마
일스 등. 그런데 이곳에는 아서 밀러의 이름을 딴 극장이 없다. 그 이
유는 나중에 설명하겠다.

유진 오닐 극장

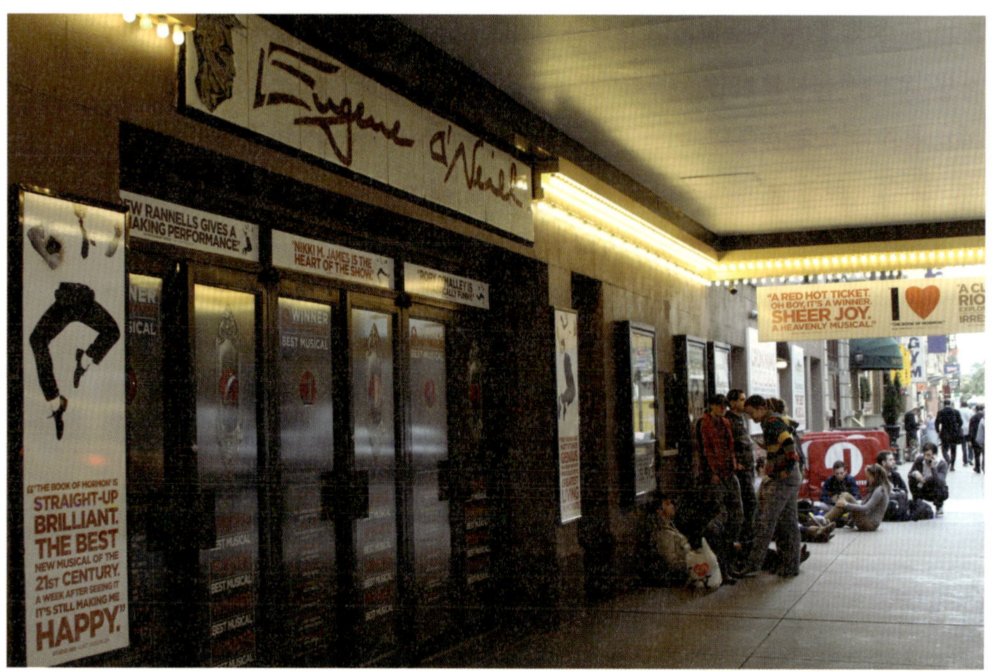

밀러는 국제적으로도 인정을 받았고 명성을 떨치며 돈도 들어오기 시작했다. 독일, 프랑스, 스웨덴, 오스트리아, 스위스, 헝가리, 오스트레일리아와 뉴질랜드에서 공연 계약을 마쳤다. 밀러는 브로드웨이 프로덕션으로부터 총수입의 10퍼센트를 인세로 받았다. 매주 2,000달러가 밀러의 통장으로 입금되었다. 〈모두가 나의 아들〉은 코로네 극장에서 12월 24일 마지막 공연까지 모두 328회나 무대에 올려졌다.

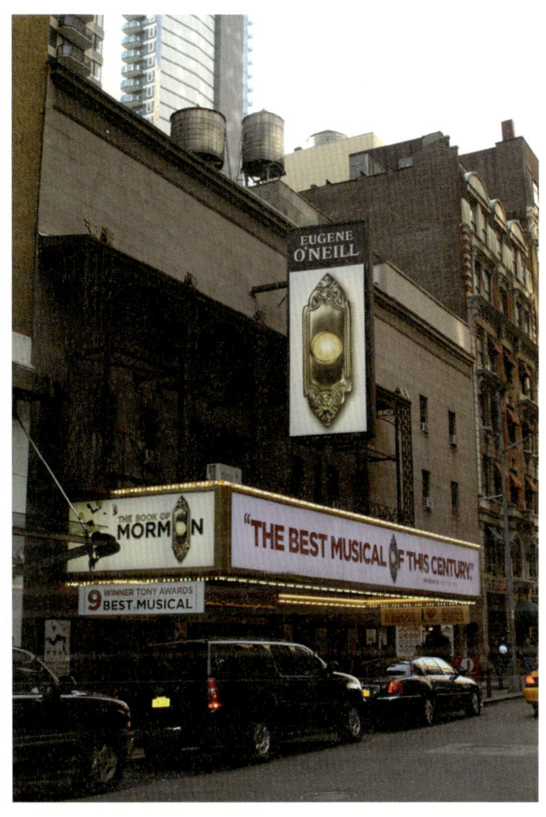

유진 오닐 극장

밀러는 이제 글만 써서 먹고살 수 있게 되었다. 하지만 대공황 시대의 몸에 밴 습성으로 검약한 생활을 했다. 그는 2만 8,000달러를 대출받아 브루클린 하이츠 프로미나드 근처에 집을 샀다. 그레이스 코트 31번지였다. 그레이스 코트는 W. H. 오든, 노먼 메일러, 트루먼 카포테와 같은 성공한 작가와 예술가들이 모여 사는 동네였다. 지금도 여전히 이곳은 작가들이 많아 '글쟁이의 동네'로 불린다.

그레이스 코트의 집은 복층 구조여서 아래층은 세를 주고 부부는 위층을 썼다. 맨 위층에는 다락방이 있었는데, 밀러는 이 방에서 글을 썼다. 그는 대형 로열 타자기를 들여놓았다. 또한 꿈에 그리던 시골 별장을 코네티컷 주 록스버리에 마련하기도 했다.

지하철 R을 타고 코트(Court) 역에서 내린다. 브루클린 하이츠로 가기 위해서다. 1930년대 브루클린 그레이브센드는 밀러에게 절망이었지만, 1940년대 브루클린 하이츠는 희망이었다. 먼저 신혼생활을 한 몬태그 가 집을 찾아보자. 거리 분위기가 맨해튼과 사뭇 다르다. 사람들의 발걸음부터 느긋하다. 급할 것이 없어 보였다. 조금 걸으니 '역사 지구'라는 안내판이 보인다. 몬태그 가 집에서는 브루클린 최고의 전망을 자랑하는 '브루클린 하이츠 프로미나드'(이하 프로미나드)가 바로 코앞이었다. 프로미나드 바로 아래는 이스트 강. 맨해튼의 마천루가 한눈에 들어온다. 이곳에 와보니 맨해튼의 뉴요커는 숲속에 사는 사람들이다. 울창한 마천루 숲속에서는 나무만 보인다. 뉴요커는 나무의 밑둥만을 겨우 볼 뿐 숲을 조망할 수 없다.

프로미나드에 서니 왼쪽에 자유의 여신상이, 정면에 월가(街)가 보였다. 맨해튼은 인류의 물질문명이 농축·집약된 곳이다. 그 상징이자 기호가 마천루다. 물질문명의 숲속에서 20세기 정신문명이 만발했다.

오전 10시쯤, 프로미나드에는 주민들과 여행객들이 기막힌 전망을

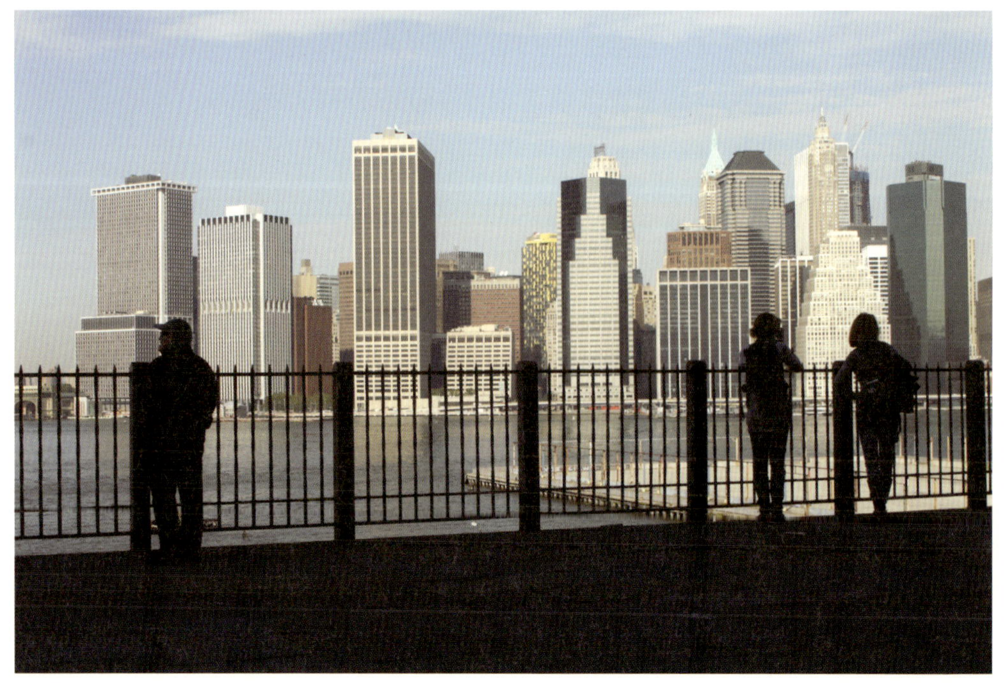

한껏 즐기고 있었다. 아내가 출근하고 혼자 남아 글을 쓸 때 밀러는 수 없이 이 산책길을 거닐었다. 밀러가 거닐었을 산책길 벤치에 앉아 나는 느긋하게 이스트 강의 강바람에 몸을 맡겼다. 뉴저지 주에서도 맨해튼이 보인다. 그러나 프로미나드처럼 자유의 여신상과 월가가 한 앵글에 잡히진 않는다.

프랑스가 선물한 자유의 여신상은 맨해튼 남단을 향해 자유의 횃불을 치켜들고 있었다. 그 자태가 내게 질문을 던졌다. '뉴욕이 물질문명과 정신문명의 절정을 구가한 이유가 무엇인지 아십니까?' 오래 전 자유의 여신상이 있는 리버티 섬에 가본 적이 있다. 그때는 이런 궁금증이 생기지 않았다. 그 이유를 잠시 곱씹어 보았다. 그것은 자유였다.

자유! 인간은 자유롭고 싶어하는 본능이 있다. 억압과 속박에서 벗어나고 싶어하는 자유에의 갈망. 자유를 찾아 유럽에서, 아시아에서, 아프리카에서 건너온 사람들이 자유의 공기를 흠뻑 마시며 피워낸 꽃이 맨해튼이다.

《세일즈맨의 죽음》의 탄생

보스턴에서 〈모두가 나의 아들〉이 공연될 때였다. 삼촌 마니 뉴먼이 객석에서 일어나 밀러에게 걸어왔다. 밀러가 삼촌에게 반갑게 인사하자 삼촌은 인사를 받지 않은 채 이렇게 말했다. "버디는 매우 잘하고 있다." 삼촌이 '잘 지냈니?', '공연 잘 봤다', '축하한다'라는 인사를 하지 않았다는 사실에 밀러는 충격을 받았다. 삼촌은 밀러를 경쟁 상대로 생각하고 있었다. 그는 삼촌에게서 부모가 갖는 자기방어, 고통, 질투, 패배, 기만, 환상 등을 보았다. 마니 삼촌은 뉴잉글랜드 지역에서 활동한 세일즈맨이었다. 삼촌에게는 아들 버디와 애비가 있었다. 버디는 학교 육상선수로 활동했는데, 삼촌의 상상 속에서 버디는 언제나 육상대회에서 1등을 하고 있었다.

밀러는 다음 작품의 주인공을 세일즈맨으로 설정했다. 미국 연극사에서 세일즈맨이 처음 주인공으로 나온 것은 유진 오닐의 〈빙하인간 오다〉였다. 밀러는 마니 뉴먼을 세일즈맨의 모델로 놓고 아버지의 회사가 망해가는 과정에서 보고 느낀 경험과 자신의 사회생활 경험을 바탕으로 인물의 성격을 만들어갔다.

작품 구상이 다 끝나자 밀러는 코네티컷 주 록스버리에 있는 스튜디오로 차를 몰았다. 맨해튼에서 자동차로 2시간 걸리는 록스버리는 성공한 작가, 예술가, 배우, 연출가들이 주말별장을 갖고 있는 지역이었다. 밀러는 그해 봄에 직접 연장을 들고 작은 집필 공간을 만들었다.

록스버리 별장에서 밀러는 하루 만에 1막을 완성했다. 나머지 부분을 완성하는 데 6주가 걸렸다. 1948년 8월에 마침내 신작이 완성됐다. 밀러는 친구들을 록스버리로 불러 아내와 친구들이 보는 앞에서 희곡을 낭독했다. 신작이 가까운 사람들을 감동시켰다는 것을 확인한 밀러는 이 희곡을 카잔에게 보냈다. 신작 희곡의 제목은 〈그의 머릿속 내부〉였다. 카잔은 일 주일도 지나지 않아 밀러에게 전화를 걸어왔다. "이건 우리 가족 이야긴데. 대단한 연극이야. 완벽해. 이런 느낌은 꼭 《욕망이라는 이름의 전차》를 읽었을 때 한 번 있었지. 오는 가을이나 겨울에 내가 연출하고 싶네." 희곡 제목은 카잔에 의해 〈세일즈맨의 죽음〉으로 바뀌었다.

밀러가 새 희곡을 완성했다는 사실은 뉴스였다. 그 작품을 카잔이 연출하기로 했다는 사실은 더 큰 뉴스였다. 밀러와 카잔이 다시 손을 잡았다는 것은 브로드웨이의 주요 사건이었다. 제작비는 당시로서는 큰 금액인 10만 달러. 투자자들이 밀러와 카잔의 이름만 보고 수표를 보내왔다. 카잔은 밀러에게 시간적 요소를 보다 단순화시켜 달라고 요구했고, 밀러는 그 요청을 기꺼이 받아들였다.

1949년 2월 10일 밤, 〈세일즈맨의 죽음〉이 마침내 브로드웨이 모로스코 극장에서 막을 올렸다. 밀러는 극장의 맨 뒤 좌석에 앉아 관객의 반응을 살폈다. 드디어 막이 내려오고 커튼콜이 시작되어 배우들이 무대 위에 섰다. 제작진이 객석을 바라보았다. 객석에선 어색한 침묵이 흘렀다. 잠시 후 반응이 폭발했다. 객석에서는 마치 부엉이처럼 우우 하는 소리가 났다. 객석의 동요는 계속되었다. 관객들은 배우들이 커튼콜을 끝내고 나가려 할 때 주변을 에워싸고 떠나지 못하게 했다. 어떤 관객은 너무나 감동을 받은 나머지 꼼짝도 하지 않은 채 객석에 그대로 앉아 있었다.

밀러 부부, 카잔 부부, 블룸가든 부부는 극장을 나와 '슈베르트 골목(Shubert alley)'을 지나 사르디(Sardi) 레스토랑으로 향했다. 브로드웨이는 맨해튼을 남북으로 길게 달리는 길인데, 7번대로와 겹쳐지는 구간에 극장이 몰려 있다. 이로 인해 브로드웨이는 극장가의 대명사가

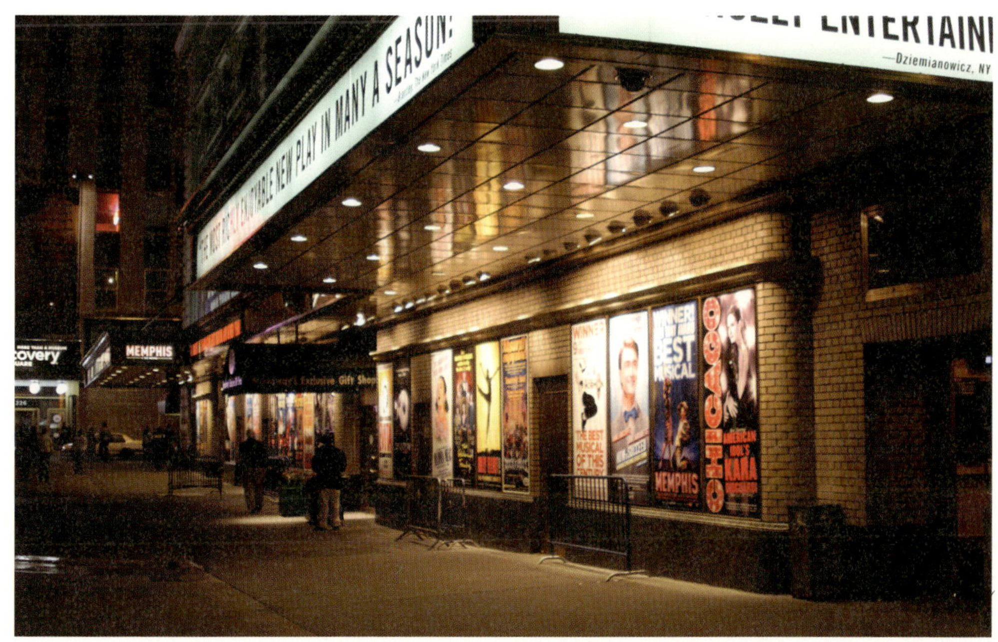

슈베르트 골목

되었다. 브로드웨이에 있는 극장은 40개에 이른다. 브로드웨이 극장 지구는 44번가와 45번가 사이, 즉 7번대로와 8번대로가 만나는 구간에 극장이 밀집된 곳이다. 이 지역에 극장을 가장 많이 갖고 있던 사람이 슈베르트 3형제였다. 리 슈베르트, 샘 슈베르트, 제이콥 슈베르트 3형제는 브로드웨이 극장가의 황금시대라 불리던 1920년대에 극장주이면서 뮤지컬 제작자로 활동했다. 3형제는 일생 동안 뮤지컬과 연극을 모두 500편 이상 제작했다. 뉴욕 시는 이들 3형제에 대한 감사의 표시로 부스 극장과 슈베르트 극장 앞길을 '슈베르트 골목'이라고 이름 붙였다.

〈세일즈맨의 죽음〉이 화제를 불러일으키면서 흐느끼는 청중에 관련된 많은 글이 쏟아져 나왔다. 카잔은 이 현상에 대해 이렇게 말했다. "나는 이제까지 한 번도 극장에서 남자들이 우는 모습을 본 일이 없다. 공연이 계속될 때마다 나는 극장에 서서 관객들이 자신의 고통을 표현하는 울림, 깊은 목소리를 들었다." 그러나 밀러는 이런 현상이 불만스러웠다. 밀러는 "이 작품은 눈물을 흘리라고 쓴 것이 아니라 생각을 하도록 하기 위해 썼다"고 말하곤 했다. 실제로 밀러는 한 강연에서 〈세일즈맨의 죽음〉은 가슴을 치는 비극이 아니라 교훈적인 이야기라는 점을 강조했다. "나는 〈세일즈맨의 죽음〉에서 한 남자가 자신의 가치를 잃어버렸을 때 무슨 일이 일어나는가를 말하려고 했다." 작가의 이런 설명에도 객석의 흐느낌은 멈추지 않았다.

〈세일즈맨의 죽음〉은 밀러에게 엄청난 돈을 벌어다주었다. 희곡은 그해 5월 바이킹 출판사에서 책으로 출판되었다. 〈세일즈맨의 죽음〉은 브로드웨이를 벗어나 전미적인 신드롬이 되었다. 이제 아서 밀러는 테네시 윌리엄스와 함께 미국 연극의 양대 거두가 되었다.

밀러는 이 작품으로 토니 상의 베스트 작가상과 뉴욕 드라마평론가상, 퓰리처 연극상을 잇따라 받았다. 〈세일즈맨의 죽음〉은 연극의 3대 메이저 상을 동시에 석권한 최초의 연극이었다. 〈욕망이라는 이름의 전차〉도 세우지 못한 기록이었다. 〈세일즈맨의 죽음〉은 모로스코 극장에서 첫 막을 올린 이래 무려 742회나 공연되었고, 29개 국어로 번역되었으며, 심지어 중국 베이징에서도 공연되었다.

배우 캐리커처 식당, 사르디

《세일즈맨의 죽음》이 초연된 모로스코 극장. 밀러를 불멸이 되게 한 그곳으로 가보자. 모로스코 극장 자리에는 메리어트 마퀴스 호텔이 들어서 있다. 호텔 3층에 마퀴스 극장이 있다. 마퀴스 호텔 앞은 저 유명한 타임스퀘어. 맨해튼에서 1년 365일 인파로 붐비는 공간이다. 점심 무렵부터 자정까지 타임스퀘어는 세계의 여행객들로 발디딜 틈이 없다. 잠깐 한눈을 팔다간 일행을 놓치기 십상이다. 토니 베넷이 부른

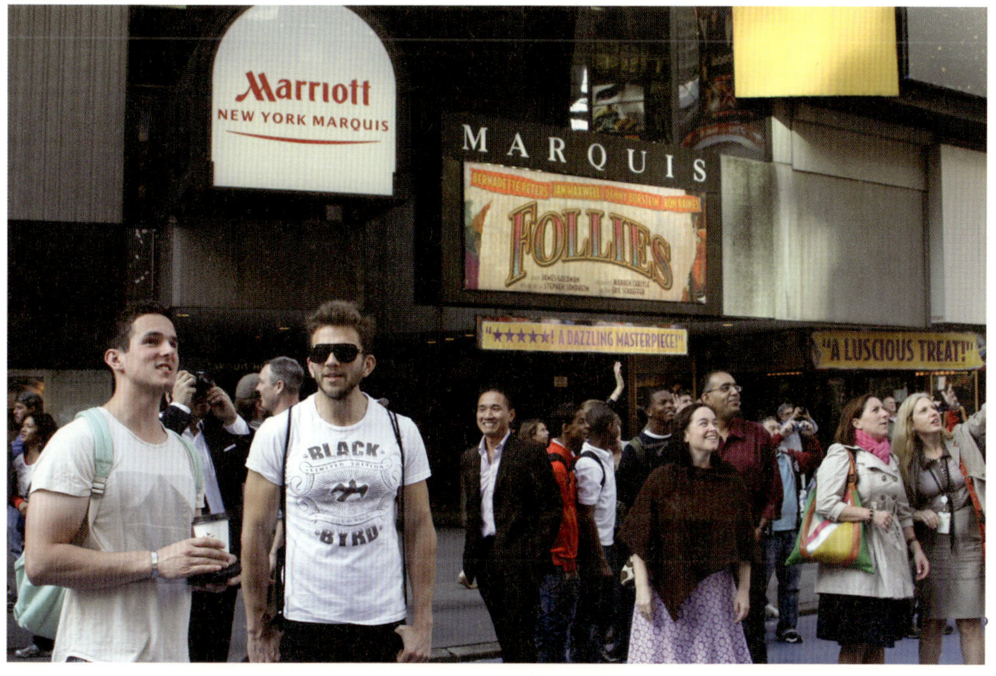

모로스코 극장이 있던
메리어트 마퀴스 호텔

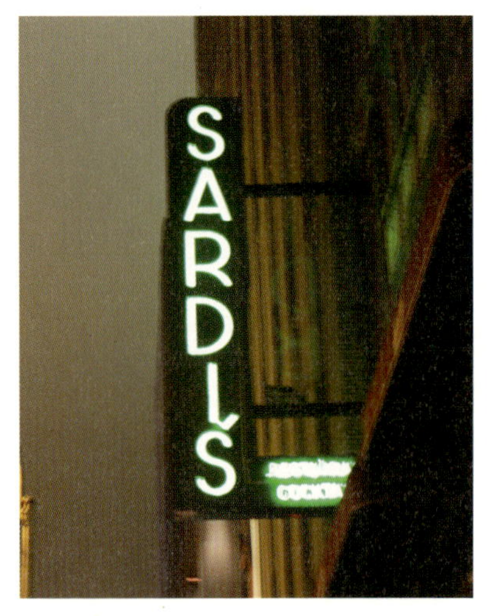

사르디 레스토랑 간판

〈내 마음을 샌프란시스코에 두고 왔네〉의 가사에 나오는 장면은 바로 타임스퀘어를 연상하면 된다.

타임스퀘어에서 만나는 사람들은 대부분 관광객이다. 이곳에서는 여간해서 진짜 뉴요커를 만나기 어렵다. 세계에서 몰려온 관광객을 상대로 장사를 하는, 거리의 예술가들이 총집결하는 곳이기도 하다. 저 유명한 '벌거벗은 카우보이(naked cowboy)'가 기타를 치는 곳이 바로 여기다. 특히 마퀴스 호텔 앞은 사람들이 많은데, 그들은 건너편 빌딩에 붙은 전광판을 보며 환호한다. 전광판에 자신들의 모습이 영상으로 중계되고 있기 때문이다.

밀러가 〈세일즈맨의 죽음〉 초연을 마치고 찾은 레스토랑 사르디는 44번가 웨스트 234번지에 있다. 1927년 이탈리아 인 빈센트 사르디가 문을 연 이래 지금까지 그 자리에 있다. 그날 밤, 밀러는 왜 사르디에 갔을까? 브로드웨이의 수많은 레스토랑 중에서 왜 사르디였을까? 나는 일부러 공연이 끝나는 시각에 맞춰 마퀴스 호텔 앞에서 사르디로 가보기로 했다.

일단 45번가를 건너 8번대로를 향해 걸었다. 30여 미터 걸으니 부스 극장이 나타난다. 부스 극장은 슈베르트 극장과 어깨를 맞대고 있는데, 그 앞길이 '슈베르트 골목'이다. 슈베르트 골목을 지나니 사르디(Sardi's) 간판이 보였다. 차양막과 현관 문고리에서부터 역사의 무게가 느껴진다.

식당은 4층짜리였다. 1층 현관 입구에는 음료를 마시는 공간이 따로 있다. 밀러는 카펫이 깔려 있는 층계를 이용해 3층으로 올라갔다. 2층은 1층에 비해 좌석 수는 적지만 프라이버시가 보장된다는 장점이 있었다.

　이 레스토랑은 사르디라는 이름보다 '캐리커처 식당'으로 더 유명하다. 사르디는 파리에 있는 '조 젤리' 식당에서 영감을 받아 화가를 고용해 연극계 명사들의 캐리커처를 그리기 시작했다. 캐리커처는 이제 벽면이 부족할 정도로 거의 모든 공간을 차지하고 있었다. 우리가 미국 영화에서 수없이 보아온 배우들. 사르디에 처음 온 사람들도 너무나 익숙한 배우들의 캐리커처에 마치 고향집에 온 것 같은 푸근함을 느낀다. 헨리 폰다, 로렌스 올리비에, 잭 레몬, 로버트 프레스톤, 폴 뉴먼, 루실 볼, 레너드 번스타인, 율 브리너 등이 보였고 음료 코너에는 엘리자베스 테일러의 캐리커처가 웃고 있었다.

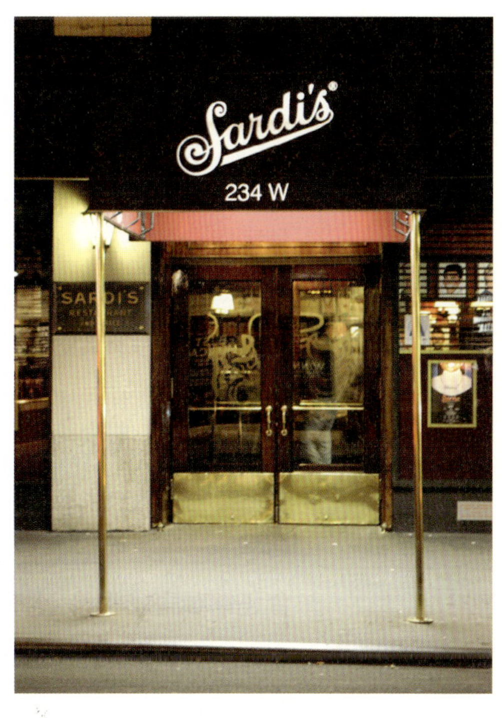

사르디 레스토랑 현관

　지금도 사르디의 화가는 매년 약 20점의 새 캐리커처를 그린다. 새로운 캐리커처가 공개될 때마다 명예회원과 기자들이 참석한 가운데 샴페인 파티가 열린다. 비교적 최근에 그려진 캐리커처의 주인공은 마이클 더글라스, 우피 골드버그, 찰튼 헤스톤, 브룩 쉴즈, 안토니오 반데라스, 멜라니 그리피스, 알프레드 몰리나, 휴 잭맨, 마이클 쉰 등이다.

　나는 사르디 레스토랑 1층에서 뉴욕에 거주하는 한국인 사진가 · 성악가 부부를 초대했다. 식사를 하면서 손님들의 표정을 살폈다. 사르디를 알고 사르디를 단골로 찾는다는 사실을 인생의 기쁨과 긍지로 여

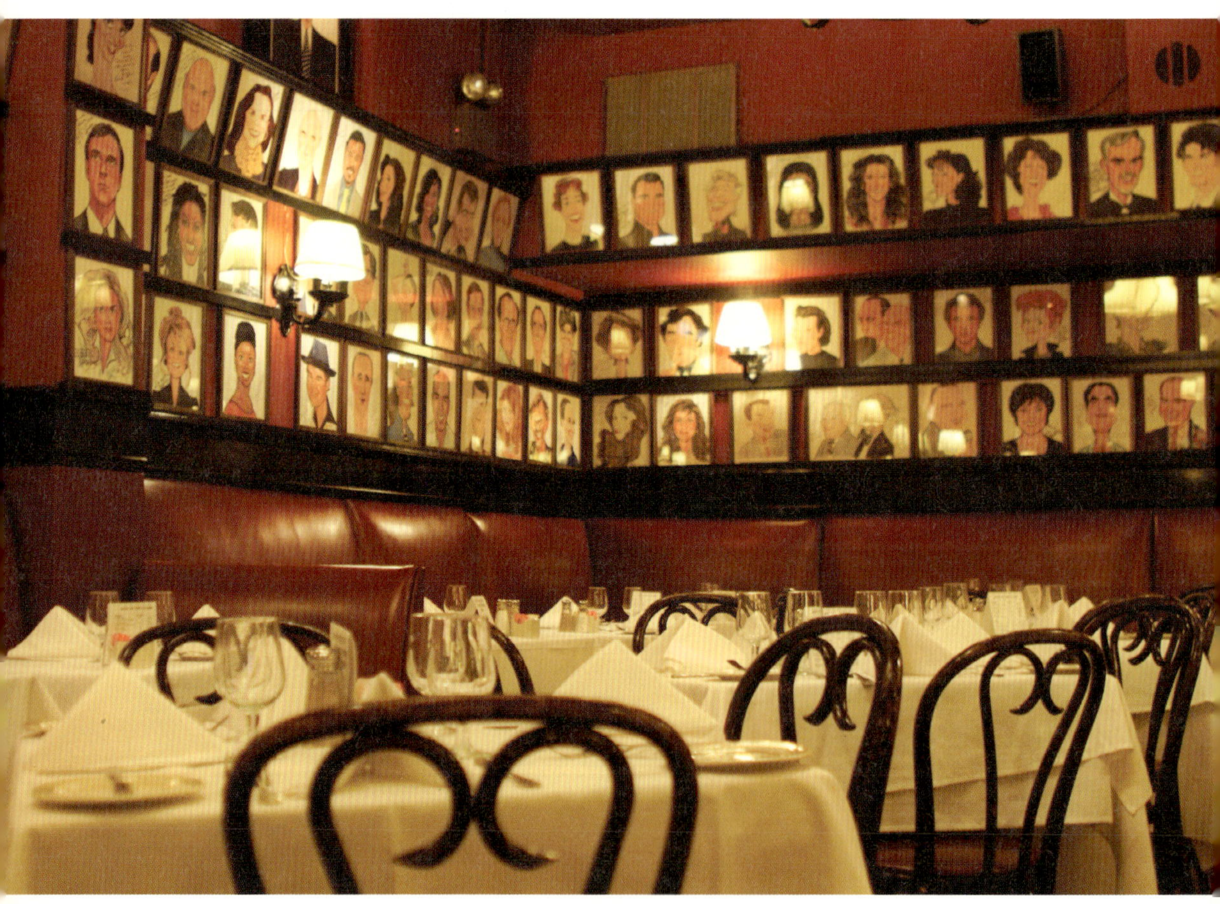

캐리커처로 가득한 사르디 레스토랑 내부

기는 사람들. 그들 뒤로 배우들이 각양각색의 표정을 짓는다. 불현듯 나는 사르디의 내부가 어떤 공간과 분위기가 흡사하다고 생각했다. 그게 어딜까? 식사가 끝날 무렵, 나는 무릎을 쳤다. 사르디는 연극 전용극장이었다. 손님은 관객이고, 벽면은 무대고, 캐리커처는 배우였다. 연극의 3대 요소가 관객, 무대, 배우 아닌가. 반복된 캐리커처의 이미지가 식당이라는 공간의 본질을 휘발시켜 버린 것이다.

사르디는 브로드웨이와는 떼려야 뗄 수 없는 곳이다. 브로드웨이 역사가 캐리커처 속에 녹아 있다. 최우수 뮤지컬에게 수여하는 토니 상이 만들어진 곳이 바로 사르디였다. 지금도 사르디에서 토니 상 심사위원회가 열린다. 토니 상이 만들어진 것은 1947년. 첫 번째 토니 상 수상자는 사르디 1세였다. 그 이유를 덧붙이는 것은 사족이다. 사르디는 또한 수많은 영화에 무대를 빌려줬다. 그러나 이보다 감동적인 것은 종업원들의 프로정신이다. 그들은 "보통 사람을 스타처럼 대하고, 스타를 보통 사람처럼 대한다"는 서비스 철학이 몸에 배어 있다.

극작가, 매카시즘에 저항하다

1940년대 말부터 미국 사회는 어떤 기운에 휩싸여 갔다. 1949년 중국 대륙이 마오쩌둥에 의해 공산화되었다. 유라시아 대륙에 공산 블록이 형성된 것이다. 이 사건은 공산당을 허용하고 있는 미국 사회에 엄청난 충격을 던졌다. 조셉 매카시는 미국 사회에 만연한 두려움을 정확히 읽었다. 매카시즘은, 태풍이 대양의 열기에서 에너지를 얻어 그 세력을 키워나가듯 '레드 차이나' 이후 보이지 않는 공포심을 동력으로 초강력 태풍으로 미국 사회를 휩쓸었다.

1952년 엘리아 카잔 감독은 하원 비미활동위원회(HUAC)에 출석했다. 하원 비미활동위원회는 비(非)미국적이며 파괴적인 활동을 조사하기 위해 1938년 하원에 설치한 위원회였다. 1950년부터 이 위원회는 매카시즘의 본부 역할을 했다. 카잔은 가장 최근에 공산당에 가입한 '씨어터 그룹' 회원 8명의 이름을 폭로했다. 밀러는 이로 인해 청문회 증인으로 참석하기도 했다. 밀러와 카잔은 긴밀한 관계를 유지했으나 카잔의 HUAC 증언으로 두 사람의 관계는 파탄이 났다. 두 사람은 이후 10년간 말도 하지 않는 사이가 되었다.

1950년 밀러는 입센의 연극 〈사람들의 적〉을 각색했다. 이 희곡은 이데올로기에 저항하는 주인공을 다룬 19세기 연극이었다. 이 연극이 매카시즘 선풍 속에서 큰 반향을 일으키자 밀러는 자신감을 얻었고, 이어 〈가혹한 시련〉을 발표했다. 연극 〈가혹한 시련〉은 1953년 1월 23일 브로드웨이 벡 극장에서 초연되었다. 〈가혹한 시련〉은 17세기 미국 매사추세츠 주 샬롬이라는 작은 마을에서 실제로 벌어진 마녀사냥에서 모티브를 얻었다. 이 작품은 마녀사냥으로 변질되어 가는 HUAC에 대한 밀러의 반격이었다. 현재 〈가혹한 시련〉은 〈세일즈맨의 죽음〉다음으로 세계 여러 나라에서 자주 무대에 오른다.

HUAC는 〈가혹한 시련〉이 막을 올린 뒤 밀러의 일거수일투족을 예의주시했다. HUAC는 1954년 런던에서 초연되는 〈가혹한 시련〉을 보기 위해 출국하려는 밀러의 비자 발급을 거부했다.

〈가혹한 시련〉의 연출은 다른 연출가에게 돌아갔다. 제드 해리스의 연출이 관객의 호응을 얻지 못하자 5개월 뒤에 밀러 자신이 직접 연출을 맡았다. 이런 우여곡절에도 불구하고 〈가혹한 시련〉은 밀러에게 1953년 토니 상을 안겨주었다. 밀러는 자서전 《시간의 굴곡》에서 이렇게 회고했다. "나는 이 연극이 자유를 위한 투쟁, 양심을 지키기 위한 투쟁의 긍정으로 보여지기를 희망했다."

내 사랑 마릴린 먼로

1956년 6월 초, 밀러는 별거 중이던 아내 매리 슬래터리와 이혼한다. 이어 6월 20일 뉴욕 주의 '화이트 플레인즈'에서 마릴린 먼로와 결혼했다. '화이트 플레인즈'는 맨해튼에서 기차로 40분 거리에 있는 고급 백인 동네였다. 두 사람은 록스버리에서도 한 번 더 결혼식을 올렸다. 극작가 아서 밀러와 최고 인기 여배우 마릴린 먼로의 결합! 밀러는 두 번째, 먼로는 세 번째 결혼이었다.

세계적인 톱뉴스였다. 두 사람은 11살 차이가 났다. 작가이자 연출가인 노먼 메일러는 이 결혼을 '위대한 미국 두뇌'와 '위대한 미국 육체'의 결합이라고 언급했다.

두 사람이 처음 만난 것은 1951년 1월 LA 할리우드에서였다. 뉴욕이 본거지인 밀러는 할리우드에 막 데뷔한 신인 여배우 먼로를 이렇게 만나게 되었을까.

밀러가 먼로를 처음 본 곳은 20세기 폭스사 스튜디오였다. 먼로는 할리우드의 신인 여배우였다. 그는 배우로 성공하고 싶었으나 5년째 하찮은 단역만 맡았을 뿐이었다. 카잔과 밀러는 우연히 영화 세트에서 촬영 중인 먼로를 지켜보았다. 영화 촬영이 끝나자 먼로는 카잔에게 다가와 인사를 했다. 먼로는 매니저 조니 하이드와 함께 카잔을 만난 적이 있었다. 조니 하이드는 먼로를 사랑한 나머지 결혼하려고 가정을 버렸지만 불행히도 죽고 말았다. 밀러는 몇 미터 떨어진

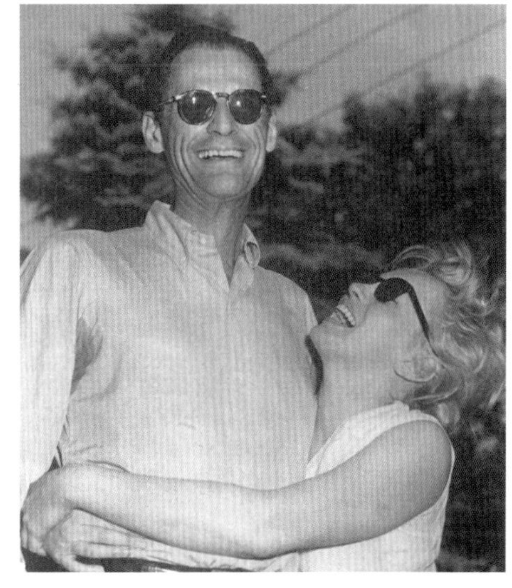

먼로와 함께

위치에서 두 사람이 대화하는 모습을 지켜보았다. 곧이어 카잔이 밀러에게 먼로를 인사시켰다. 밀러는 회고록《시간의 굴곡》에서 첫 만남의 순간을 "우리가 악수를 나눴을 때 먼로의 몸이 움직이는 충격이 내 안으로 파고들었다"고 썼다.

얼마 뒤 할리우드에서 밀러만을 위한 파티가 열렸고, 이번에는 5명의 신인 여배우가 초대되었다. 모나 녹스, 루스 르위스, 체릴 클락크, 다이안 캐시디, 카잔 걸(Kazan Girl). 똑같은 신인 여배우였지만 먼로는 이름을 올릴 만한 급(級)도 되지 못한 채 '카잔의 여자'에 불과했다. 파티의 주인공인 밀러가 여배우 다섯 명 중 아무나 선택할 수 있었다. 밀러는 먼로를 선택해 춤을 췄고, 먼로는 밀러의 품안에서 행복해 했다. 밀러는 카잔처럼 하룻밤 섹스를 원하지 않았다. 밀러는 먼로에게 뉴욕의 연극계에 대해 이야기했고 동부로 와서 배우 연습을 받는 게 어떠냐고 제안했다. 먼로에게는 지금까지 할리우드에서 만난 인물 중에 자신을 여배우로 진지하게 대해준 사람은 밀러가 처음이었다. 먼로는 밀러에게 반했고, 밀러 역시 먼로의 에너지에 빨려드는 자신을 느꼈다. 먼로는 밀러를 만난 이후 지적 욕망에 눈떴다. UCLA 평생교육원에 등록해 문학 강좌를 듣기까지 한다.

뉴욕으로 돌아온 밀러는 자신이 결혼을 너무 일찍 했다고 후회하기 시작했다. 스물한 살에 처음 만난 여자와 데이트를 하고 결혼까지 했으니 말이다. 슬래터리와의 결혼생활은 사실상 끝나 있었다.

주급 150달러로 배우생활을 시작한 마릴린 먼로는 데뷔 7년 만인 1953년 〈나이아가라〉에서 첫 주연을 맡았고, 하루아침에 스타로 떠올랐다. 불우한 환경에서 자란, 제대로 배우지도 못한 가난한 여성이 할리우드의 정상을 정복했다는 사실. 미국인은 먼로를 아메리칸 드림을 구현한 여성으로 받아들였다. 이어 먼로는 〈신사는 금발을 좋아해〉,

〈백만장자 꼬시는 법〉, 〈돌아오지 않는 강〉 등에서 잇달아 주연을 따냈다. 영화에서 먼로는 순진무구한 금발 미인의 모습과 함께 강렬한 섹스 어필을 발산했다. 세계의 남성들은 먼로의 성적 매력에 환호했다. 먼로는 섹스 심볼이자 아메리칸 드림의 상징이 되었다. 먼로는 당시 최고 인기를 누리던 프로야구 선수 조 디마지오와 결혼했지만 1년을 넘기지 못하고 이혼했다.

먼로기 밀러를 다시 만난 것은 1955년이었다. 먼로는 세 번째 남편으로 열한 살 연상의 밀러를 택했다. 왜 밀러였을까? 모든 사람이 궁금해 하는 대목이다.

먼로는 미혼모에게서 태어났다. 평생 아버지를 본 일이 없었다. 어머니는 걸핏하면 정신병원에 수용됐다. 그때마다 고아원에 보내지거나 양부모 손에 맡겨

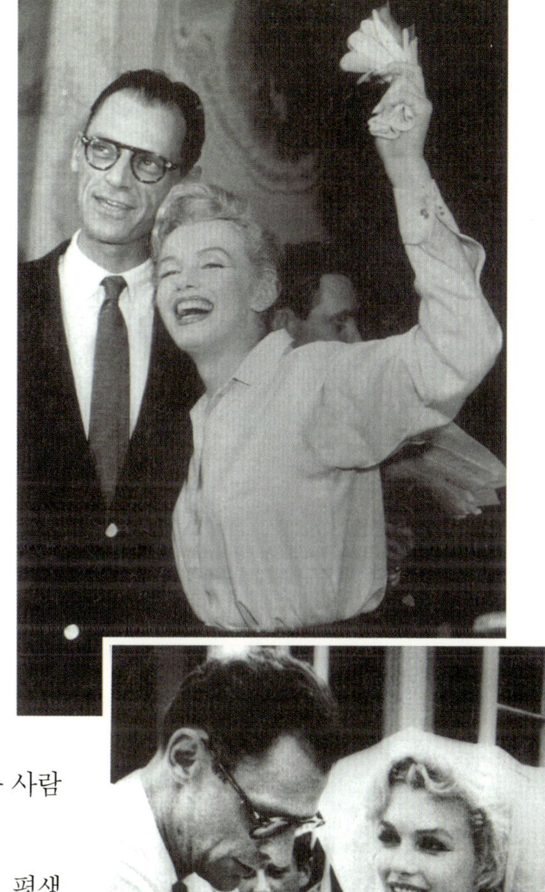

위쪽 먼로와 결혼식을 올린 직후의 모습
아래쪽 먼로와의 두번째 결혼식 장면

졌다. 어려서부터 먼로는 또다시 버려질지 모른다는 강박관념에 시달렸다. 아버지의 사랑을 받아보지 못한 채 불우한 어린 시절을 보낸 먼로에게는 뼛속 깊이 부성 결핍 콤플렉스가 자리잡고 있었다. 이것은 먼로가 '아빠 같은 남자'를 갈망하는 무의식이 되었다. 실제 결혼생활

에서도 그는 남편을 '아빠'라고 불렀다. 밀러는 '진지한 아빠'의 조건을 갖춘 완벽한 남자였다. 슬래터리와 이혼 수속이 끝났을 때 밀러는 먼로에게 청혼했다. 먼로가 밀러의 청혼을 받아들인 것은 밀러가 진지한 남자의 전형이었기 때문이다.

어울리지 못하는 사람들

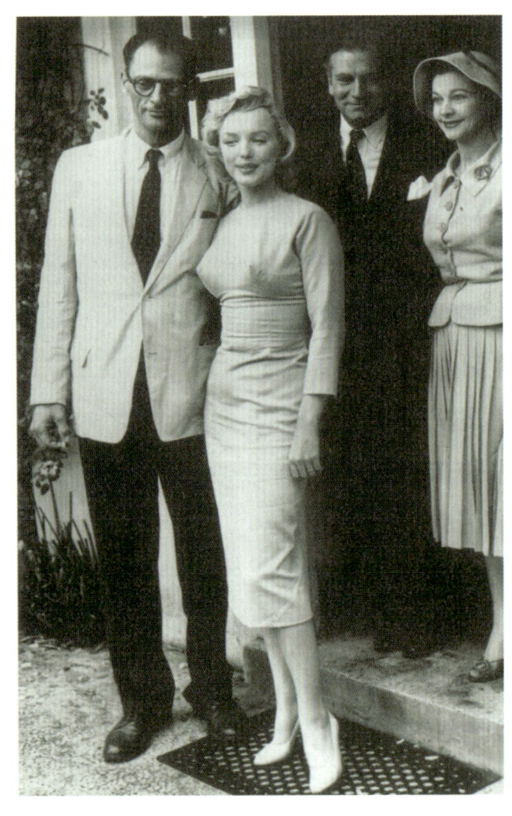

밀러와 먼로는 록스버리에 저택을 장만했다. 이 저택은 밀러가 직접 지은 집필용 오두막과 같은 공간에 있었다. 두 사람은 록스버리와 뉴욕을 오가며 신혼생활을 했다.

밀러는 먼로와 함께 살면서 아내가 까닭 모를 공포로 고통받고 있다는 사실을 알았다. 먼로는 그 고통을 이기려 약물에 의지했다. 조 디마지오와의 결혼이 금방 파경을 맞은 것도 같은 이유에서였다. 조 디마지오는 악령에 시달리며 고통스러워하는 먼로를 이해하지 못했고, 그때마다 먼로를 구타했다.

밀러는 작가였고 아버지 같은 남자였다. 누구보다 인간의 심층심리에 대한 이해가 깊었다. 먼로의 전기작가 모리스 졸로토프는 "밀러는 먼로가 원하는 것을 해주기 위해 자신의 모든 시간을 포기하지 않으면 안 되었다"고 썼다. 밀러는 먼로에게 헌신했다. 결혼생활 5년 동안 작품을 단 한 편밖에 쓰지 못했다는 사실이 단적인 예다. 밀러는 작품을 쓰지 못하는 현실이 답답했지만 어쩔 도리가 없었다. 먼로는 밀러와 5년간 살면서 두 번 유산했는데, 이혼 직전 먼로는 두 번째 유산을 했다(먼로가 아이를 낳았다면 모든 것이 달라졌을 것이다).

밀러는 아내를 위한 선물로 〈어울리지 못하는 사람들(The Misfits)〉을 썼다. 말을 사냥해서 번 돈으로 애완동물의 사료를 사는 떠돌이 3인의 이야기다. 영화 〈어울리지 못하는 사람들〉의 주인공은 마릴린 먼로, 클라크 케이블, 몽고메리 클리프트. 영화는 주로 네바다 주에서 촬영되었다. 영화 촬영 기간 동안 밀러는 아내 곁을 지켰다. 하지만 24시간 함께 있다 보니 촬영장에서 작가와 여주인공은 시나리오를 놓고 끝없이 갈등했다. 이것이 불행의 씨앗이 되었다.

이제 뉴욕에 남아 있는 '먼로'를 만나러 가보자. 먼로는 뉴욕에서 5년여 살면서 여러 흔적을 남겼다. 먼저 먼로의 상징기호가 되어버린 저 유명한 '지하철 환풍구 장면'을 기억할 것이다. 영화 〈7년 만의 외출〉은 뉴욕을 배경으로 찍었지만 실제로 뉴욕은 두 장면밖에 나오지 않는다. 그 한 장면이 남녀 주인공이 영화를 보고 걷다가 지하철 환풍구 위를 지나가는 장면이다.

렉싱턴대로 590번지와 52번가가 만나는 모서리에 프랑스 식당이 있다. 선홍색 차양막이 눈에 띄는 식당 현관 앞에 지하철 환풍구가 있다. 지하철 '렉싱턴 대로 역'과 연결되는 환풍구. 아무런 표지가 없지만 뉴요커는 이곳에 숨어 있는 스토리를 알고 있다. 호텔에서 무료로 나눠주는 맨해튼 지도에도 이곳을 가리켜 이렇게 표기했다. "마릴린 먼로의 지하철 환풍구(Marilyn Monroe's Subway Grating)".

60번가 이스트 143번지에 있는 술집 '다이비 서브웨이 인(Divey Subway Inn)'은 먼로가 혼자 술을 마시고 싶을 때 자주 들르던 곳이다.

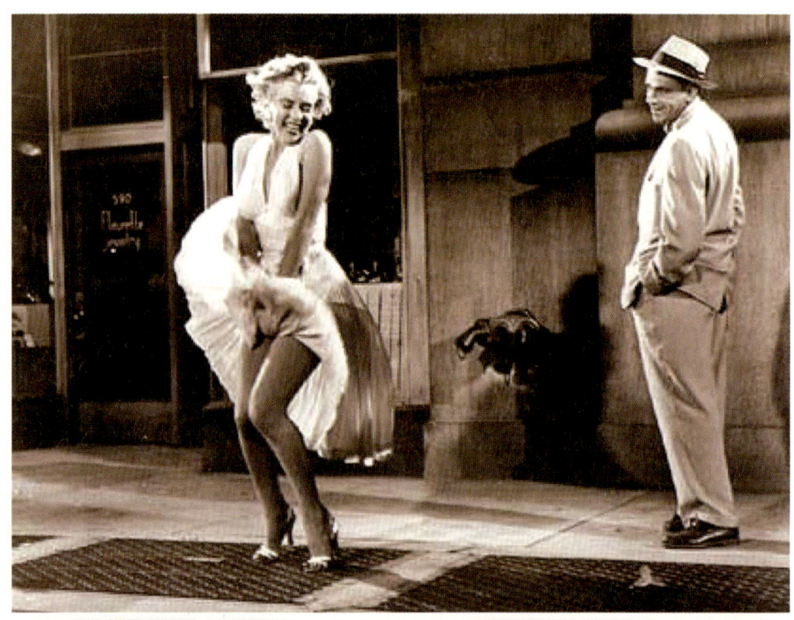

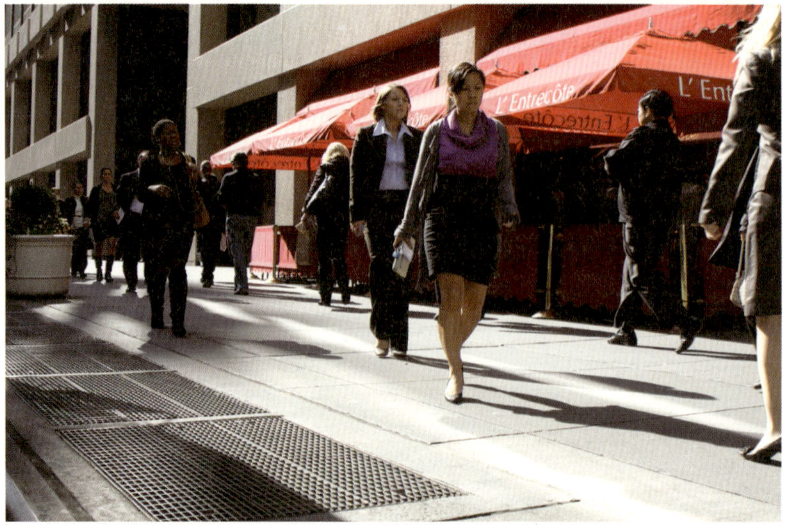

위쪽 영화 〈7년 만의 외출〉의 한 장면 아래쪽 먼로의 지하철 환풍구

이 술집은 그때나 지금이나 허름하다. 대스타 먼로의 이미지와는 도무지 어울리지 않는다. 먼로가 이 술집을 좋아한 이유는 혼자 있을 수 있는 곳이었기 때문이다. 이미 그녀의 일거수일투족은 미디어가 촉각을 곤두세우고 있어 고급 술집에 가면 금방 노출되었다. 그녀 역시 인간이었기에 조용히 생각을 정리하며 혼자 있고 싶을 때가 있었을 것이다. 술집 안으로 들어가 보았다. 아니나 다를까, 먼로의 사진 4장이 보였다. 종업원은 "먼로의 단골술집이었다"고 자랑스레 말한다.

〈어울리지 못하는 사람들〉촬영 내내 다투었던 두 사람은 촬영을 다 끝내고 1961년 2월, 이혼 서류에 도장을 찍었다. 영화는 1961년 여름에 상영되었다. 영화는 촬영 당시부터 갖가지 화제를 뿌렸다. 클라크 케이블은 영화를 다 찍고 나서 영화가 완성되기 전에 사망했다. 숱한 화제성에도 불구하고 영화는 흥행에서는 참패를 기록했다.

밀러와 헤어진 먼로는 더 이상 뉴욕에 있고 싶지 않았다. LA로 돌아갔지만 아버지 같은 든든한 보호막이 사라지자 먼로의 정신질환은 더

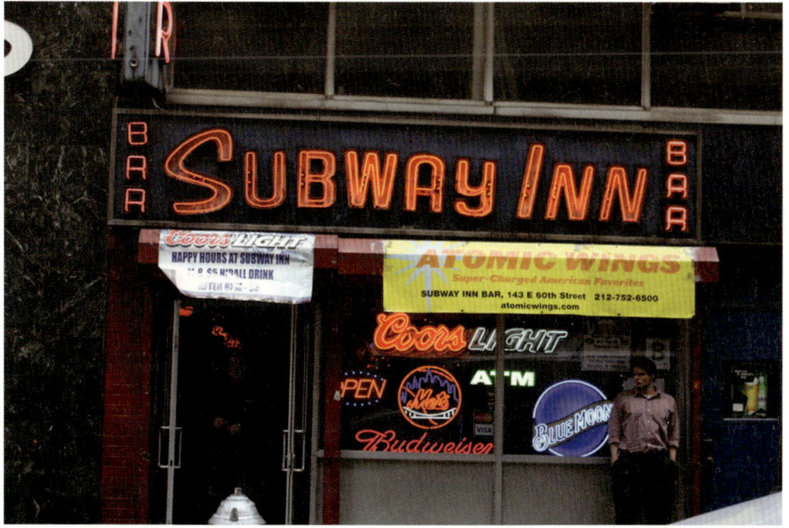

먼로의 단골 술집

욱 악화되었다. 촬영 시간에 이유 없이 늦거나 펑크를 내는 일이 잦아졌다. 배우 경력은 서서히 내리막길을 걷게 되었고 그녀는 점점 술과 약물과 수면제에 의지하는 시간이 많아졌다. 1962년 8월 5일 먼로는 자택에서 사망했다. 공식 사인은 수면제 과다 복용. 한때 타살이라는 음모론이 돌기도 했지만 신경안정제의 상습 복용과 알코올 중독이 사망으로 몰고 갔다는 분석이 설득력이 있다.

먼로가 요절하자 〈어울리지 못하는 사람들〉은 그녀의 마지막 영화가 되어버렸다. 이 영화를 외면했던 관객들이 뒤늦게 영화관으로 몰려들었다. 이 영화는 마릴린 먼로와 클라크 케이블의 마지막 영화로 영화사에 기록된다.

《더 타임스》는 마릴린 먼로가 사망하자 다음과 같은 부음기사를 실었다. 이 기사는 마릴린 먼로의 삶과 아서 밀러와의 관계를 함축적으로 보여준다.

"그녀의 경력은 할리우드의 전설 그 자체다. 가난한 고아 소녀가 세상에서 가장 많은 돈을 벌었고, 또 가장 많은 사람들이 찾아다니는 명사가 되었다. 할리우드를 기웃거리던 무명의 여자가 미국 영화에서 가장 강력한 흡인력을 지닌 배우가 된 것이다. 그리고 교육을 제대로 받지 못한 아름다운 여자가 가장 지적인 사람 중 한 사람과 결혼했던 것이다."

〈몰락 이후(After Fall)〉는 먼로와의 결혼생활을 바탕으로 쓴 작품이었다. 먼로가 죽은 지 얼마 지나지 않아 무대에 올려진 이 연극은 혹독한 비판을 받았다. 평론가들은 연극의 주인공 매기가 마약중독에 금발 가발을 썼다는 점이 먼로와 유사하다면서 밀러가 먼로의 명성을 이용하고 이미지를 더럽혔다고 그를 비난했다.

2012년은 먼로가 우리 곁을 떠난 지 50주년이 되는 해다. 50주년을

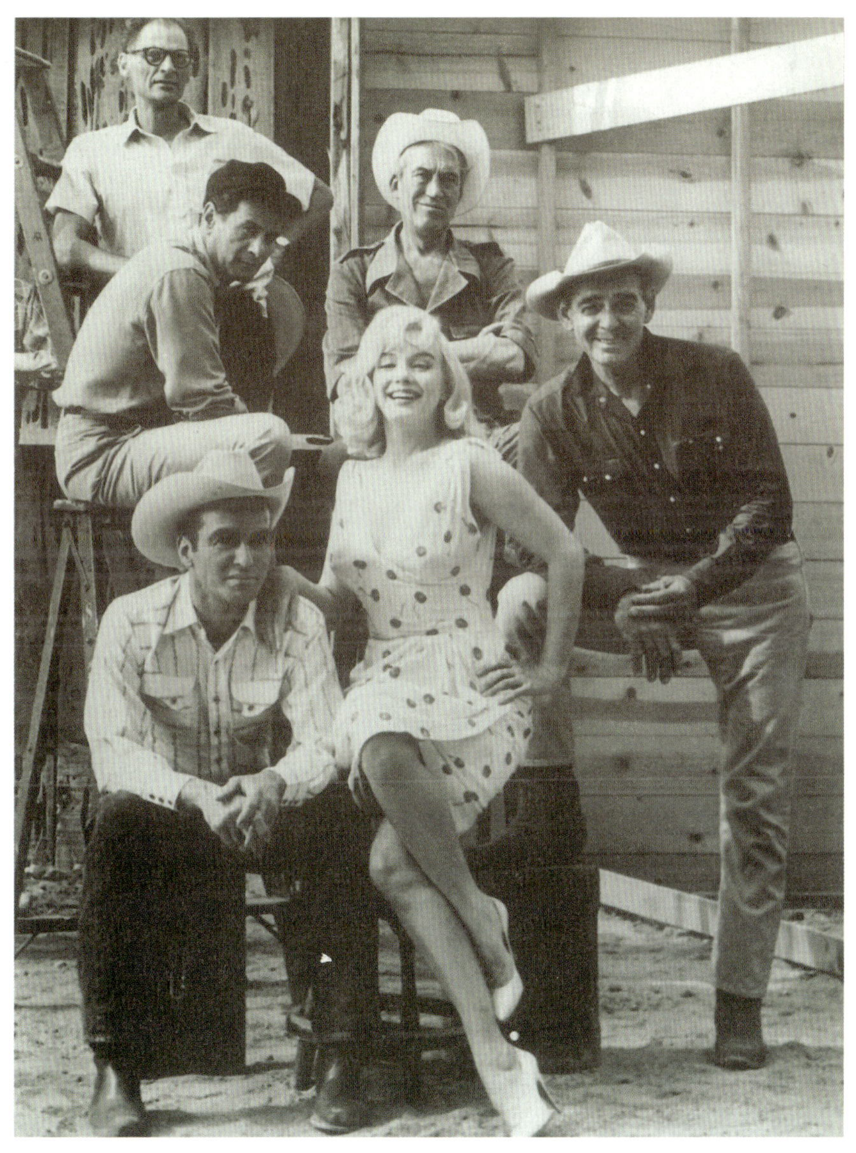

영화 〈어울리지 못하는 사람들〉 촬영 당시의 주연배우, 감독, 작가. 왼쪽 아래부터 시계방향으로
배우 몽고메리 클리프트, 엘리 월라치, 작가 아서 밀러, 감독 존 휴스턴, 배우 클라크 케이블, 마릴린 먼로

맞아 영화 〈먼로와 함께한 일 주일〉이 나왔다. 먼로는 살아 있을 때나 죽어서나 화제를 몰고 다닌다. 세계 모든 배우를 통틀어 먼로와 같은 영향력을 지닌 배우는 없었다. 먼로가 지하철 환풍구 장면에서 입은 흰색 드레스는 경매에서 460만 달러(50억 원)에 팔렸고, 먼로의 지하철 환풍구 장면은 9미터짜리 조형물로 시카고의 한 광장에 모습을 드러냈다. 그 조각의 제목은 '마릴린은 영원하다(Marilyn Forever)'이다.

운명적인 죽음

밀러는 사랑 없이는 하루도 살지 못하는 남자였다. 먼로가 사망한 지 6개월 뒤에 밀러는 사진작가 잉게 모라스와 세 번째 결혼식을 올린다. 모라스와의 생활 역시 록스버리 별장에서 이어졌다. 그는 모라스와의 결혼생활에서 딸 레베카와 아들 다니엘을 낳았다. 밀러는 모라스와의 결혼생활에서 비로소 안정과 평안을 얻었다. 두 사람은 2002년 모라스가 사망할 때까지 결혼생활을 유지했다. 잉게 모라스는 밀러의 아내로서뿐만 아니라 사진작가로도 족적을 남긴 사람이다.

밀러의 마지막 희곡 〈그림 끝내기〉는 2004년 가을 시카고의 굿맨 극장에서 막을 올렸다. 〈그림 끝내기〉의 주인공은 여자친구 발리를 모델로 그렸다. 2004년, 89세의 밀러는 34세의 미니멀리즘 화가 아그네스 발리와 결혼하겠다고 발표했다. 두 사람은 2002년 모라스가 사망한 이후 코네티컷 집에서 동거해 왔다. 그러나 딸 레

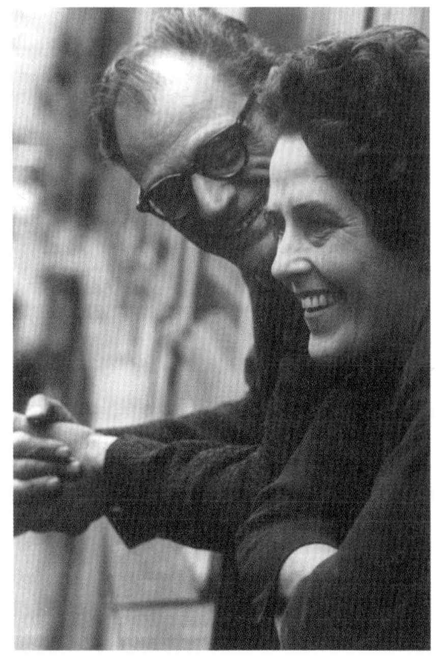

세 번째 부인 잉게 모라스

베카는 아버지가 자기보다 어린 발리와 사는 것을 싫어했다.

밀러는 2005년 2월 10일 저녁 록스버리 자택에서 눈을 감았다. 뉴욕에서 암, 폐렴, 출혈성 심장질환 치료를 받던 밀러는 회복이 불가능하다는 사실을 알고는 록스버리 집으로 돌아가고 싶다고 말했다. 집으로 돌아온 밀러는 자신이 직접 만든 침대 위에서 숨을 거뒀다. 밀러가 눈을 감을 때 연인 발리, 가족, 친구들이 그의 마지막을 지켜보았다. 그의 죽음은 운명적이다. 〈세일즈맨의 죽음〉을 초연한 날이 바로 1949년 2월 10일 저녁이었으니 말이다.

밀러가 세상을 떠나자 수많은 존경받는 배우, 감독, 연출자들이 밀러를 추모했다. 일부는 밀러를 "미국 연극의 마지막 위대한 개업의사"라고 부르기도 했다. 그가 사망한 직후 브로드웨이의 모든 극장은 일제히 그에 대한 존경의 표시로 불을 껐다.

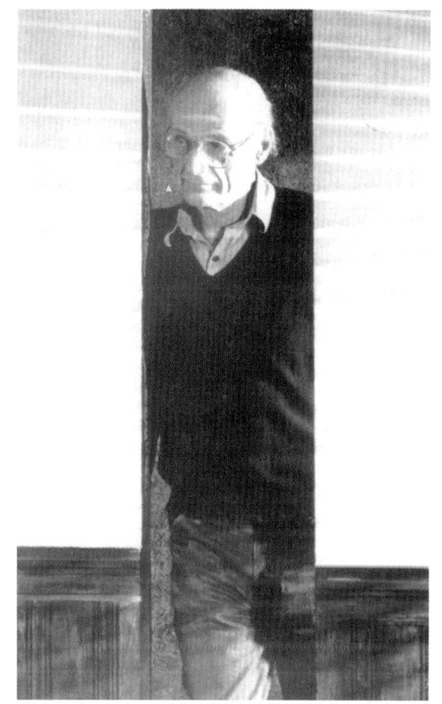

노년의 아서 밀러

영국 《인디펜던트》 신문의 편집국장은 밀러가 사망한 다음날 신문 1면을 통째로 비우는 획기적인 편집으로 밀러를 애도했다. 아서 밀러는 미국이 만든 작가였을지 몰라도 세계 모든 사람들의 작가라는 이유에서다.

밀러의 모교인 미시간 대학은 2007년 아서 밀러 극장을 개관했다. 미시간 대학의 아서 밀러 극장이 세계에서 아서 밀러의 이름을 사용하고 있는 유일한 극장이다. 맨해튼의 극장지구에 아서 밀러의 이름이 붙은 극장이 없는 이유다.

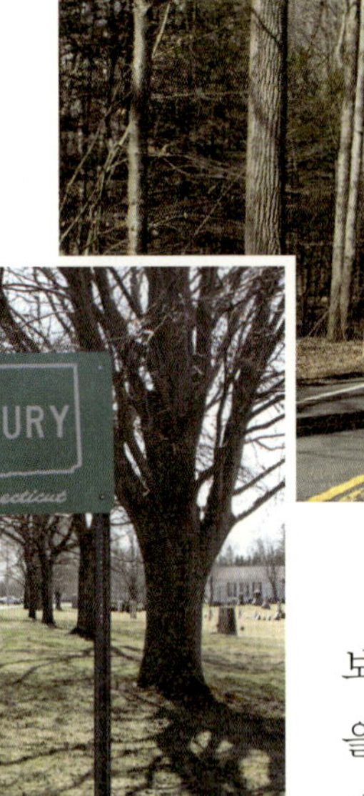

이제 밀러의 영혼이 잠들어 있는 록스버리로 가
보자. 록스버리는 인구 2,200명이 조금 넘는 작은 마
을이다. 놀라운 것은 이 작은 마을에 이름만 대도 알
만한 20세기 문화예술인들의 별장이 몰려 있었다는
사실이다. 모빌 조각가 알렉산더 칼더, 배우 더스틴
호프만과 리처드 위드마크,《소피의 선택》의 작가
윌리엄 스타이론,《배너티 페어》발행인 그레이든 카터 등.

밀러가 〈세일즈맨의 죽음〉을 쓴 집은 토페 로 232번지. 나는 록스
버리에 들어서기만 하면, 시골 마을이니 금방 그 집을 찾을 수 있을 것
으로 기대했다. 하지만 자동차의 내비게이션 화살표는 계속 방향을 지
시했다. 자동차는 깊은 산중으로 계속 빨려들어 갔다. 도저히 집이 나
올 것 같은 않은 곳에서 불쑥불쑥 별장들이 고개를 내밀었다. 마치 여
기에도 사람이 살고 있다고 인사하는 것 같았다. 집은 고개를 하나 넘
을 때마다 하나씩 그렇게 숨박꼭질하듯 나타났다.

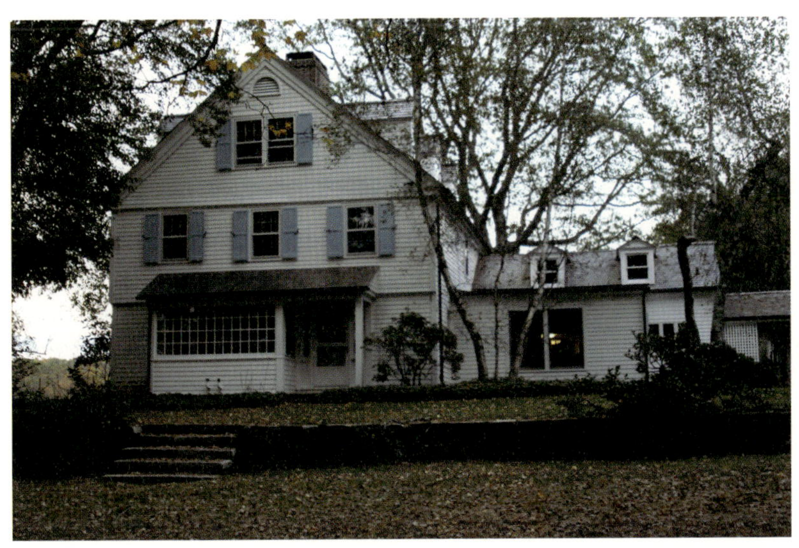

밀러가 살았던
록스버리 집

　산길을 헤맨 끝에 드디어 토페 로 232번지에 이르렀다. 밀러가 실던 집은 외관상으로 특별한 점은 보이지 않았다. 지금까지 지나쳐온 집들도 밀러의 집과 비슷했으니까 말이다. 나는 가까이 다가가 안에다 인사를 해보았지만 집안에서는 아무런 인기척이 없었다. 거실에 불이 켜져 있는 것으로 보아 집주인이 잠시 집을 비운 것 같았다.

　조심스럽게 창문 너머로 빈 집의 거실 내부를 들여다보았다. 옷걸이에 외투가 걸려 있었다. 불빛 때문인지 거실의 온기가 느껴졌다. 순간 나는 어떤 여인의 실루엣이 거실을 휙휙 지나가는 것을 보았다. 밀러가 사랑했던 여인들, 작가에게 영감을 불러일으켰던 뮤즈들. 저 공간 구석구석에 그들의 웃음과 수다가 벌집처럼 매달려 있을 것이다. 매리 슬래터리, 마릴린 먼로, 잉게 모라스, 아그네스 발리.

　나는 빈 집 앞에서 한동안 서성거렸다. 먼 길을 달려왔는데 그냥 되돌아간다는 게 여간 억울하지 않았다. 답답한 마음에 이곳저곳을 기웃거리다 우연히 집 뒤편으로 시선이 갔다. 잔디가 깔린 마당 한가운

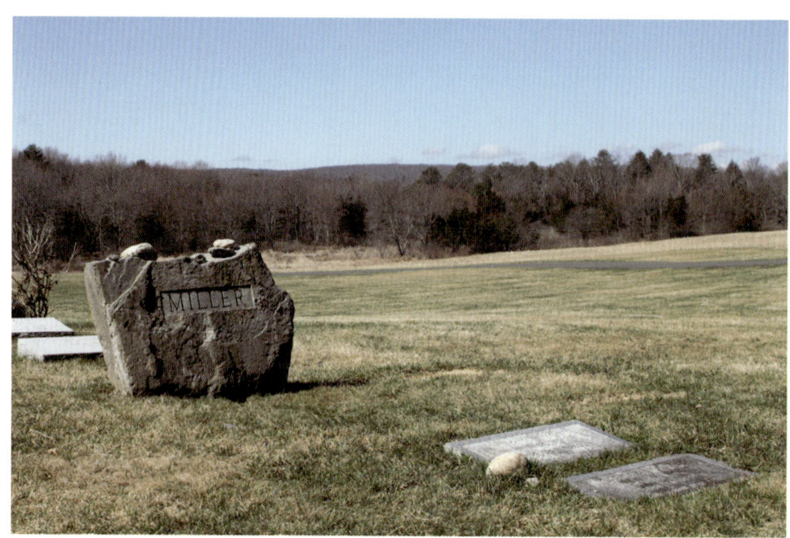

밀러 비석

데에 작은 수영장이 보였고, 그 너머로 탁 트인 숲이 내려다보였다. 정말 기막힌 전망이었다. 풍성한 숲이 저 멀리에서 파도처럼 넘실거렸다. 비로소 성공한 극작가 아서 밀러가 왜 이곳에 집을 지었는지를 알 것 같았다. 밀러의 집은 야트막한 리치필드 산 위에 자리잡고 있었다. 글을 쓰다 머리를 식히려 마당에 나오면 코네티컷의 아름다운 산과 들이 가슴을 벅차게 한다. 계절에 따라 녹색, 붉은색, 흰색으로 바뀌는 숲의 바다. 작가에게 이보다 좋은 공간이 또 있을까.

록스버리에 왔으니 밀러의 묘지를 보고 싶었다. 타운홀 측에 미리 알아보니 밀러의 묘지는 공동묘지 뉴 섹션(신구역)에 있다고 했다. 록스버리 공동묘지는 밀러의 집에서 자동차로 10분 거리에 있었다. 묘지에 들렀을 때 해가 뉘엿뉘엿 지고 있었다. 나는 일행과 공동묘지를 뒤졌다. 신구역이라고 했으니까 새로 된 묘비만 찾으면 될 것으로 쉽게 생각했다. 그러나 밀러는 이방인에게 자신의 모습을 금방 드러내지 않았다. 그 사이 해가 지고 말았다. 산중에 해가 지니 순식간에 캄

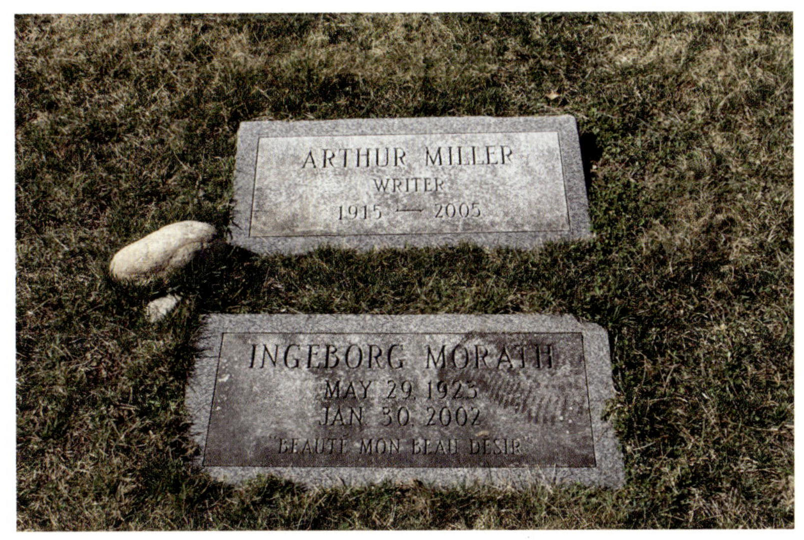

밀러 묘비

캄캄해졌다. 밤중에 공동묘지를 헤매는 괴기스런 모습을 연출했다. 결국 나는 묘지를 확인하지 못한 채 뉴욕으로 발길을 돌려야만 했다.

나는 록스버리까지 가서 밀러의 묘지를 확인하지 못한 게 여간 아쉽지 않았다. 한국에 돌아온 뒤 타운홀 측에 연락해 묘비를 찍어 보내 달라고 요청했지만 여의치 않았다. 미국이 자랑하는 위대한 극작가의 묘지에는 어떤 문구가 새겨져 있을까, 나는 참을 수 없이 궁금했다.

뉴욕에서 돌아온 5개월 뒤 나는 다시 뉴욕에 갈 기회가 있었다. 일을 마친 뒤 자동차를 빌려 다시 한 번 록스버리를 찾았다. 그런데 록스버리 공동묘지의 신구역은 5개월 전 내가 헤맨 곳이 아니었다. 그곳은 묘지가 가득 차서 더 이상 쓰이지 않는 구(舊)구역이었다. 신구역은 100미터쯤 떨어진 곳에 있었다. 잔디가 깔린 공동묘지는 초입에만 10여 기(基)의 묘비가 보였다. 나는 가슴이 뛰었다. 과연 밀러의 묘지에는 뭐라고 적혀 있을까.

밀러의 묘지를 찾는 것은 어렵지 않았다. 'MILLER'라고 새겨진 돌이 보였다. 그런데 그뿐이었다. 이상하다? 곧 바닥에 깔린 직사각형 비석을 발견했다. "Arthur Miller, writer, 1915~2005." 그것이 전부였다. 너무도 소박했다. 바로 밑에는 밀러의 세 번째 부인 잉게 모라스의 묘비가 똑같은 형태로 있었다. 밀러와 모라스 묘비 뒤쪽에는 배우 리처드 위드마크 부부 묘가 있었다.

나는 오랜 시간 묘지에 머물렀다. 신구역에 있는 묘비의 주인공들은 주로 2000년 이후 사망한 사람들이었다. 이 공동묘지가 채워지려면 족히 100년은 걸릴 것이다.

위대한 작가의 묘비에 적힌 한 단어. 'writer!' 아서 밀러에게는 더 이상 다른 말이 필요 없었다. '작가'면 충분했다. 더 이상 무슨 말이 필요할까. 아서 밀러는 죽어서도 영원하다. 《세일즈맨의 죽음》을 남긴 작가이므로.

J. D. 샐린저,

순수의 파수꾼

1919 ~ 2010

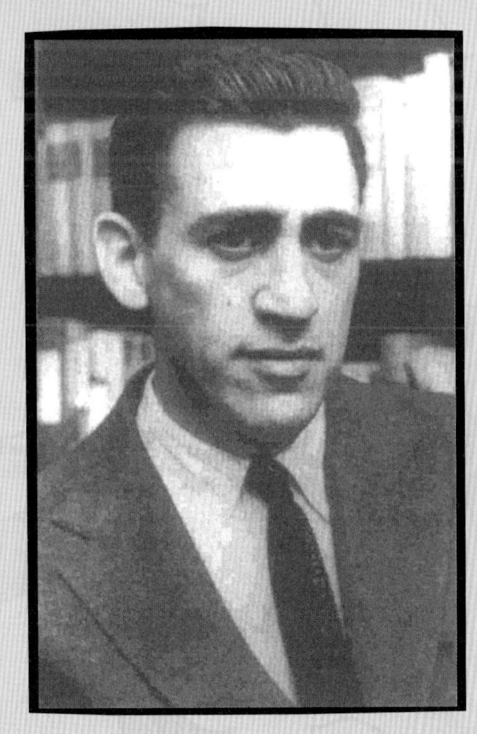

조니 뎁과 존 레논

2010년 《피플》지가 선정한 할리우드 최고의 섹시 남자배우, 조니 뎁. 〈가위손〉, 〈찰리와 초콜릿공장〉, 〈캐리비안의 해적〉 등으로 유명한 배우다. 나는 조니 뎁이라는 배우를 이 정도밖에 몰랐다.

그런데 J. D. 샐린저를 공부하다가 조니 뎁을 새롭게 알게 되었다. 조니 뎁은 이렇게 말했다. "나는 할리우드로 가서 음악을 하려다가《호밀밭의 파수꾼》을 읽었다. 그 뒤로 모든 것이 달라졌다. 시작이었다."

독일 작가 요아힘 숄이 쓴 《클라시커 현대소설 50》의 샐린저 편에서 나는 이 대목과 맞닥뜨렸다. 순간 나는 숨이 멎는 것 같았다. 이 충격은 지적 희열로 발전해 나를 흥분시켰다. 가수가 되려다가 《호밀밭의 파수꾼》을 읽고 배우의 길로 인생을 바꿨다는 조니 뎁! 얼마나 드라마틱한가.

《호밀밭의 파수꾼》과 관련된 또다른 유명한 이야기가 있다. 바로 비틀즈의 멤버 존 레논과 관련되어 있다. 나는 애초에 이 이야기로 샐린저 편을 시작할 요량이었다. 비틀즈 해체 후에도 〈이매진〉 등을 부르며 젊은 세대의 반항적 아이콘이 되었던 존 레논. 그를 '요절한 천재'로 만든 사건은 1980년 12월 8일 벌어졌다.

뉴욕 센트럴파크 72번가에 있는 르네상스 양식의 8층짜리 다코타 아파트. 1881년에 뉴욕에 세워진 최초의 고급 아파트였다. 그날 밤 존 레논은 아파트 정문을 나서다 한 남자와 맞닥뜨렸다. 이 남자는 순식간에 권총을 뽑아 네 발을 쏘았다. 레논은 피할 겨를도 없이 총탄을 가슴에 맞고 쓰러졌다. 그 충격에 둥근 금테 안경이 얼굴에서 튕겨져 나갔고, 떨어지면서 알이 깨졌다. 총을 쏜 남자는 텍사스 출신의 마크 채프먼. 독실한 기독교 신자인 채프먼은 자신의 살인 동기를 종교적 배경에서 찾았다. "존 레논은 '비틀즈야말로 예수보다 더 유명하다'고 말했다. 그는 종교와 신을 믿지 않는 가짜 평화주의자였다. 그래서 내가 처단한 것이다."

채프먼은 다른 동기도 늘어놓았다. 가식과 거짓에 대한 콜필드의 절규 때문에 범행을 저질렀다는 것이다. 경찰에 연행된 채프먼의 손에 소설 책 한 권이 들려 있었다. 바로《호밀밭의 파수꾼》이었다.

뉴욕 센트럴파크의 다코타 아파트는 그날 이후 뉴욕 관광에서 빼놓을 수 없는 장소가 되었다. 2층짜리 관광버스는 물론 미니버스도 이 아파트 앞에서 서행한다. 버스 안의 관광안내원은 이 아파트를 손가락으로 가리키며 존 레논 저격사건을 설명한다.

관광버스를 타고 구경오는 사람이 전부는 아니다. 걸어서 매일 이곳에 오는 사람도 수백 명에 이른다. 아파트 경비원은 수없이 들었을 똑같은 질문에도 짜증 한번 내지 않고 웃으면서 답한다. 찾아가는 길도 쉽다. 지하철 B,C라인 72번가 역이 바로 아파트 아래를 지나고, M72번 버스가 이곳에 선다. 비극의 현장도 시간이 흐르면 비극성은 증발되고 무덤덤한 구경거리로 전락하는 것인가.

다코타 아파트는 존 레논 외에도 여러 명사들이 거쳐갔다. 레너드

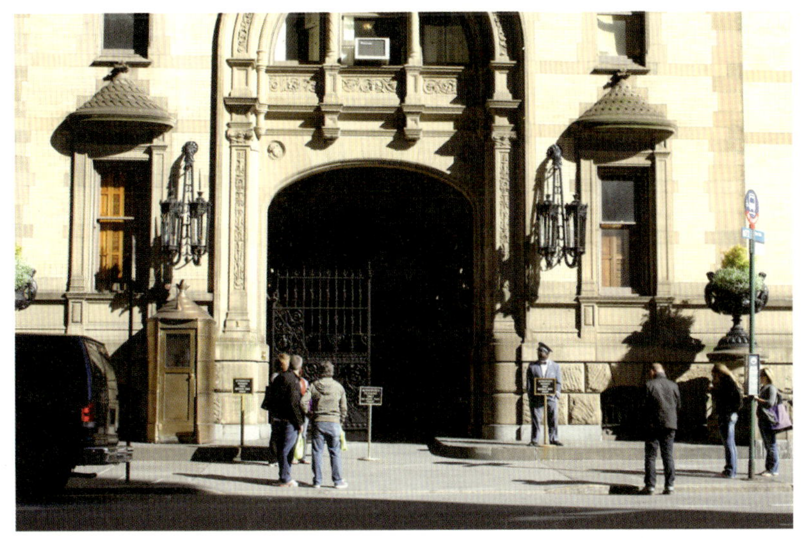

다코타 아파트의 정문

번스타인, 주디 갈란드, 로렌 바칼, 보리스 칼로프 등이다. 영국 출신의 배우 보리스 칼로프는 1931년 영화 〈프랑켄슈타인〉의 주연을 맡으면서 괴기영화 전문배우로 이름을 떨쳤다. 존 레논이 이 아파트에서 피살된 이후 그의 망령이 집 주위를 떠돈다는 얘기가 한동안 으스스하게 떠돌았다.

나는 아파트 정문에서 심각한 표정으로 이곳저곳을 살피는 사람들을 관찰했다. 존 레논의 부인 오노 요코는 지금도 이 집에 산다. 오노 요코는 왜 이 집을 떠나지 않을까? 비극적 사건이 떠오르는 장소를 떠나고 싶어하는 게 보통 사람의 정서가 아닐까? 문득 이런 생각이 스쳤다. 아내는 남편과의 아름다웠던 날들이 고스란히 추억으로 뒤엉켜 있는 이곳을 등지고 싶지 않았을 것이다. 다른 사람의 눈에 보이지 않고 자신의 눈에만 보이는 수많은 이야기들. 존 레논의 존재가 살아 있는 이곳을 차마 떠날 수 없었던 것은 아닐까.

부유했던 어린 시절

제롬 데이비드 샐린저.《호밀밭의 파수꾼》의 작가로 유명한 동시에 은둔의 삶으로 유명하다. 샐린저가 쓴 마지막 작품은 1965년에 출판되었다. 그는 줄곧 언론의 관심을 피해 뉴햄프셔 주 코니쉬에서 은둔 생활을 해왔다. 그가 언론과 마지막 인터뷰를 한 것은 1980년이었다. 이후 수많은 사진작가와 파파라치들이 그의 모습을 찍고자 했으나 실패했다.

제롬 샐린저는 1919년 1월 1일 뉴욕 맨해튼에서 태어났다. 아버지는 오하이오 주 클리블랜드 출신이고 어머니는 스코틀랜드계 아일랜드인. 친할아버지는 리투아니아 출신으로 유대인이었다. 친할아버지는 미국으로 이주해 켄터키 주 루이스빌에서 한때 랍비(유대교 목사)로 활동했다. 샐린저가 태어났을 때, 여덟 살 위로 누나 도리스가 있었다. 도리스는 2001년 세상을 떠났다. 샐린저가 2010년에 사망했으니 샐린저 집안은 장수 유전자를 타고난 것 같다.

아버지는 햄·치즈 수입업자로 경제적 여유가 있었다. 샐린저가 10대에 접어들었을 때 미국은 대공황의 소용돌이에 빠져들었으나 햄과 치즈는 생필품이어서 집안은 비교적 영향을 덜 받았다. 샐린저는 맨해튼의 웨스트사이드에 있는 공립학교에 입학했다. 이 학교에 다니면서 그는 업스테이트 뉴욕이나 뉴잉글랜드에서 열리던 여름 캠프에 꼬박꼬박 참가했다. 대공황의 먹구름이 드리웠지만 샐린저 집안은 그래도 중산층 생활을 유지했다는 뜻이다.

1932년 가족은 고급 주택가 파크애비뉴 1133번지 아파트로 이사를 갔다. 이 사실은 경제공황 직전 파크애비뉴에 살던 상류층 상당수가 주식 대폭락 이후 파크애비뉴에서 빠져나와 집값이 싼 동네로 이사갔

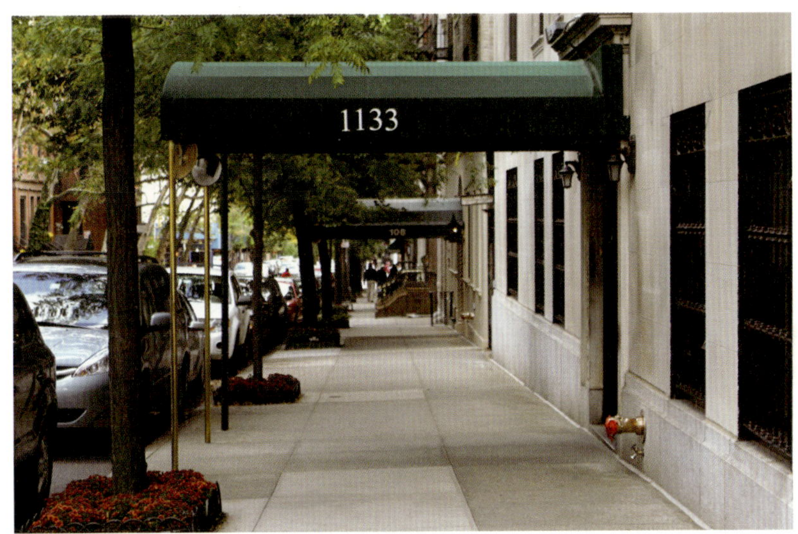

파크애비뉴 1133번지.
샐린저가 어린 시절 살던
아파트

다는 사실과 대비가 된다.

파크애비뉴 아파트는 한번 가볼 필요가 있다. 현관에 샐린저와 관련된 플라크가 있어서가 아니라 주변 환경이 얼마나 좋은지를 직접 확인할 수 있기 때문이다. 파크애비뉴 1133번지는 90번가와 91번가 사이에 있다. 센트럴파크와 불과 두 블록 떨어져 있고, 구겐하임 미술관과 유대인 박물관 등이 있는 '뮤지엄 마일'과도 두 블록 거리다. 걸어서 10분 안에 뉴욕의 정수를 만끽할 수 있다. 모든 뉴요커가 살고 싶어하는 주거환경이 바로 이곳이다.

파크애비뉴로 이사하면서 샐린저는 맨해튼의 사립학교 맥버니 학교로 전학한다. 맥버니 학교에서 그는 펜싱팀의 주장, 학교 신문의 기고가, 아마추어 배우 등으로 활동했다. 샐린저는 몇 편의 연극에 출연했고 연극에 재능을 보였다. 하지만 학과 성적이 우수한 학생이 아니었다. 결국 낙제를 했고 결국 맥버니 학교에서 1년 만에 자퇴를 하고 만다(맥버니 학교는 1980년대에 문을 닫았다).

부모는 샐린저를 펜실베이니아 주의 밸리 포르지 군사학교로 전학 시킨다. 샐린저는 공부 부담이 적은 밸리 포르지 군사학교에 비교적 잘 적응했다. 이 학교에서 소설 습작을 시작했고, 학교 연감의 편집을 맡기도 했다. 샐린저는 여전히 연극에 관심이 많았고, 할리우드로 가서 배우가 되겠다는 꿈을 꾸기도 했다. 그는 이런 꿈을 꿀 만큼 잘생겼다.

샐린저는 1936년, 뉴욕대학 1학년이 되었다. 뉴욕대학을 잠시 다니다가 아버지의 권유로 오스트리아로 간다. 부친은 아들에게 가업을 이어받게 할 요량으로 육류가공식품 수입 비즈니스를 배우라며 오스트리아 빈으로 보낸다.

빈 생활은 만족스러웠다. 무엇보다 충만한 예술적 분위기가 마음에 들었다. 하지만 히틀러가 그의 빈 생활에 결정타를 날렸다. 그는 1938년 3월 12일, 나치 독일이 오스트리아를 병합하기 불과 한 달 전에 빈을 떠났다.

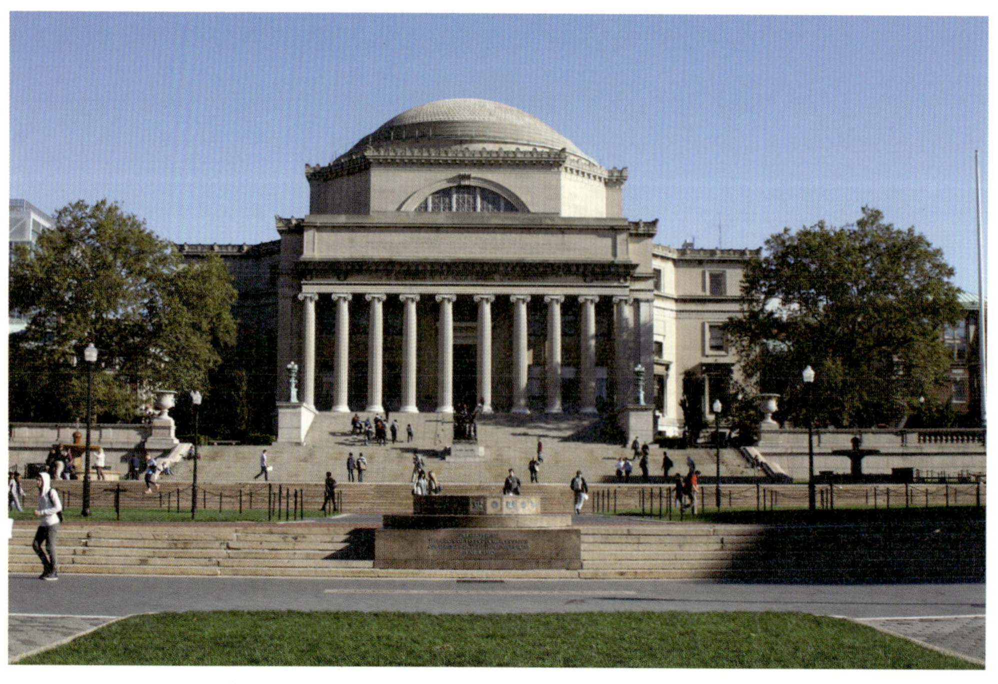
컬럼비아 대학

　다시 뉴욕에 온 샐린저는 곧 가을 학기에 종교학교인 어르사이너스 컬리지에 등록한다. 그러나 이 종교학교에 적응을 하지 못한 채 자퇴했다. 여기서 우리는 샐린저가 제도권 교육에 맞지 않았다는 것을 추론할 수 있다.

　1939년 샐린저는 컬럼비아 대학의 야간 문예창작 교실에 등록한다. 이 강좌는 《스토리 매거진》 편집자였던 휘트 버네트가 가르치는 강좌로 당시 뉴욕에서 꽤 인기가 있었다. 버네트의 기억에 따르면, 샐린저는 두 번째 학기가 끝나기 전까지는 눈에 띄지 않는 학생이었다. 세 번째 학기의 어느 날 샐린저는 소설 3편을 완성해 가지고 와서 버네트를 놀라게 했다. 버네트는 이 가운데 완성도가 높은 〈젊은 사람들(The Young Folks)〉을 자신이 편집책임을 맡고 있던 《스토리 매거진》 잡지에 게재한다. 〈젊은 사람들〉은 꿈을 잃은 청소년을 다룬 작품. 이를 계기로 버네트는 샐린저의 멘토가 되었고, 두 사람은 수년간 가깝게 지냈다.

　샐린저가 공부한 컬럼비아 대학에 가려면 지하철 1번 라인을 타고 '116번가 웨스트' 역에서 내린다. 역사를 빠져나오면 바로 컬럼비아 대학 정문이 반갑게 맞는다. 컬럼비아 대학은 맨해튼에 있는 대학 중 캠퍼스를 갖고 있는 유일한 대학이다. 뉴욕대, 뉴스쿨, 파슨스, 쿠퍼 유니온 등은 캠퍼스가 없다. 이런 이유로 컬럼비아 대학은 관광객의 발길이 빈번하다. 컬럼비아 대학에는 샐린저와 관련된 어떤 기록도 남아 있지 않았다. 정규 학부생이나 대학원생이 아니었으니 당연했다. 그러나 평생교육원 학생들이 다니는 건물은 그대로 있다. 컬럼비아 대학은 《호밀밭의 파수꾼》에서 주인공 콜필드가 찾아가는 곳으로 등장한다.

세계대전 참전

1941년, 유명 잡지 《콜리어스》와 《에스콰이어》에 잇따라 작품이 실렸다. 원고료를 받고 샐린저는 가슴이 뛰었다. 작가로서 조금씩 능력을 인정받기 시작했다. 방황의 10대를 지나 20대에 들어서자 서광이 비쳤다.

이즈음 샐린저는 유명 극작가 유진 오닐의 딸 우나 오닐과 사귀기 시작했다. 유진 오닐은 희곡 《밤으로의 긴 여로》를 쓴, 테네시 윌리엄스와 함께 미국을 대표하는 극작가였다. 샐린저는 스물두 살, 우나 오닐은 열입곱 살이었다. 샐린저는 우나에게 전화를 자주 걸었고 장문의 연애편지를 썼다. 10대 시절 그의 첫사랑에 관한 기록이나 흔적이 없다는 사실로 미뤄 우나는 그의 첫사랑일 가능성도 있다.

돌발변수가 발생했다. 우나가 그만 다른 남자에게 마음을 빼앗겨버린 것이다. 감히 대적할 수 없는 연적(戀敵)의 등장. 찰리 채플린이었다! 채플린은 모든 것을 갖고 있는 남자였다. 나이가 많다는 것은 사랑에 눈 먼 소녀에게는 아무런 장애가 되지 않았다. 샐린저는 채플린에 비하면 미래가 불투명한 신인 작가에 불과했다. 우나는 아버지의 반대에도 불구하고 채플린과 결혼했다. 아버지 유진 오닐은 죽을 때까지 딸을 만나지 않았다. 샐린저는 《뉴요커》지에 단편소설을 투고했다. 《뉴요커》지는 1941년 12월호에 〈매디슨에 대한 작은 반란〉을 싣기로 한다. 맨해튼을 배경으로 벌이는 애정결핍의 10대 홀든 콜필드가 주인공이었다.

또다시 변수가 발생했다. 1941년 12월, 일본은 하와이 진주만 해군기지를 공습했다. 다른 대륙의 전쟁에 개입하지 않는다는 먼로주의를 지키던 미국이 2차 세계대전에 자동적으로 개입했다. 미국의 참전 선언으로 미국 사회는 하루아침에 전시체제로 돌변한다. 이 소설은 졸지에 '출판 불가'로 판정되었다. 정신적으로 방황하는 청년의 이야기라는 주제가 전시상황에서는 부적합하다는 이유였다. 〈매디슨에 대한 작은 반란〉은 1946년이 되어서야 활자로 인쇄되어 세상 빛을 볼 수 있었다.

샐린저는 참전하고 싶었다. 신체검사를 받았지만 심장에 약간 문제가 있다는 판정이 나와 징집이 거부되었다. 얼마 후 미군 당국은 신체검사 기준을 완화했고, 1942년 봄 샐린저는 육군에 입대할 수 있었다.

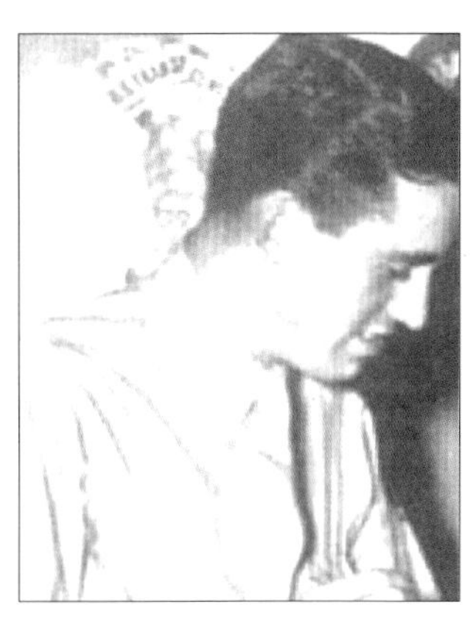

젊은 시절의 샐린저

샐린저는 통신병으로 근무하다가 이듬해 정보부대로 옮겼다. 그는 영국에 있는 미군 4사단 12연대에 배속되었다. D-Day에 노르망디 상륙작전이 시작된 지 5시간 뒤에 유타 해변에 상륙했다.

프랑스에 상륙한 샐린저는 방첩부대에서 독일군 포로를 신문하는 일을 맡았다. 그의 소속 부대는 해방된 강제수용소에 최초로 들어간 부대였다. 당연한 이야기지만 전쟁 경험은 그의 인생에 깊은 영향을 미쳤고 독일이 패망한 뒤 전쟁 스트레스로 인해 몇 주 동안 병원에 입원하기도 했다. 훗날 샐린저는 딸 마가렛에게 이런 말을 하기도 했다. "네가 아무리 오래 살아도 너는 결코 살이 타는 냄새를 코로 맡지 못할 것이다."

독일이 패망한 후에도 샐린저는 독일에서 철수하지 않고 6개월 이상 더 주둔했다. 나치체제를 뿌리뽑는 비(非)나치화 임무를 맡았기 때문이었다. 샐린저는 비센부르크에 복무하면서 실비아 벨터라는 여성과 만나 현지에서 결혼했다. 1946년 4월, 샐린저는 실비아와 함께 미국으로 귀국한다. 그러나 실비아가 8개월 뒤에 독일로 돌아가면서 결혼생활은 끝이 났다.

오랜 세월이 흐른, 1972년 어느 날이었다. 실비아가 보낸 편지가 샐린저 앞에 놓였을 때 딸 마가렛이 옆에 있었다. 그 편지는, 두 사람이 헤어진 후 실비아가 보낸 첫 소식이었다. 26년 만에 전해온 과거의 아내가 보내온 편지. 샐린저는 편지를 한참 동안 바라보다가 편지를 개봉하지 않은 채 그대로 찢어 휴지통에 넣어버렸다. 마가렛은 아버지에 대해 쓴 책에서 "아버지는 어떤 사람과의 관계가 끝나면 그것으로 끝이었다"고 말했다.

할리우드에 실망하다

1940년대 말 무렵, 샐린저는 선불교의 열렬한 추종자가 된다. 그는 주요 독서 목록에 당시 유행하던 선불교 관련 책들을 올려놓았다. 선불교 학자 스즈키를 만나기도 했다. 이 대목은 스즈키의 선불교가 1940년대 말 뉴욕의 예술가와 작가들에게 폭넓은 영향을 끼쳤다는 것을 보여준다. 존 케이지 역시 컬럼비아 대학에서 선불교 강좌를 듣고 그의 예술철학의 방향을 결정했다.

1948년 샐린저는 단편소설 〈바나나피시의 완벽한 날〉을 《뉴요커》에 보냈다. 《뉴요커》는 이야기의 빼어난 수준에 반해 출판하기로 하고 즉각 계약을 체결했다. 이 계약에는 출판사가 향후 샐린저가 쓰는 모든 소설의 선매권(先買權)을 갖는다는 내용이 포함되었다.

〈바나나피시의 완벽한 날〉은 글래시스 가(家)를 다룬 연작소설이다. 글래시스 가는 은퇴한 소극장 배우 부부와 그들의 일곱 자녀로 이루어져 있다. 샐린저는 글래시스 가 집안 이야기를 발전시키고 특히 사고뭉치 장남 세이무어에 초점을 맞춰 모두 7편의 단편을 발표했다. 《뉴요커》에는 단편소설 〈코네티컷의 위글리 삼촌〉, 〈바나나피시의 완

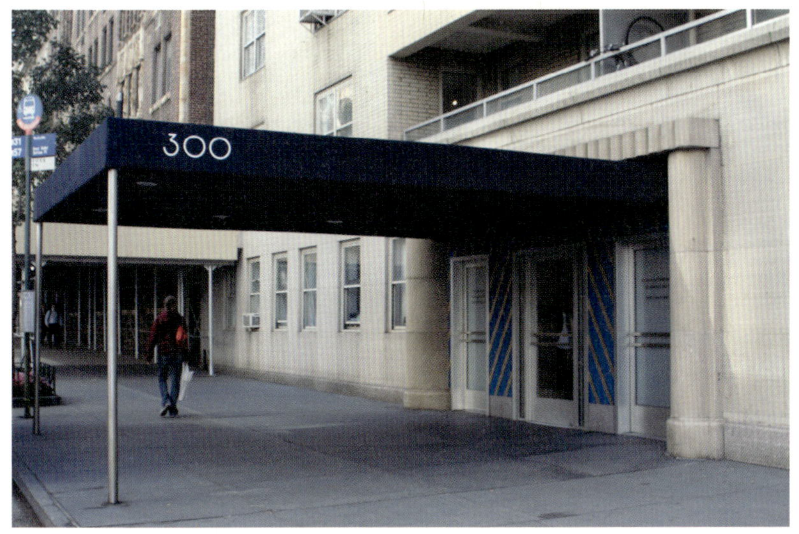

코니쉬로 이사하기
직전까지 살았던
57번가의 아파트

벽한 날〉 등 3편이 실렸다. 이제 그는 주목받는 신인작가였다. 〈바나나피시의 완벽한 날〉은 평론가로부터 호평을 받았다. 또 《굿 하우스키핑》지에 단편 〈내가 아는 소녀〉를 발표했는데, 이 소설이 1948년의 최우수 단편선집에 선정되었다. 소설가로서 샐린저의 명성은 높아가고 있었다.

1950년에는 단편소설 〈에스매를 위하여〉 하나만을 발표했다. 다소 소강상태에 접어든 것처럼 보였다. 샐린저는 자신은 장거리 주자가 아니라 단거리 주자라고 말하기도 했다. 단편소설이 체질에 맞는다는 얘기였다.

전기작가 이안 해밀턴에 따르면, 1943년에 발표한 단편소설 〈바리오니 형제들〉을 놓고 할리우드에서 영화로 만들어진다는 소문이 파다했지만 아무런 결과가 나오지 않자 샐린저는 크게 실망했다. 1948년 독립영화 프로듀서 사무엘 골드윈이 단편소설 〈코네티컷의 위글리 삼촌〉의 영화 판권을 사고 싶다고 제안했을 때 샐린저는 즉각 동의했다.

샐린저는, "원작을 최대한 살려 좋은 영화를 만들 것"이라는 에이전트의 말을 철석같이 믿고 소설 판권을 팔았다.

1950년, 샐린저의 작품이 처음으로 영화화되었다. 〈코네티컷의 위글리 삼촌〉은 〈나의 어리석은 마음〉이라는 제목의 영화로 제작되었다. 사무엘 골드윈 영화사는 당시 최고의 인기 배우였던 수전 헤이워드와 다나 앤드류스를 캐스팅했다. 영화가 히트하면 작가의 명성이 확고해지는 것이 할리우드의 공식이었다. 하지만 샐린저는 영화를 보고 몹시 낙담했다. 영화가 원작을 마구잡이로 훼손했다고 그는 생각했다. 샐린저의 반응과 마찬가지로 영화는 평론가들로부터 비난의 십자포화를 맞았다. 첫 번째 영화는 그렇게 실패로 끝났다.

이후 샐린저는 다시는 할리우드에 영화 판권을 팔지 않겠노라고 결심한다. 이 사건은 샐린저를 이해하는 데 매우 중요한 사건이다. 프랑스 배우 겸 제작자 브리지트 바르도가 〈바나나피시의 완벽한 날〉의 영화 판권을 사고 싶다고 했을 때 샐린저는 이 제안을 거절했다.

끊임없는 논란의 소설

1951년 샐린저는 장편소설 《호밀밭의 파수꾼》을 발표했다. 세계 문학사에 기록될 기념비적인 히트작인 《호밀밭의 파수꾼》은 뉴욕이 아닌 보스턴에서 나왔다. 왜 뉴욕이 아닌 보스턴의 '리틀 브라운' 출판사에서 이 장편소설이 나왔을까.

사연은 이렇다. 샐린저는 단편소설 작가로 이름을 알렸다. 하르코트 브레이스 출판사는 샐린저에게 단편소설을 청탁했다. 샐린저는 출판사 편집인 로버트 지로를 찾아가 단편소설 대신 크리스마스 시즌에 맞춰 써놓은 원고를 출판해 달라고 말했다. 지로는 크리스마스 시즌에 맞는 소설이라는 말에 선뜻 출판하겠다고 동의했다. 샐린저가 원고를 가지고 가자 원고를 검토해 본 출판사측은 난색을 표했다. 당시의 시대적 분위기에 비춰 내용과 표현에 문제의 소지가 있다고 우려한 것이다. 지로는 샐린저에게 원고를 순화시켜 줄 것을 부탁했다. 샐린저는 그렇게는 못하겠다고 화를 냈고, 책상 위에 있는 원고를 들고 사무실을 나갔다. 이것이 출판사의 운명을 바꿔놓았다. 샐린저는 원고를 평소 자신에게 호의적인 태도를 보인 보스턴의 '리틀 브라운' 사로 보냈다. 하르코트 브레이스 출판사 편집인 지로는 순간적인 판단 잘못으로 천문학적인 수입을 날려버렸다. 운명을 바꿔놓는 것은 언제나 짧은 순간의 판단이다.

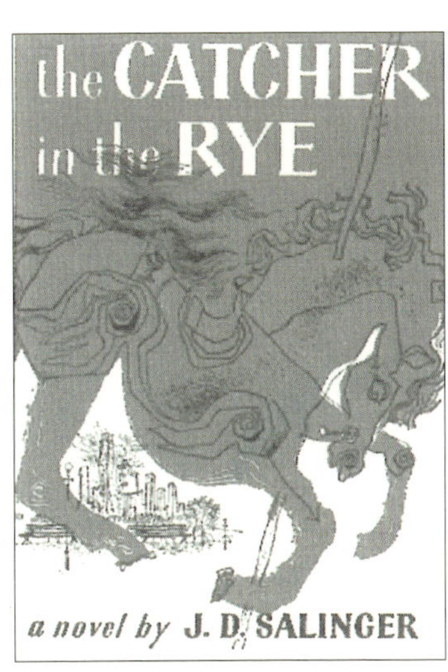

《호밀밭의 파수꾼》 표지

월리엄 포크너는 이 소설에 대해 "당대 소설 중 최고의 작품"이라고 평가했다. 소설은 발간 2개월 만에 8쇄를 찍는 대성공을 거뒀다. 이 소설은 《뉴욕타임스》 베스트셀러 목록에 30주 동안 머물렀고 최고 4위까지 올라갔다.

작가가 주인공 홀든 콜필드를 통해 묘사한 청소년의 소외와 순수의 상실은 특히 청소년 독자들에게 커다란 영향을 미쳤다. 지금도 이 소설은 젊은 세대에 가장 널리 읽히고 있으며 그만큼 여전히 논란의 소재가 되고 있다. 미국에서만 매년 25만 부 이상이 팔린다.

《호밀밭의 파수꾼》은 수십 개 언어로 번역되었다. 그런데 원제를 번역본에 그대로 옮긴 경우는 많지 않았다. 《마음의 파수꾼》(프랑스어 판), 《호밀밭의 남자》(독일어 판), 《한 남자의 인생》(이탈리아어 판), 《인생의 위험한 순간들》(일본어 판), 《모두들 자신을 위해, 그리고 악마는 최후 순간을 취한다》(노르웨이 판), 《추방당한 젊은이》(덴마크어 판),

《고독한 방랑자》(네덜란드어 판).

　　주목할 점은 《호밀밭의 파수꾼》은 공산체제의 소련에서도 엄청난 인기를 누렸다는 사실이다. 소련의 청춘들은 단지 샐린저의 소설책을 들고 다닌다는 것만으로도 젊음의 특권인 반항성을 드러낸다고 생각했다. 그러다 보니 너도나도 유행처럼 《호밀밭의 파수꾼》을 끼고 다녔다. 이런 현상은 21세기 한국에서도 반복된다. 한때 20대 젊은이들 사이에서 체 게바라 얼굴이 인쇄된 티셔츠가 큰 유행이었다.

　　샐린저는 1940년대에 쓴 편지에서 자신이 존경하는 작가에 대해 말했다. 그들은 셔우드, 앤더슨, 링 라드너, 스코트 피츠제랄드였다. 전기작가 이안 해밀턴은, 샐린저는 자신을 한동안 피츠제랄드의 후계자로 생각했다고 썼다. 샐린저의 소설 〈바나나피시의 완벽한 날〉은 피츠제랄드의 초기 단편소설 〈메이 데이〉와 결론 부분이 유사하다.

《호밀밭의 파수꾼》

　　《호밀밭의 파수꾼》은 주인공 홀든 콜필드의 일인칭 화법으로 시작한다.

　　"만일 네가 정말 이 이야기를 듣고 싶어한다면 말이야. 우선 내가 어디에서 태어났고 또 내 하찮은 유년시절은 어떤 꼴이었는지, 또 내가 태어나기 전에 우리 부모는 뭘 하고 살았는지 하는, 말하자면 '데이비드 카퍼필드' 식의 시시껄렁한 것부터 들으려고 할는지도 모르겠구나. 하지만 솔직히 말해서 난 그런 것들을 털어놓고 싶은 생각은 없어. 왜냐하면 말이야, 우선 그런 이야기들은 아주 따분할 뿐 아니라, 내가 우리 부모들 이야기를 하려고 하면 그분들은 아마 두 번쯤은 졸도하려고 할 것이 분명하거든."

홀든 콜필드는 펜실베이니아 주에 있는 '펜시 프렙 스쿨'에서 낙제해 뉴욕의 부모님 집으로 돌아간다. 학교를 떠나기 직전 콜필드는 기숙사 룸메이트와 코피가 터지도록 싸운다.

콜필드는 직전에 다녔던 엘크튼 힐스 사립고등학교에서도 가짜와 속물들로 뒤범벅이 된 학교가 싫어 그만두었는데 펜시 역시 마찬가지였다고 말한다. '펜시 프렙 스쿨'을 홍보하는 광고 팸플릿에는 영국 귀족 스포츠인 폴로 경기를 하는 사진이 들어가 있는데 실제 이 학교에는 폴로 경기는커녕 말 한 마리 없다는 것이다. 콜필드는 가짜, 허위, 위선으로 점철된 학교라는 제도와 영원히 안녕을 고했다. 그의 나이 16세.

기차로 뉴욕 펜실베이니아 역에 도착한 콜필드는 곧바로 집으로 돌아가지 않는다. 싸구려 호텔에 투숙한 후 나이트클럽을 전전한다. 나이트클럽에서 만난 여자 관광객들에게 호기를 부려 술값을 내주기도 한다. 정처없는 밤의 방황이다. 호텔로 돌아와서는 엘리베이터보이의 호객에 끌려 창녀를 방으로 불러들인다. 하지만 막상 창녀를 보자 생각이 사라진 그는 5달러를 주고 돌려보내려 하지만 여자는 10달러를 요구한다. 그가 이를 거부하자 여자는 엘리베이터보이를 데려와 콜필드를 두들겨 팬다. 결국 콜필드는 10달러를 빼앗기고 만다.

오후에 그는 옛 여자친구인 샐리 헤이즈를 만나 함께 연극을 보고 함께 도망치자고 제안했다가 말다툼을 벌이기도 한다. 이후 정처없는 그의 발길이 닿은 곳은 라디오시티 아이스링크, 컬럼비아 대학 등과 같은 곳이다.

부모는 아들이 퇴학당한 사실을 모른다. 콜필드는 부모를 속이기 위해 방학하는 날(수요일)에 맞춰 집으로 돌아갈 궁리를 한다. 하지만 여동생 피비가 보고 싶어 부모 몰래 집에 숨어든다. 자다가 깬 피비가 오빠를 보고 "오빠는 무엇이 되고 싶어?"라고 묻는다. 그는 호밀밭에서 노는 아이들이 절벽에 떨어지지 않도록 돌보는 '호밀밭의 파수꾼'이 되고 싶다고 대답한다.

집에서 빠져나온 콜필드는 하룻밤을 보내기 위해 자신에게 친절하게 대해주었던 영어교사 안톨리니 선생 집을 찾아간다. 안톨리니 선생은 철학자의 말을 인용해 이렇게 말한다. "미성숙한 사람의 특징은 대의를 위해 고결하게 죽기를 원한다는 것이고, 성숙한 사람의 특징은 대의를 위해 겸허하게 살기를 원한다는 것이다."

월요일 아침, 콜필드는 서부로 가겠다고 생각한다. 피비의 학교를 찾아가 오후에 메트로폴리탄 미술관에서 만나자는 메모를 남겨놓는다. 그는 우연히 피비의 학교 벽에 외설스런 욕설이 쓰여 있는 것을 보고 하나씩 지워나간다. 그러나 어떤 욕설은 아예 새겨져 있어 지워지지 않는다는 것을 알고 분노를 느낀다. 메트로폴리탄 미술관에서 피비를 기다리는 동안 그는 이집트의 무덤 속을 둘러보다가 경악한다. 그곳에도 상스런 욕설이 크레용으로 낙서되어 있었기 때문이다.

"그렇게 되자 나는 무덤 속에 혼자 남은 꼴이 되었어. 하지만 어떤 의미에서는 오히려 즐거웠지. 조용하게 가라앉은 분위기가 좋았기 때문이야. 그런데 말이야. 그때 내가 벽에서 무엇을 봤는지 아니? 넌 아마 상상도 못할 거다. 또 외설스러운 욕이 쓰여 있었던 거야. 돌이 쌓여 있는 아래, 유리 벽 바로 밑에 빨간 크레용으로 쓰여 있었다고……."

얼마 뒤 피비가 미술관에 나타난다. 피비는 오빠를 따라 서부로 가겠다며 여행용 가방을 들고 나왔다. 남매는 센트럴파크 안에 있는 동물원으로 놀러가 곰을 살펴보다가 회전목마를 탄다. 그는 피비가 회전목마를 타며 기뻐하는 모습을 보며 모처럼 행복감을 맛보며 서부로 가지 않겠노라고 결심하게 된다. "피비가 빙글빙글 계속 도는 것을 보면서 나는 너무나도 행복했어. 솔직히 말하면 큰소리로 외치고 싶을 정도였다니까. 그 정도로 난 행복했어. 왜 그랬는지 나도 잘 몰라. 다만 피비가 파란 외투를 입고 빙글빙글 계속 도는 모습이 너무나도 예쁘게 보였단다. 정말이지 네게도 그걸 보여주고 싶었어."

왜 콜필드는 집에 들어가지 않고 뉴욕의 밤거리를 목적 없이 쏘다녔을까. 그의 방랑은, 마치 오디세우스가 이타카 섬으로 귀환하기 전까지 보여준 것과 흡사한, 밤의 오디세이라고 할 만하다. 세계인이 《호밀밭의 파수꾼》에 공감하고 열광하는 까닭도 바로 콜필드가 벌이는 밤의 방황에 있다. 여기서 서울대 교수인 영문학자 김성곤의 해석을 빌려보자. 김성곤은 이를 네 가지로 해석한다. 첫째는 사라져가는 순진성의 보존과 보호를 위한 것으로 볼 수 있다. 순진성 상실에 대한 강박관념은 소설 전체를 통해 계속 나타난다. 둘째는 사회제도 속에서 길들여져 자신도 모르는 사이에 기성세대로 편입되는 것을 거부하

센트럴파크의 회전목마

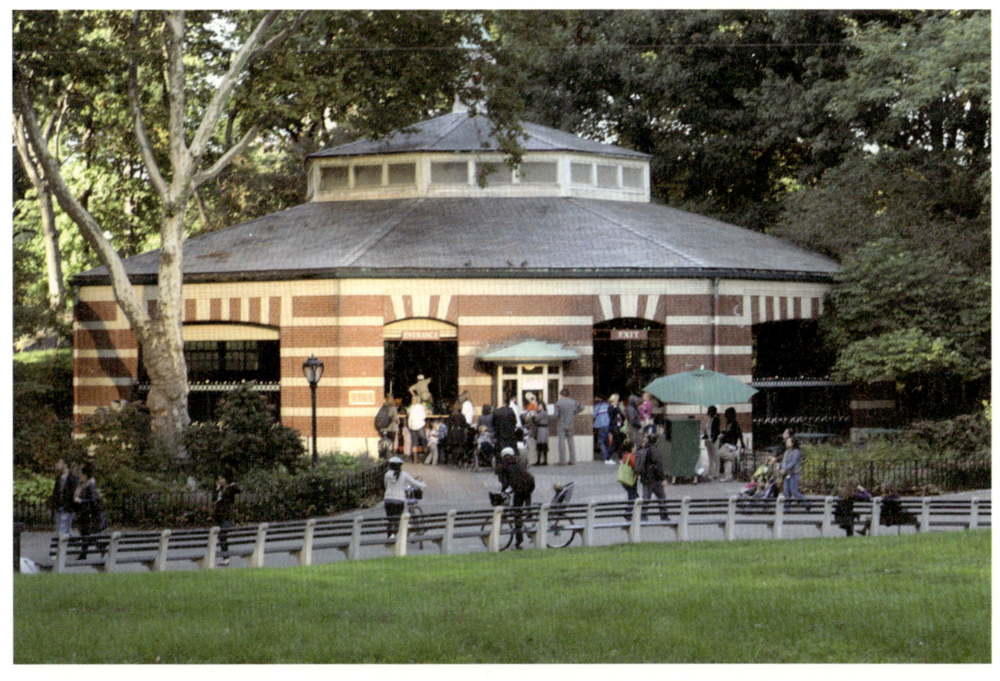

기 위해서다. 셋째는 타락한 성인 세계로 홀든을 데리고 가는 과정의 상징적 장치들이다. 그가 현기증을 느끼고 쓰러지는 것은 자신이 처한 현실에서 겪는 정신적 추락을 은유적으로 보여준다. 마지막은 자신의 정체성 탐색의 과정이다. 그가 여러 사람들을 만나고 밤거리의 방황을 통해 추구하고 탐색하는 것은 자신의 정체성이다.

맨해튼의 콜필드 흔적 따라잡기

《호밀밭의 파수꾼》은 뉴욕을 세계적으로 알리는 데 엄청나게 기여했다. 뉴욕에 와보기 전 《호밀밭의 파수꾼》을 먼저 읽은 젊은이들은 이 소설의 이미지를 통해 뉴욕을 상상한다. 이것이 스토리텔링의 파워다.

2008년에는 피터 바일더가 《독자의 '샐린저의 호밀밭의 파수꾼' 따라잡기》를 출판했다. 윌 호크먼은 《J. D. 샐린저, 확실히 따라잡기》를 썼다. 물론 기자들도 콜필드의 오디세이를 추적하는 수많은 기사를 써냈다. 바일더는 자신의 책에서 콜필드의 맨해튼 거닐기의 흔적을 따라가는 지도를 제작했다. 《호밀밭의 파수꾼》이 나온 지 60년의 세월이 흘렀으니 소설에 등장하는 장소가 모두 남아 있을 리는 만무하다. 바일더는 소설에 등장하는 장소 중 현재 존재하는 곳과 그렇지 않은 곳을 표기했다.

지금부터 《호밀밭의 파수꾼》 속 콜필드의 흔적을 따라가 보자. 소설은 펜실베이니아 역(이하 펜역)에서 시작한다. 콜필드는 펜역을 빠져나와 공중전화 부스로 걸어간다. 펜역은 그랜드 센트럴 터미널과 함께 미국에서 유동인구가 가장 많은 역이다.

펜역은 32번가와 7번대로가 만나는 지점에 있다. 롱아일랜드를 오가는 열차의 출발지이자 종착역이다. 워낙 규모가 큰 역이다 보니 출구가 여러 곳이다. 나는 마침 내가 머물던 호텔과 펜역이 한 블록 거리에 있어 펜역을 아침저녁으로 가보았다. 그때마다 출입구를 빠져나오는 사람을 유심히 관찰했다. 어느 시대를 막론하고 기차에 내려 역사를 빠져나오는 사람은 세 부류다. 갈 곳이 있는 사람, 갈 곳이 없는 사람, 갈 곳이 있어도 그곳에 가고 싶지 않은 사람. 콜필드는 세 번째 부류였다.

센트럴파크의 남쪽 연못. 콜필드는 펜역에서 택시를 타고 독백처럼 말한다. "저기요, 아저씨. 센트럴파크 남쪽에 오리가 사는 연못 아시죠? 왜 조그만 연못 있잖아요. 연못이 얼어버리면 오리들이 어디로 가버리는지 혹시 알고 계세요?"

이 독백은 '불멸의 독백'이 되었다. 봄 여름 가을, 연못에서 오리 떼를 지켜본 어린이들은 겨울철에 연못이 얼어버리면 항용 이런 질문을 한다. 눈앞에 오리가 보이지 않으니 말이다. 물론 오리들은 서식지를

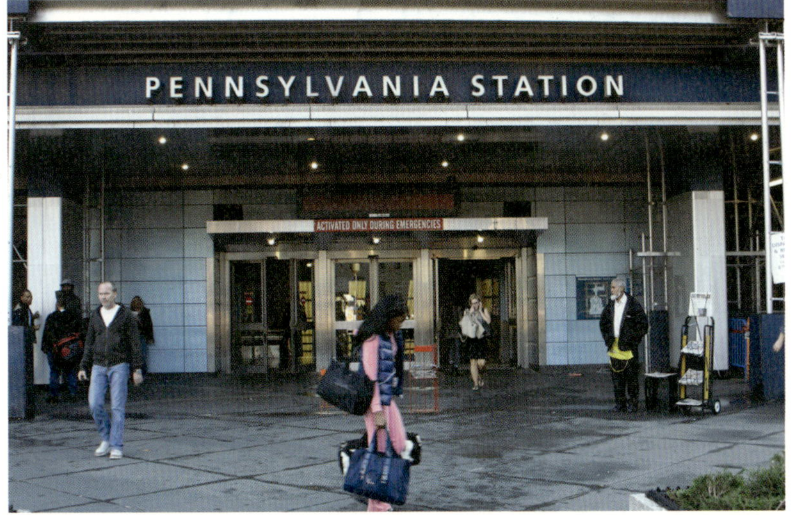

펜실베이니아 역

옮기지 않으며, 철새처럼 따뜻한 남쪽나라로 날아갈 수도 없다. 이따금씩 연못에 나오는 어린이들은 오리 떼가 구석진 곳에서 옹기종기 몸을 맞대며 추위를 피하는 모습을 발견하지 못할 뿐이다. 공원 관리인들은 오리 떼가 어디에 숨어서 얼음이 녹기만을 기다리는지 알고 있다. 시간과 공간을 초월해 아이들에게 얼어붙은 연못의 오리 행방은 변함없는 관심사이다.

센트럴파크 남쪽은 59번가와 만난다. 센트럴파크 남쪽에 왔다면 '오리 연못'은 절대 놓칠 리가 없다. 아담한 아치형 다리가 걸쳐 있는 것이 저 유명한 오리 연못이다. 다리를 건너 벤치에 앉아 뉴요커처럼 느긋하게 연못에 부서지는 가을 햇살을 즐긴다. 반짝거리는 연못 위를 유유히 노니는 오리들. 숫자를 세기 시작했다. 열 마리까지 세다가 포기하고 만다. 적어도 50마리는 넘어 보였다. 이렇게 많은 오리들이 살던 연못인데 얼어버리면 오리는 온데간데없이 사라져버린 것처럼 보인다. 아이들은 당연히 똑같은 질문을 던질 수밖에 없다.

센트럴파크의 연못

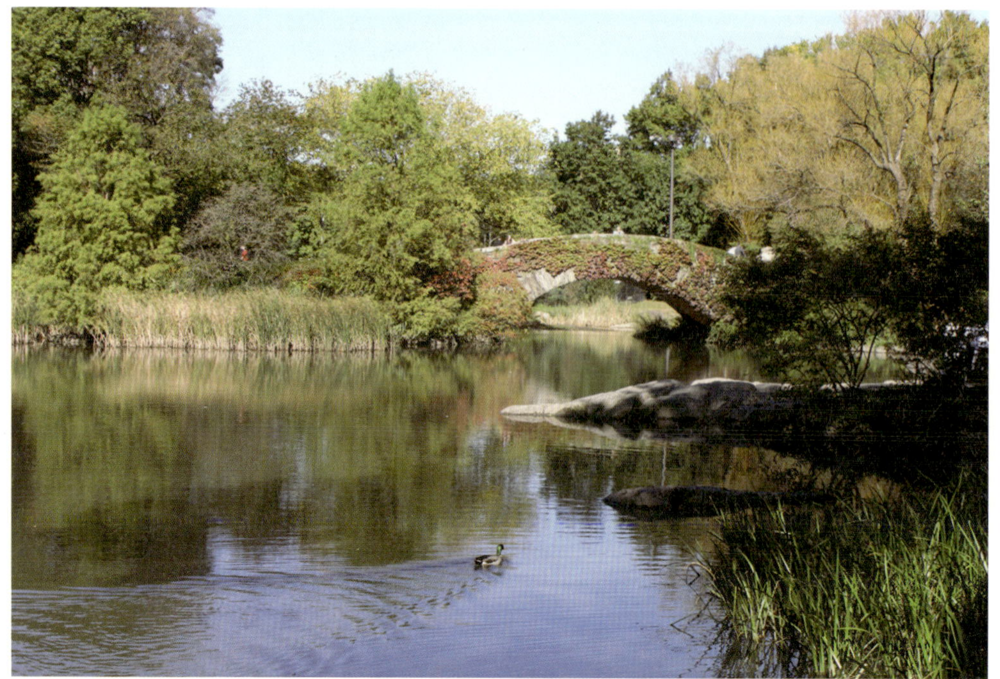

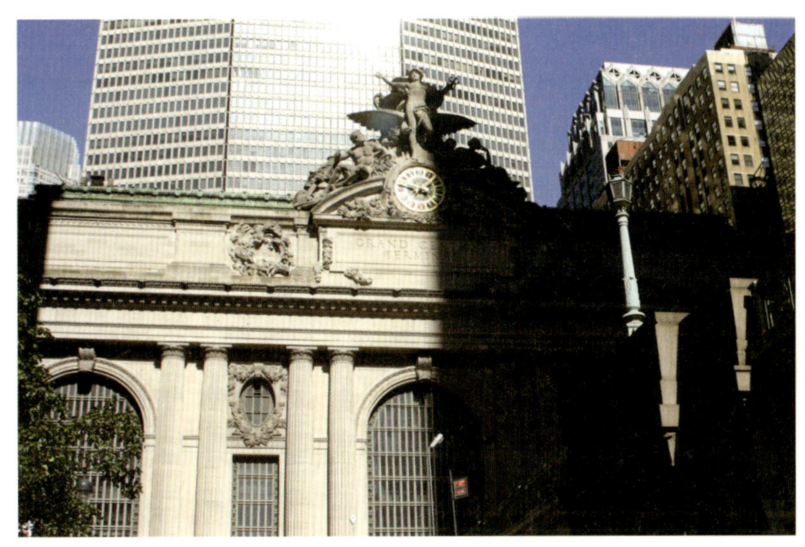

그랜드 센트럴 역

연못에서 회전목마가 있는 곳으로 걸어갔다. 지도상으로는 가까워 보였는데, 막상 걸어보니 거리가 제법 되었다. 콜필드가 여동생 피비와 회전목마를 탔던 그곳. 아이들이 부모와 함께 회전목마를 타고 있었다. 나는 벤치에 앉아 무념무상으로 멜로디를 따라 회전하는 아이들을 바라보았다. 저게 무슨 음악일까? 소설에서는 노래 〈오, 메리(Oh, Mary)〉가 흘러나왔다고 했는데.

아이들의 웃음이 경쾌한 리듬을 타고 푸른 하늘로 연기처럼 퍼져갔다. 회전목마를 멀리한다는 것은 순수의 시대와의 고별을 의미한다. 어느 나라건 회전목마는 어린이 전용이다. 그렇다고 어린이 혼자 회전목마를 타는 경우는 드물다. 부모가 아이를 안고 타거나 그 옆에 선다. 부모와 함께 회전목마를 타는 시기는, 다른 말로 바꾸면 '품안의 자식' 시절이다. 아이가 자라 어머니 품안에서 벗어나면 자연스레 회전목마와 거리를 둔다. 순수의 유년기와 영원한 이별을 선언한다. 돌아가고 싶지만 돌아갈 수 없는 영원한 노스탤지어의 세계, 유년기.

소설에서 눈여겨볼 장소는 '그랜드 센트럴 역'이다. 콜필드는 호텔에서 나와 택시를 타고 세계에서 가장 큰 기차역인 그랜드 센트럴 역에 내린다. 미국 전주에서 출발하는 기차의 종착역. 44개의 승강장이 있고, 66개의 노선이 이 역에서 출발한다.

콜필드는 보관함에 짐을 맡기고 '작은 샌드위치 바'에 갔다. 늦은 아침을 먹고는 브로드웨이 쪽을 향해 걸어간다. 그때 인도와 차도 사이의 연석 위를 아슬아슬하게 걸어가는 꼬마를 발견하고는 뒤를 따라간다. 어린아이는 콧노래로 〈호밀밭에 들어오는 사람을 잡는다면〉을 부르고 있다. 그러는 사이 콜필드는 브로드웨이와 42번가가 만나는 타임스퀘어에 도착한다.

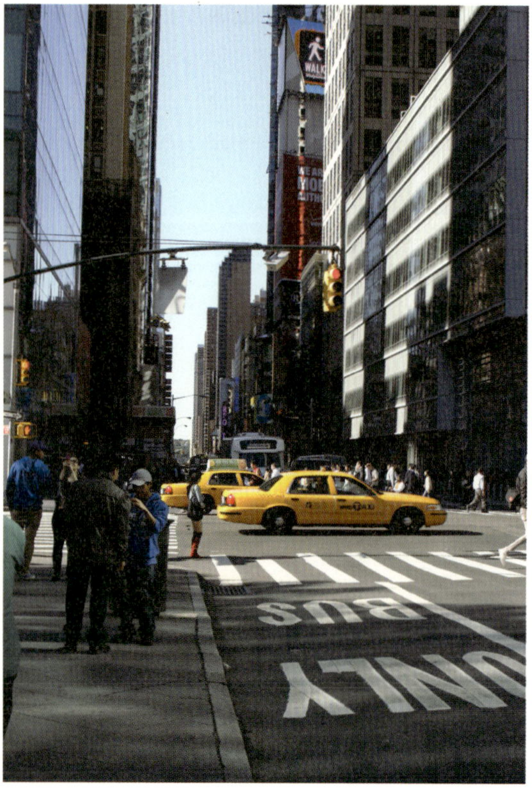

자, 콜필드의 걸음을 뒤따라보자. '작은 샌드위치 바'는 뉴욕의 명물이 된 '오이스터 바 & 레스토랑'을 가리킨다. 콜필드는 '작은 샌드위치 바'라고 했지만 이곳은 결코 작지 않다. 소설에 나오는 것처럼 '오이스터 바'는 샌드위치와 수프를 주로 판매한다. 한쪽에서는 굴을 접시로 판다.

뜀박질하듯 움직이는 종업원들, 고함을 치듯 주방에 주문을 넣는 소리…… 왁자함이 꼭 남대문시장 통에 와 있는 것 같다. 뉴욕에 이런 곳이 있다니! 손님 대부분은 기차 시간을 기다리며 식사를 해결하려는 사람들이다. 수프 메뉴는 무척 다양하다.

42번가

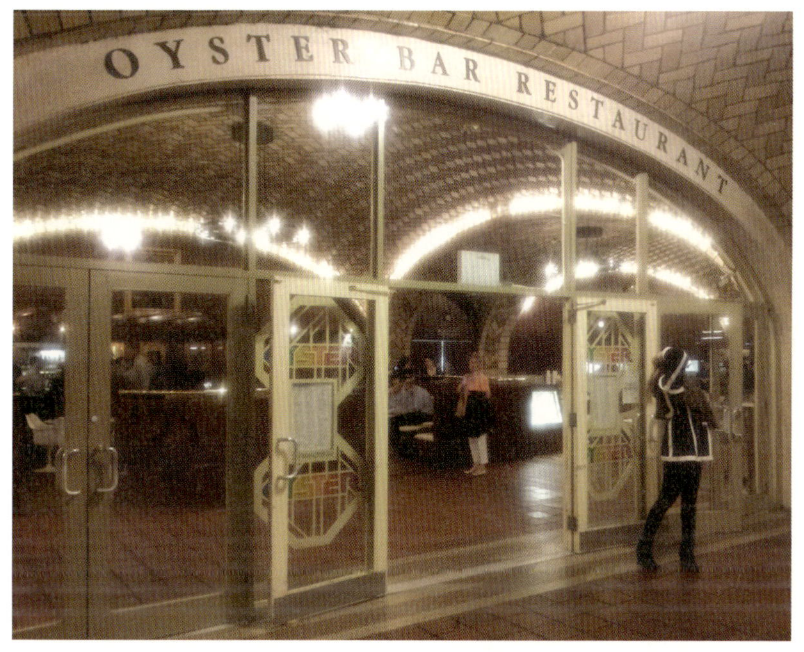

그랜드 센트럴 터미널에
있는 오이스터 바

모든 수프가 양이 많아 수프 하나만으로 충분하다. 뉴요커들은 굴 한
접시에 화이트 와인 한 잔을 곁들이는 것을 오리지널 뉴요커의 식도락
으로 여긴다.

그랜드 센트럴 역에서 나와 브로드웨이 방향, 즉 42번가 웨스트로
걸어간다. 네 블록 거리인 도로변에 뉴욕 공립도서관과 브라이언트
파크가 있다. 뉴욕 공립도서관 안에는 토마스 제퍼슨의 친필 독립선
언서 사본이 전시되어 있다. 뉴욕 공립도서관은 뉴욕의 지성을 상징
하는 공간으로 〈투모로우〉를 비롯한 여러 영화에 등장했다. 브라이언
트 파크에서는 최근까지 매년 '패션 주간'이 열렸다. 지금은 '패션 주
간'이 링컨센터 광장으로 옮겼다.

42번가까지는 어린이 걸음으로 10분 거리다. 타임스퀘어는 42번가
에서 47번가에 걸쳐 있는 삼각지대. 콜필드는 타임스퀘어에서 극장으

로 들어가는 사람들을 보았다. 당시는 브로드웨이에 지금만큼 뮤지컬이 번성하지 않을 때였다. 지금 타임스퀘어는 자본주의의 꽃인 광고탑의 경연장이다. 삼성, 소니, LG, 코카콜라 등.

반항하는 청춘의 상징

모든 신드롬은 시대상을 반영한다. 왜 미국의 젊은이들은 홀든 콜필드의 반항과 방황에 박수를 보냈을까?

1950년대의 미국은 보수적 흐름이 주류를 이뤘다. 이런 정치적 경향의 배후에는 경제적 호황이 밑바탕이 되었다. 미국은 영국, 프랑스 등과 함께 2차 세계대전의 승전국. 미국이 영국, 프랑스와 다른 점은 본토에 피해를 입지 않아 전후복구의 부담이 없었다는 것. 전쟁 특수의 최대 수혜자였다.

미국의 경제적 풍요는 철철 흘러넘쳤다. 맨해튼의 초고층 건물들은 퇴근 때도 모두 불을 켜놓고 있었다. 한밤중에도 불야성을 이뤘다. 누구도 전기 낭비를 걱정하는 사람이 없었다. 미국의 중산층들은 텔레비전과 세탁기를 사들였다. 가족이 식사를 끝내고 거실에 모여 텔레비전을 시청하는 것이 중산층의 상징이 되었다.

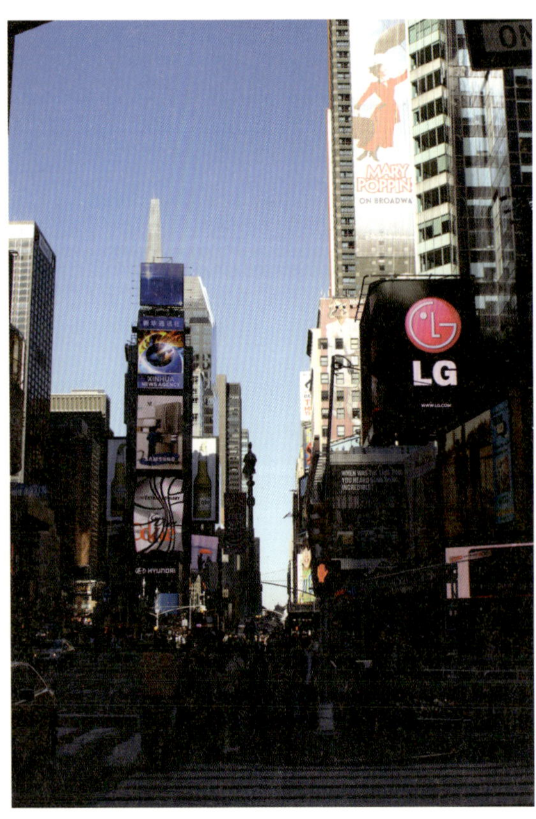

타임스퀘어

이혼율이 떨어지고 출산율이 급증한 것도 이 시기였다. 베이비붐 세대의 시작이다.

미국의 보수주의 흐름을 강화시킨 외부 요인은 공산주의 세력의 팽창이었다. 특히 1949년 중국 대륙에 공산 정권이 들어선 것은 태평양 건너 미국에 공포의 쓰나미를 몰고 왔다. 미국은 이민자의 나라이다. 특히 2차대전 직전, 히틀러가 등장한 이후 수많은 유럽인들이 자유의 대륙으로 건너왔다. 나치 독일을 피해온 이민자 중에는 공산주의자와 사회주의자들이 뒤섞여 있었다.

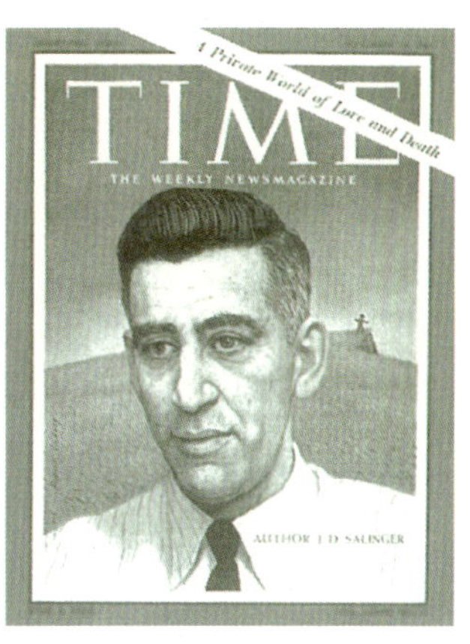

《타임》지 표지로 나온 샐린저

조셉 매카시 상원 의원은 1949년 중국 대륙의 공산화 이후 공산주의자에 대한 미국 사회의 두려움을 정확히 포착했다. 의회 내에 공산주의자가 숨어 있다는 폭로에서 시작된 것이 매카시즘이다. 매카시 의원은 정계뿐 아니라 문화예술계에도 공산주의자가 암약하고 있다고 주장했고, 여기에 미국 언론이 편승했다. 매카시즘이라는 마녀사냥이 미국 사회를 휩쓸었다. 매카시즘의 광풍은 급기야 자유주의적 사고방식을 가진 예술가들까지 공산주의자라고 공격했다. 찰리 채플린이 공산주의자로 몰려 미국을 떠나게 된 것도 이때였다. 사상의 자유가 허용되지 않는 단색사회가 1950년대 초의 미국 사회였다. 이 시기를 다른 말로 '순응의 시대'라고 부른다.

젊은 세대는 이런 분위기에 숨이 막혔다.《호밀밭의 파수꾼》은 이런 '순응의 시대' 최정점에 등장했다. 누구도 감히 모노톤의 사회에 반기를 들지 못하던 때였다. 허위와 기만으로 가득 찬 학교와 사회를 향해 홀든 콜필드가 거침없이 내뱉는 적나라한 표현과 욕설. 젊은이들이 홀든 콜필드에 열광한 이유다.《호밀밭의 파수꾼》과 비슷한 시점에 등장한 배우가 제임스 딘이었다. 미국의 젊은이들은 제임스 딘의 반항적 이미지에 허구의 인물 홀든 콜필드를 대입시켰다.

피끓는 청춘들에게 소설은 불만을 '쿨하게' 표출하는 필수 매뉴얼이 되었다. 젊은 층이 콜필드를 찬미할수록 가톨릭계의 비판 수위는 높아졌다. 가톨릭은 소설이 저속한 언어로 종교를 모독했다고 규정했다. 이런 분위기에 영향을 받아 소설은 미국을 비롯한 몇 개 영어권 나라에서 판매금지가 된다. 걱정이 많은 어느 꼼꼼한 부모는 소설 속에 나오는 저속한 표현을 하나하나 확인했다. 소설에서 '갓 뎀(God Demn)'은 모두 237번이나 등장했다. 이밖에 'bastard'는 58회, 'Chrissake'는 31회, 'fuck'은 6회였다. 1970년대 일부 고교에서는 이 소설을 태워버리거나 폐기처분하라는 교육청의 지시를 받았다. 아이러니하게도 이 소설은 미국 전역에서 가장 자주 검열을 받은 책이면서 동시에 미국 고교에서 두 번째로 많이 교재로 채택되었다. 존 스타인벡의 《생쥐와 인간》이 고교에서 가장 많이 채택된 소설이다.

《호밀밭의 파수꾼》의 영향은 상상하기 어려울 정도로 뿌리가 깊고 그 범위가 넓었다. 1950년대 중반 이후 등장하는 미국의 비트운동(The Beat Movement)과 1960년대의 히피문화와 같은 반전평화운동을 촉발시켰다는 평가는 설득력이 있다. 일부 젊은이들은 자신의 반사회적 일탈 행위를 콜필드의 반항심리로 합리화했다. 1962년 존 F. 케네디 대통령 암살범 역시 이 소설의 애독자였다. 앞서 말한 대로 존 레논의 암살범 호주머니에서도 이 책이 나왔다.

은둔과 칩거의 삶으로

《호밀밭의 파수꾼》의 성공으로 베스트셀러 작가가 된 샐린저. 대중의 관심이 폭발한 것은 당연했다. 이것이 역설적으로 샐린저를 은둔자의 삶으로 이끌었다. 샐린저는 《호밀밭의 파수꾼》 이전까지만 해도 비교적 사교적인 사람이었다. 하지만 《호밀밭의 파수꾼》 이후 자신의 일거수일투족이 관심의 대상이 되자 이를 부담스러워하기 시작했다. 시간이 흐르면서 세상 사람들이 자신을 상업적으로 이용한다는 것을 점점 깨닫게 되었다. 샐린저는 결단을 내렸다. 1953년 맨해튼의 57번 가 300번지 아파트에서 짐을 쌌다. 이 아파트는 당시 고급 아파트였고 지금도 그대로 있다.

샐린저가 은거 장소로 택한 곳은 뉴햄프셔 주의 코니쉬였다. 코니쉬로 이사온 이후 한동안 샐린저는 평온한 시기를 보냈다. 명예와 함께 부도 얻었으니 부러울 게 없었다. 코니쉬는 맨해튼에서 자동차로 5시간이 걸린다. 샐린저는 사람의 발길이 닿지 않는 숲속 집에서 자연을 벗삼아 지냈다. 가끔씩 코니쉬의 집에서 가까운 하노버 시의 다트머스 대학 도서관에 드나들었다. 하노버 시는 코니쉬에서 자동차로 10여 분 걸리는 도시다.

다트머스 대학은 알려진 대로 아이비리그에 속하는 동부의 명문대학이다. 다트머스 대학 캠퍼스 앞에 저 유명한 '루스(lou's) 베이커리 레스토랑'이 있다. 샐린저가 자주 이용하던 식당이다. 명문대학 앞에 있다 보니 수많은 명사들의 단골로 사랑받았다.

나는 일행과 함께 이 식당에서 점심을 해결하기로 했다. 벽면에 루스 식당의 역사를 보여주는 흑백사진이 걸려 있다. 그 중 1950년대 사진이 보였다. 모든 것이 그대로였다. 등장인물과 그 패션만 변했을 뿐. 사진 속에는 중산모를 쓴 신사들이 보였다. 그때와 다른 점이 있다면 식당 공간을 파티션으로 테이블이 있는 공간과 카운터 공간으로 구분해 놓았다는 것이다.

나는 샐린저가 즐겼다는 '박사가 좋아하는 식사(The Doc's favorite)'

를 주문했다. 음식이 나올 때까지 가장 경력이 오래되었다는 여종업원과 얘기를 나눴다. 1978년부터 근무했다는 여종업원은 "나도 샐린저가 자주 왔었다는 얘기를 들었지만 직접 보지는 못했다"고 말했다. 내가 의아해 하자 종업원은 다시 부연했다. 설명을 듣고 보니 "직접 보지 못했다"는 말이 이해가 되었다. 아주 필요한 경우를 제외하고 거의 외출을 하지 않았던 샐린저 입장에서 보면 단골식당이었던 것은 틀림없다. 하지만 종업원 입장에서 보면 그는 매우 드물게 식당을 찾는 손님에 불과했던 것이다.

'박사가 좋아하는 식사'가 나왔다. 일단 양이 풍성해서 눈을 즐겁게 했다. 처음 경험해 보는 '다진 소고기 절임!' 한 입 베어먹으니 이제까지 한 번도 느껴보지 못한 맛이었다. 나의 변연계는 새로운 미각의 세계에 경탄했다. 물론 감자튀김도 차원이 달랐다. 분위기도 좋고 맛도 좋은 식당이었다. 혹시 하노버 시에 들를 일이 있다면 유서 깊은 이곳을 추천하고 싶다.

샐린저 단골 루스
레스토랑

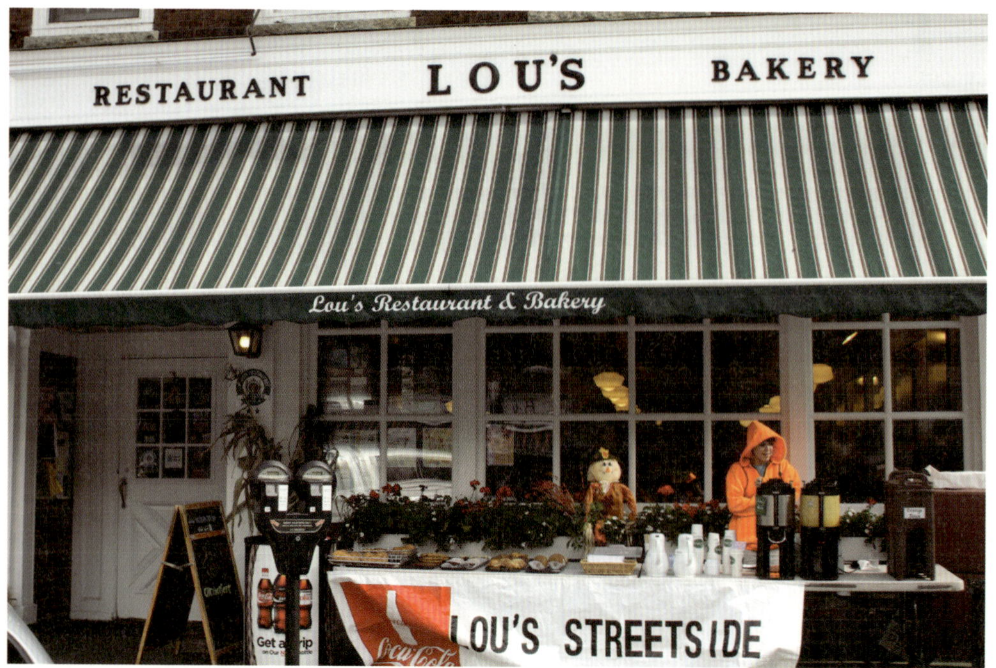

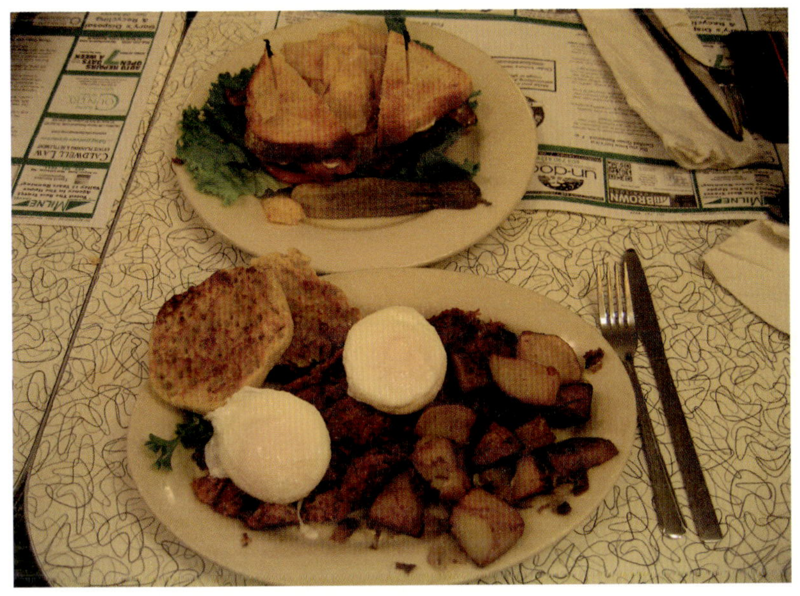

셀린저가 좋아한 음식

샐린저는 1953년 《호밀밭의 파수꾼》 이후 그때까지 써온 단편들을 엄선해 단편집 《아홉 개 이야기》를 펴냈다. 이 소설집은 단편집으로는 드물게 《뉴욕타임스》 베스트셀러에 3개월간이나 올라가 있었다.

샐린저는 지역의 사교 모임에도 가끔 얼굴을 내밀었다. 그러던 중 어느 파티에서 클레어 더글러스라는 여성을 만나게 된다. 클레어는 런던 태생으로 레드클리프 대학 학생이었다. 레드클리프 대학은 현재는 하버드 대학에 편입되었다. 영화 〈러브 스토리〉에서 여자 주인공 제니가 레드클리프 대학 학생으로 나온다.

1955년, 서른여섯 살의 샐린저는 버몬트 주에서 클레어 더글러스와 결혼했다. 두 사람 사이에서 딸 마가렛과 아들 매튜 샐린저가 태어났다. 결혼한 해 여름 샐린저와 클레어는 가끔씩 코니쉬를 벗어나 워싱턴 DC를 방문하곤 했다. 부부는 워싱턴 DC의 작은 힌두교 사원에서 크리야 요가를 시작했다. 두 사람은 매일 두 차례씩 만트라와 단전호

흡 훈련을 받았다. 두 사람의 결혼생활은 첫 아이 마가렛이 태어난 직후부터 삐걱거렸다. 샐린저가 병약한 어린 딸을 의사에게 데리고 가지 않고 대체의학으로 고치려 했기 때문이었다. 클레어 역시 자연 속에서 고립된 생활을 즐기는 스타일이었지만 샐린저의 종교적 성향으로 인해 클레어는 점점 힘들어했다.

샐린저는 그후로도 1961년 〈프라니와 주이〉, 1963년 〈지붕 서까래를 높이 들어라〉를 각각 발표했다. 그의 마지막 작품은 1965년 《뉴요커》에 발표한 〈햅워스 16, 1924년〉이었다. 이후 샐린저는 모든 공적 활동을 중단하고 코니쉬 집에 은거했다. 1967년 부인 클레어 더글러스와 이혼했다.

아들 매튜는 아버지의 외모와 재능을 물려받았다. 매튜는 컬럼비아 대학에서 예술사와 드라마를 공부해 학위를 받았다. 매튜는 1984년 영화 〈멍청이들의 복수〉에서 배우로 데뷔한다. 매튜가 주인공을 맡은 가장 유명한 영화는 1990년에 나온 〈캡틴 아메리카〉. 매튜의 모습은 정말 아버지와 많이 닮았다. 매튜는 여러 편의 영화를 연출했고 현재는 배우와 감독으로 연극에 전념하고 있다. 2000년 그는 〈시링가 트리〉를 연출해 드라마 데스크상을 수상했다.

샐린저가 대중 앞에 나타난 것은 1987년 아들 매튜가 주연을 맡은 연극이 브로드웨이의 극장에서 막을 올릴 때였다. 아무리 은둔을 고집하는 샐린저였지만 하나뿐인 아들의 개막공연을 보지 않는 것은 있을 수 없었다. 이혼한 뒤였기에 그의 옆에는 텔레비전 여배우가 서 있었다. 그가 공식석상에 나타난 것은 뉴욕에서 열린 군 동료 존 키넌의 전역식 때였다.

1970년, 샐린저는 '리틀 브라운' 출판사로부터 받은 선인세 7만 5,000달러를 되돌려주었다. 더 이상 작품을 쓰지 않겠다는 선언이었다. 그는 완벽하게 대중의 관심에서 사라졌다. 그렇다고 그가 아무런 글을 쓰지 않고 지냈다는 뜻은 아니다. 작가는 손이 움직이지 못해 글을 못 쓸 때가 아니면 죽는 순간까지 뭔가를 쓰는 사람이다. 전기작가 이안 해밀턴이 쓴《샐린저를 찾아서》에 따르면 샐린저가 두 권의 소설 원고를 금고에 보관하고 있다는 얘기를 들었다고 했다.

어니스트 헤밍웨이의《노인과 바다》, 윌리엄 포크너의《소음과 분노》, 솔 벨로의《오늘을 잡아라》등의 공통점은 무엇일까? 소설의 성공에 힘입어 소설이 영화로 만들어졌다는 사실이다. 그런데《호밀밭의 파수꾼》은 영화로 만들어지지 않았다. 저작권은 작가의 사후 50년까지 존속된다.

샐린저는 생전에 소설의 영화 판권을 팔지 않았다. 샐린저는《호밀밭의 파수꾼》을 영화화하고 싶다는 제안을 수없이 받았다. 소설이 출간된 이래 빌리 와일더, 스티븐 스필버그 등 영화 제자자들은 이 소설에 끊임없는 관심을 보였다. 샐린저는 1970년대 "제리 르위스는 수년간 홀든의 역할을 맡기 위해 노력했다"고 말했다. 하지만 샐린저는 끝까지 이를 거절했다. 1999년에는 조이스 메이너드가 명쾌한 결론을 내렸다. "홀든 콜필드 역할을 연기할 수 있는 유일한 사람은 샐린저뿐이다."

샐린저는 가끔씩 지역의 고등학생들을 집으로 초청해 음악을 듣고 이야기를 나눴다. 그의 집을 드나들던 학생 중에 셜리 블레이니라는 여학생이 있었다. 블레이니는 지역 신문《데일리 이글》의 고등학교 페이지에 들어갈 인터뷰를 허락해 달라고 그를 설득했다. 샐린저는 고등학교 란에 들어간다는 약속을 믿고 인터뷰에 응했다. 그러나 인터뷰 기사는 오피니언란에 크게 실렸다. 샐린저는 학생에게 속았다고 생각했고, 학생들과의 모든 관계를 끊어버렸다. 이렇게 되어 셜리 블레이니와의 인터뷰가 그의 마지막 인터뷰가 되었다. 그는 인터뷰에서 "내 청소년 시절은 소설의 홀든 콜필드와 매우 비슷했다. 어느 면에선 자전적인 작품"이라고 말했다.

샐린저 파파라치들

노년의 샐린저는 세상의 관심과 싸웠다. 한창 글을 써야 할 나이에 절필한 채 철저하게 은거의 삶을 선택한 작가. 그의 은둔이 길어질수록 대중의 관심은 그만큼 더 증폭되었다.

기자들은 그와 인터뷰를 하기만 하면 하루아침에 스타기자가 되리라는 것을 잘 알고 있었다. '샐린저 인터뷰'를 성사시키기 위해 모든 수단을 다 동원했다. 어느 의욕이 앞선 기자는 인터뷰 시도가 수포로 돌아가자 엉뚱한 발상을 하기에 이르렀다. 가짜 '샐린저 인터뷰 기사'를 만든 것이다. 이 인터뷰 기사를 주간지 《피플》에 팔려고 하다가 들통이 났다.

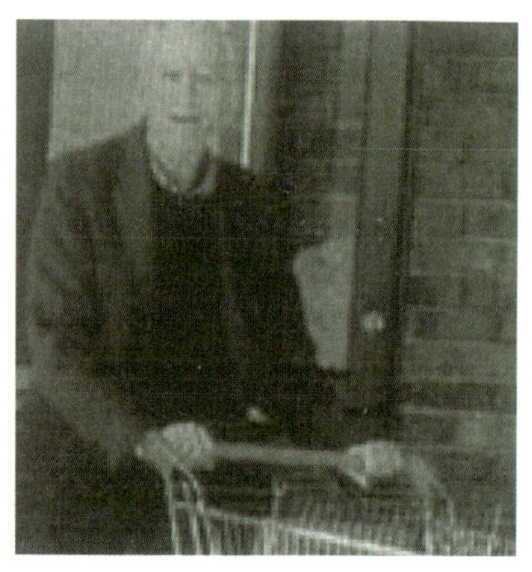

파파라치에 찍힌 샐린저

출판사와 잡지사 역시 그의 신작을 게재하기만 하면 대박이라는 것을 알고 있었다. 그의 새 작품을 싣기 위해 모든 연줄을 다 동원했지만 허사였다. 조금이라도 샐린저와 연관이 있어 보이는 일이면 미디어는 "혹시 샐린저일지 모른다"고 톱기사로 키웠다. 그럴 때마다 신문과 잡지의 판매부수는 올라갔다.

사진기자와 파파라치들은 샐린저의 일상적인 모습을 찍으려 코니쉬 마을에 나타나곤 했다. 그럼에도 샐린저는 기자들의 카메라에 거의 노출되지 않았다. 미국은 개인의 프라이버시를 존중한

다. 또한 총기 소유가 허용되는 나라다. 사유 재산에 함부
로 침범하면 집주인이 총기로 무단침입자에 대해 대응할
수 있다. 이런 상황에서 1988년 샐린저가 동네 슈퍼마켓
에서 쇼핑카트를 밀고 가는 모습이 찍혀《타임》지의 피플
면에 실리기도 했다.

　샐린저가 1970년 이후 공식석상에 모습을 드러낸 것
은 1986년 10월. 샐린저는 뉴욕의 지방법원 법정에 '출
간금지 가처분 신청'의 원고로 등장했다. 피고는 영국의
전기작가 이안 해밀턴. 샐린저는 랜덤하우스에서 출간 예
정인《J. D. 샐린저—작가의 삶》에 대해 출간금지 가처분신청 민사소
송을 제기했다. 이안 해밀턴은 이 책에서 샐린저의 편지들을 인용했
는데, 샐린저는 이 내용이 프라이버시를 침해한다고 주장했다.

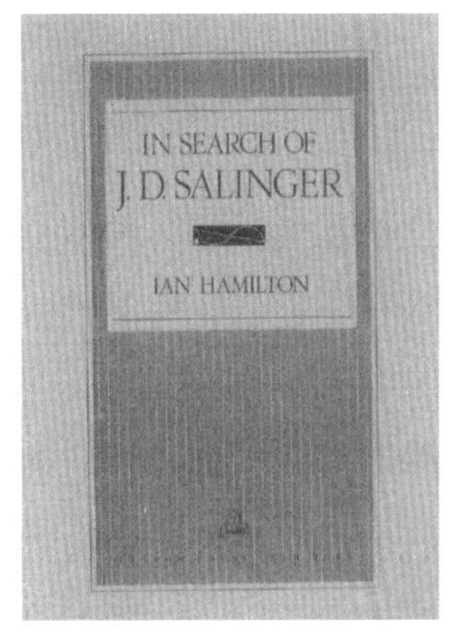

이안 해밀턴의
《샐린저를 찾아서》 표지

　1986년 11월, 1심 재판부는 랜덤하우스와 이안 해밀턴의 손을 들어
주었다. 샐린저는 즉각 항소했다. 1987년 1월, 2심 재판부는 1심 판결
을 뒤집고 샐린저의 신청을 받아들였다. 이 기사는《뉴욕타임스》1면
에 실렸다. 출판사와 이안 해밀턴은 대법원에 항소했지만, 대법원은
이를 기각했다.

　결국 해밀턴은 대법원 판결에 따라 편지 인용 부분을 모두 삭제하
고 1988년《샐린저를 찾아서》라는 제목으로 출간해야만 했다. 샐린저
와 전기작가 해밀턴의 소송은 '샐린저 대 해밀턴 사건'이라는 유명한
판례가 되었다.

　샐린저의 경우를 어떻게 봐야 할까. 대부분의 작가는 프라이버시
침해를 어느 정도 감수하고 더 알려지기를 원한다. 그래야만 명성이
더 올라가고 책이 더 많이 팔린다는 현실적인 이유에서다. 이 점에서
샐린저는 매우 예외적인 경우라고 해야 할 것 같다.

샐린저는 토마스 핀천이나 밀란 쿤데라와 흔히 비교된다. 핀천은 자신은 끝내 드러내지 않았으나 작품은 꾸준히 발표했다. 쿤데라 역시 사생활을 숨겼으나 작품은 계속 발표했고 서면 인터뷰는 허용했다는 점이 다르다.

영문학자 김성곤은 저서 《J. D. 샐린저와 호밀밭의 파수꾼》에서 은둔의 배경에 대해 이런 해석을 내놓았다.

"어쩌면 샐린저는 다소 괴팍한 개성의 소유자인지도 모른다. 그는 아버지가 유대계였지만 자신을 유대계 작가로 생각하지 않았기 때문에 솔 벨로, 버나드 맬러머드, 필립 로스와 같은 유대계 작가들과도 교분이 깊지 않았다. 그는 아주 가까운 지인을 제외하고는 사람들을 잘 만나지 않으며, 특히 자신을 상업적으로 이용하려 드는 기자나 파파라치를 싫어했다."

1999년 딸 마가렛은 자신의 어린 시절과 아버지를 되돌아보는 책 《드림 캣처》를 출판했다. 동생 매튜는 누나 마가렛의 행동을 못마땅하게 생각했다. 매튜는 끝까지 아버지의 사생활을 보호하려 했다. 매튜는 뉴욕 《옵저버》 지에 편지를 보내 마가렛의 책은 "어린 시절에 대한 거친 이야기"라고 평가절하했다.

2000년에 나온 영화 〈파인딩 포레스터 (Finding Forrester)〉는 이런 분위기에서 대중적인 관심을 폭발시켰다. 포레스터는 세상을 충격에 빠트린 한 편의 장편소설을 출간한 후 세상과의 접촉을 끊고 숨어 지내는 작가로 그려진다. 집밖으로 나가는 일이 없고 식료품

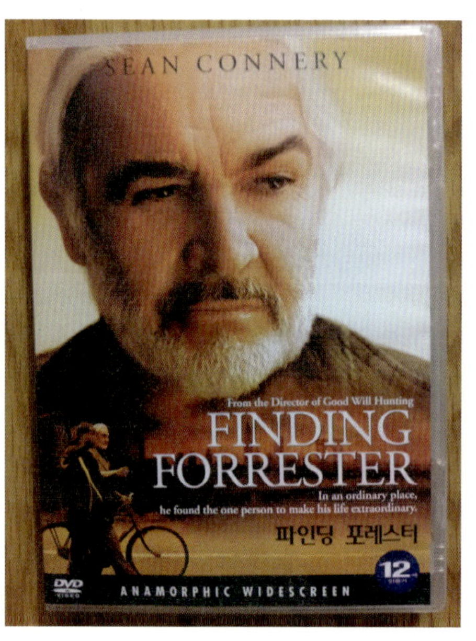

영화 〈파인딩 포레스터〉 DVD

조차 배달시켜서 생활하는 고집쟁이 노신사 포레스터. 그는 우연히 알게 된 작가 지망 고등학생 자말 월러스를 만나면서 서서히 세상 밖으로 나온다.

포레스터의 역할은 배우 숀 코네리가 맡았다. 흥미로운 사실은 숀 코네리의 젊은 날의 모습이 샐린저와 너무나 많이 닮았다는 사실이다. 바로 그 점이 그를 포레스터의 역할로 캐스팅한 이유의 하나였을 것이다. 물론 영화 어디에서도 직접적으로 샐린저를 언급하는 내용은 나오지 않는다. 그럼에도 샐린저를 기억하는 사람들은 가공인물 포레스터가 샐린저를 은유한다는 것을 안다. 영화에서 포레스터는 월러스의 손에 이끌려 세상 밖으로 나왔다. 포레스터는 죽으면서 월러스에게 자신이 은거했던 아파트 열쇠를 유산으로 물려준다. 영문학자 김성곤은 이렇게 해석한다.

"그리고 바로 그 순간 과거와 현재, 그리고 전통과 혁신은 서로 이해하고 화해하며, 문학의 역사는 한 세대로부터 다른 세대로 이어진다."

〈파인딩 포레스터〉는 많은 사람들의 사랑을 받았지만 실제 주인공은 끝내 세상에 나오지 않았다. 샐린저가 은둔한 진짜 이유는 무엇일까. 자신을 상업적으로 이용하려는 속물적 세상에 대한 환멸? 표면적으로 드러난 이유다. 샐린저가 이에 대해 공식적으로 말하지 않았으니 나머지는 해석과 추론의 영역이다.

인간은 대단히 복잡한 정신세계를 지닌 만물의 영장이다. 샐린저의 내면세계를 들여다보는 것은 그의 '은둔'을 이해하는 데 하나의 배경 설명이 될 것 같다.

앞서 언급한 대로 샐린저는 소설가로 이름을 얻기 전, 수년간 선불교에 빠져 있었다. 선불교 다음으로 그를 사로잡은 종교는 힌두교였다. 1952년 샐린저는 힌두교 스승 스리 라마크리슈나의 저서를 접하곤 인생의 전기를 맞게 된다. 샐린저는 깨달음을 위해 금욕생활을 강조하는 라마크리슈나의 열렬한 추종자가 되었다.

샐린저는 한동안 힌두교의 크리야 요가에 빠져 있었다. 코니쉬 생활 초반에 샐린저는 크리야 요가를 하기 위해 정기적으로 뉴욕에 오곤 했다. 하지만 누구보다 예민한 정신세계를 갖고 있는 샐린저는 힌두교에서도 인생의 답을 찾지 못했다.

크리야 요가를 포기한 뒤 샐린저는 당대 유행한 여러 가지 정신요법에 관심을 가졌다. 해로운 심상을 제거하려는 심리요법인 다이어네틱스(Dianetics)가 있다. 정신위생 종합과학인 사이언톨로지의 전신이다. 샐린저는 다이어네틱스 창립자인 로날드 허바드를 만나기도 했다. 하지만 곧 다이어네틱스에 대한 환상을 버린다. 이어 다양한 정신적·의학적·영양학적 이론에 관심을 갖는다. 신앙요법이 특징인 크리스천 사이언스가 대표적이다. 하지만 그 어떤 요법도 생자필멸이라는 우주의 섭리를 거역할 수는 없었다.

연기처럼 심연으로 사라지다

샐린저는 2009년 또 한 번 세계의 톱뉴스를 장식했다. 샐린저가 소설의 캐릭터를 불법 사용한 작가를 상대로 저작권 침해소송을 제기했기 때문이었다. 더 이상 샐린저와 관련된 뉴스는 나오지 않았다. 2010년 1월 27일 샐린저는 코니쉬의 자택에서 노환으로 눈을 감았다.

샐린저를 만나러 코니쉬로 길을 잡았다. 코니쉬는 뉴햄프셔 주가 버몬트 주와 만나는 경계선에 있다. 맨해튼 32번가에서 출발한 자동차가 4시간 이상을 달려 버몬트 주에 들어섰다. 원저는 버몬트 주 경계선에 있는 작은 마을. 버몬트 주와 뉴햄프셔 주 경계에는 강이 흐른다. 코네티컷 강이다. 윈저에서 코니쉬로 가려면 코네티컷 강에 놓인 작은 다리를 건너야 하는데 다리가 보통 다리가 아니다. 지붕 덮인 목조 다리였다. 미 대륙에서 나무로 지어진 가장 긴 다리라는 명성을 갖고 있다. 포장도로에 익숙해진 자동차 타이어가 나무다리를 만나자 얌전해진다.

다리에 지붕을 씌운 까닭은 뭘까? 뉴잉글랜드 지방은 겨울에 눈이 많이 온다. 다리 위에 눈이 쌓이면 자동차 통행이 불가능하기 때문이다. 지붕 덮인 다리를 지나 뉴햄프셔 주 코니쉬에 들어섰다. 앞서 다리를 건넌 사람들이 도로 옆에 자동차를 세워놓고 '지붕 덮인 다리' 사진을 촬영하는 모습이 보였다.

사전에 코니쉬로 전화를 걸어 알아보았지만 코니쉬 사람들은 샐린저가 살던 집을 일러주는 것을 주저했다. 이미 샐린저가 고인이 되었는데도, 이후 가족이 모두 코니쉬를 떠났는데도 그들은 샐린저의 사생활을 여전히 배려하려는 것 같았다.

인터넷으로 검색해 보니, 꼭 나처럼 호기심 많은 사람이 샐린저가 살던 집이라는 사진을 올려놓은 게 있었다. 집의 전경도 아니고 일부만 보였다. 숲속 언덕 위에 있는 집을 가까이 접근하지 못한 상태에서 멀리 찍은 것이다. 지금은 다른 사람이 살고 있으니 허락 없이 사유 공간을 함부로 침범할 수 없었던 까닭이다. 1990년대 우리나라 기자도 샐린저를 찾아 이곳에 왔지만 결과는 역시 같았다.

마침 '지붕 덮인 다리' 앞으로 지나가는 남자가 있어 다가가 물었다. "샐린저가 살던 집을 보고 싶은데 가는 길 좀 알려달라." "두 번째 산길로 올라가 길 끝까지 올라가면 된다." 차를 몰고 숲속으로 난 언덕길로 들어섰다. 숲은 10월 중순인데도 단풍이 들어가고 있었다. 한

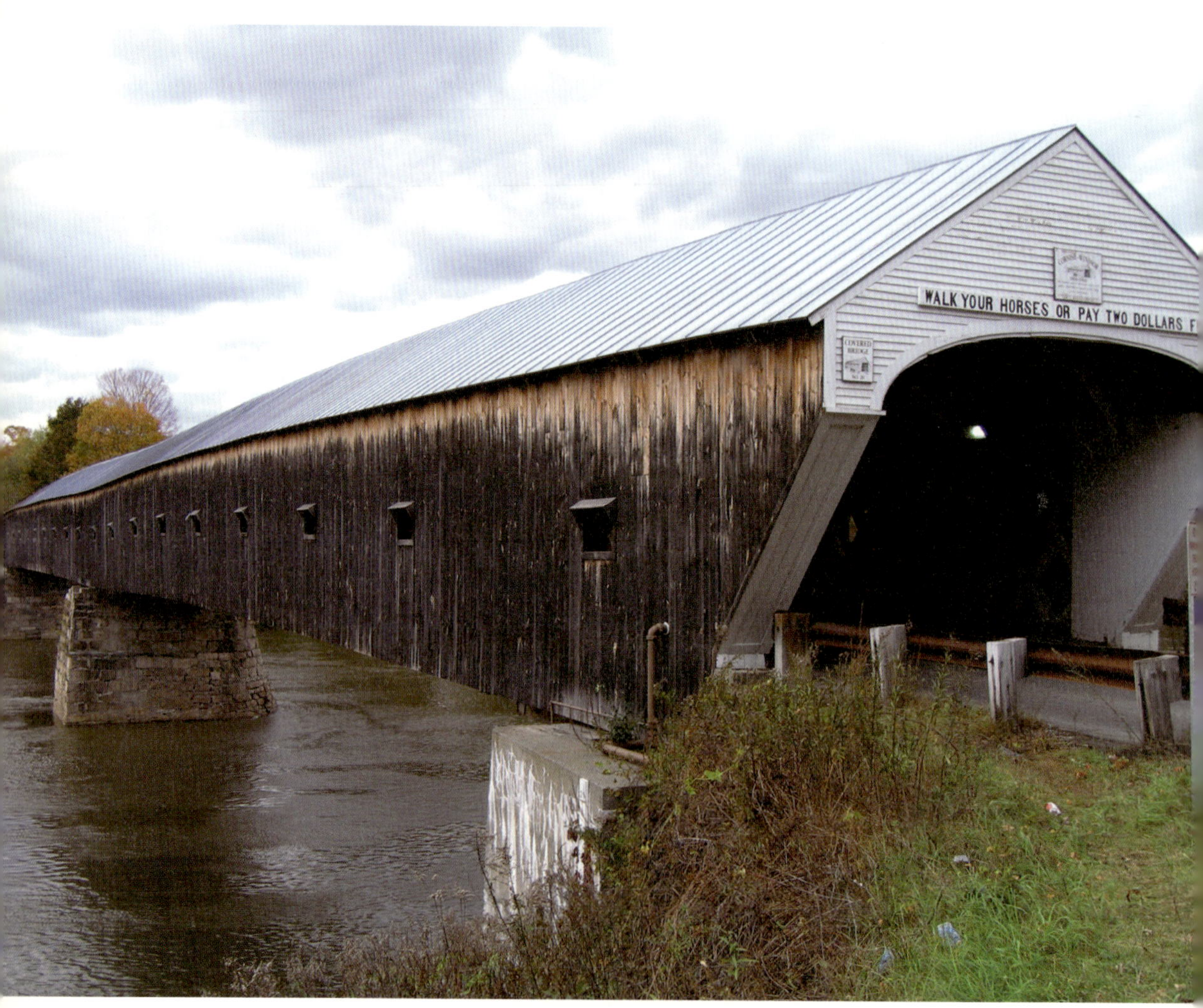

코니쉬 가는 길의 지붕 덮인 목조 다리

참을 올라가다가 어느 집에 다다랐다. 인터넷에서 본 집이 아니었다. 온 길을 다시 내려갔다. 혹시 잘못 들어온 게 아닌가 싶어 다음 길을 택해 올라갔다. 가파른 언덕길을 한참을 올라갔지만 아무것도 보이지 않았다. 오솔길은 구불구불 산속으로 이어져 있었지만 더럭 겁이 났다. 혹시 잘못 들어온 것은 아닐까. 첩첩산중으로 난 임도(林道) 같은 길 끝에 과연 사람이 살기는 할까. 뉴잉글랜드 지방의 산골 집을 가본 경험이 없는 나는 자신이 없어졌다.

결국 집을 찾는 것을 포기하고 묘지를 확인하기로 했다. 근처에서 가장 가까운 묘지로 갔다. 물론 인터넷상으로는 샐린저의 묘지조차 검색이 되지 않았다. 아무런 기록이 없었다. 아무리 그래도 코니쉬가 워낙 작은 마을이니 공동묘지에 가면 금방 찾을 수 있을 것으로 나는 쉽게 생각했다.

공동묘지로 들어가 가장 새것인 묘비를 찾았다. 그가 눈을 감은 지 2년이 채 되지 않았으니 공동묘지에 매장을 했다면 그의 묘비는 거의 새것이나 마찬가지일 것이다. 결과는 허탕이었다. 공동묘지에는 샐린저의 묘비가 보이지 않았다. 묘지를 몇 번씩 둘러보았지만 샐린저는 죽어서도 끝내 자신의 모습을 드러내지 않았다.

왜 없을까? 그때 샐린저 자료에서 묘지와 관련된 정보가 없다는 사실이 떠올랐다. 매장을 했다면 묘지 사진이라도 인터넷에 있을 것이고, 흔적을 남기고 싶지 않아 화장을 했다면 화장을 했다는 얘기가 한 줄이라도 있을 텐데 말이다. 혹시 샐린저는 자신의 흔적을 찾지 못하도록 어떤 조치를 취한 것은 아닐까. 불현듯 그쪽으로 생각이 기울었다. 평생을 숨어산 사람이니 틀림없이 자신의 장례에 관한 유언을 남겼고, 유가족이 고인의 유지를 받들었을 것이다. 묘지에서 나와 잡화점과 주유소에 들어가 다시 수소문해 보았지만 역시 묘지와 관련해 아

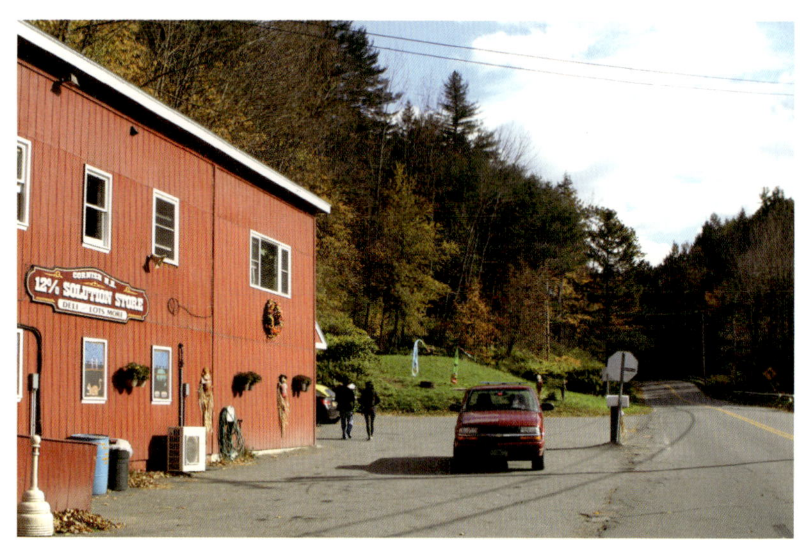

코니쉬 마을

는 사람은 아무도 없었다.

샐린저는 평생을 은둔했고, 죽어서도 세상의 관심에서 완전히 자유
로워지는 데 성공했다. 그는 그렇게 심연에서 와서 연기처럼 심연으
로 사라졌다.《호밀밭의 파수꾼》을 남긴 채.

참고문헌

《30분에 읽는 앤디 워홀》, 제프 니콜슨 지음, 권경희 옮김, 랜덤하우스중앙

《나의 사랑, 백남준》, 구보타 시게코. 남정호 지음, 이순

《뉴욕 문화가 산책》, 강일중 지음, 연극과인간

《뉴욕, 아트 앤 더 시티》, 양은희 지음, 랜덤하우스

《뉴욕에서 예술 찾기》, 조이한 지음, 현암사

《마지막에 대한 백과사전》, 이안 해리슨 지음, 이경식 옮김, Human Books

《백남준, 나의 유치원 친구》, 이경희 지음, 디자인하우스

《세일즈맨의 죽음》, 아서 밀러, 강유나 옮김, 민음사

《아홉 가지 이야기》, J. D. 샐린저, 문학동네

《앤디 워홀 이야기》, 아서 단토 지음, 박선령 옮김, 명진출판

《오늘의 클래식》, 김성현 지음, 아트북스

《음악사의 운명적 순간들》, 니콜라우스 드 팔레지외 지음, 김수은 옮김, 열대림

《음악사의 진짜 이야기》, 니시하라 미노루 지음, 이언숙 옮김, 열대림

《이것은 Apple이 아니다》, 박정자 지음, 기파랑

《책의 유혹》, 싱식세·하싱탄 외 지음, 하늘연못

《클라시커 50 여성》, 바르바라 지히터만 지음, 안인희 옮김, 해냄

《클라시커 50 연극》, 노르베르트 아벨스 지음, 인성기 옮김, 해냄

《클라시커 50 현대소설》, 요아힘 숄 지음, 박영구 옮김, 해냄

《J.D.샐린저와 호밀밭의 파수꾼》, 김성곤 지음, 살림

《WARHOL SPIRIT》, CECILE GUILBERT 지음, 권지현 옮김, 낭만북스

《ARTHUR MILLER》, Christopher Bigsby 지음, HARVARD

《ARTHUR MILLER》, Martin Gottfried 지음, DA CAPO PRESS

《NEW YORK CITY—Eyewitness Travel》, DK

DVD 자료와 웹사이트

〈Cage/Cunningham〉, Elliot Caplan, KULTUR

http://en.wikipedia.org/wiki/Andy_Warhol

http://en.wikipedia.org/wiki/Nam_June_Paik

http://en.wikipedia.org/wiki/John_Cage

http://en.wikipedia.org/wiki/JD_Salinger

http://en.wikipedia.org/wiki/Arthur_Miller

http://en.wikipedia.org/wiki/Billy_Joel

찾아보기

인명

작품명